新形势下消防监督管理方法研究

李孟君 董雪 唐妙◎著

吉林科学技术出版社

图书在版编目（CIP）数据

新形势下消防监督管理方法研究 / 李孟君，董雪，唐妙著. -- 长春：吉林科学技术出版社，2021.9
ISBN 978-7-5578-8753-7

Ⅰ. ①新… Ⅱ. ①李… ②董… ③唐… Ⅲ. ①消防－监督管理－中国 Ⅳ. ①D631.6

中国版本图书馆CIP数据核字(2021)第190521号

新形势下消防监督管理方法研究
XINXINGSHI XIA XIAOFANG JIANDU GUANLI FANGFA YANJIU

著	李孟君　董　雪　唐　妙
责任编辑	李永百
幅面尺寸	185mm×260mm　1/16
字　　数	337千字
印　　张	14.75
版　　次	2023年6月第1版
印　　次	2023年6月第1次印刷
出　　版	吉林科学技术出版社
发　　行	吉林科学技术出版社
地　　址	长春市净月区福祉大路5788号
邮　　编	130118
发行部电话/传真	0431-81629529　81629530　81629531　81629532　81629533　81629534
储运部电话	0431-86059116
编辑部电话	0431-81629518
印　　刷	北京四海锦诚印刷技术有限公司
书　　号	ISBN 978-7-5578-8753-7
定　　价	60.00元

版权所有　翻印必究　举报电话　0431 81629508

前言

消防安全工作是社会安全的重要方面。同火灾做斗争是人类有史以来弥久不衰的话题，它不仅体现在火灾对人类社会财富的毁灭，对生灵的涂炭，有时对整个社会的发展也会带来很大的影响，特别是在现今，人们的生产、生活高度社会化、信息化，社会财富大幅提高，人们对安全的需求也普遍提升，作为对人们生命和财产安全威胁最大灾害之一的火灾也越来越受到全社会的关注，消防监督及管理尤显重要。

火灾作为一种灾害，它既有自然的属性，如雷击引发的火灾以及其他自然灾害产生的次生效应导致的火灾，也有人为的因素；从火灾发生的概率看，人为因素还居于主要地位。在人们的日常活动中，任何安全意识的缺失、工作生活中的疏忽、日常管理上的漏洞都可能导致火灾的发生，造成无法弥补的损失。因此，无论从各行业部门、机关团体、企事业单位，还是全体公民个人，无论从社会舆论、新闻媒体、宣传教育，还是社会行政管理、规划设计、资金投入，都应当高度关注、支持、做好消防工作，真正形成政府统一领导、部门依法监管、单位全面负责、公民积极参与的消防安全工作社会化管理格局，全面贯彻"预防为主，防消结合"的方针，坚决遏制重特大火灾，最大限度地减少一般火灾的发生，着力打造一个安全、稳定、和谐的社会环境，保障人民群众安居乐业，促进经济、社会的健康发展。

近年来，消防事业得到跨越式的发展。以公共消防基础设施建设为例，大重型消防车从无到有，救援个人防护装备日趋完善，微型站、卫星站得到普及。随着这些新装备、新技术的应用，灭火救援能力大大提高；在消防管理上不断探索新的管理模式和方法，诸如推行以单位负主体责任的消防安全责任制，加强单位消防安全"四个能力"建设，构筑单位消防安全"防火墙"，推行单位消防安全培训和持证上岗，发展以互联网为载体的智慧消防等举措，有效带动和提高了单位的消防安全主体意识、责任意识；社会基层消防安全管理水平和防控能力显著提升，重特大火灾得到了一定程度的遏制。但随着经济社会的发展，火灾隐患在某些行业领域还会突出存在，同火灾做斗争仍须付出长期不懈的努力，万万不可掉以轻心。

在本书的策划和编写过程中，参阅了大量国内外有关的文献和资料，从其中得到启示，在此致以衷心的感谢！鉴于学识水平和时间所限，书中难免存在缺点和谬误，敬请同行专家及读者指正，以便进一步完善提高。

目 录

第一章 消防工作概述 ... 1
第一节 消防工作的意义和作用 ... 1
第二节 消防工作的方针和原则 ... 3
第三节 消防安全责任制 ... 4
第四节 保障建筑消防安全的途径 ... 11

第二章 消防燃烧学基础知识 ... 14
第一节 燃烧的本质与条件 ... 14
第二节 燃烧类型 ... 17
第三节 燃烧过程及特点 ... 22
第四节 燃烧产物 ... 25
第五节 影响火灾发展蔓延的主要因素 ... 30
第六节 防火与灭火的基本原理 ... 34

第三章 防火技术 ... 36
第一节 材料的阻燃 ... 36
第二节 防火分隔 ... 41
第三节 电气防火 ... 45
第四节 古建筑防雷 ... 50
第五节 火灾自动报警系统 ... 56
第六节 灭火设施 ... 59

第四章 地铁建筑防火设计 ... 68
第一节 建筑结构防火 ... 68
第二节 安全疏散 ... 69
第三节 消防设施设置 ... 71

第五章 消防安全检查 ... 87
第一节 消防安全检查的目的和形式 ... 87
第二节 消防安全检查的方法和内容 ... 89
第三节 消防安全检查的实施 ... 91
第四节 火灾隐患的认定和整改 ... 111

第六章 地铁运营消防安全管理 ... 115
第一节 消防安全管理职责 ... 115
第二节 消防档案与消防安全重点部位 ... 118
第三节 防火巡查及消防宣传教育、培训 ... 120
第四节 隐患排查与危险品管理 ... 121
第五节 灭火和应急疏散预案与演练 ... 126
第六节 安全疏散 ... 130
第七节 微型消防站 ... 132
第八节 消防设施检查与维护 ... 135

第七章 消防管理 ... 144
第一节 综合体消防管理现状分析 ... 144
第二节 综合体火灾风险准则 ... 154
第三节 综合体消防管理技术方案 ... 162

第八章 消防安全评估 ... 175
第一节 火灾风险识别 ... 175
第二节 火灾风险评估方法 ... 179
第三节 建筑性能化防火设计评估 ... 182

第九章 建筑消防设施的维护管理 ... 186
第一节 消防设施维护管理 ... 186
第二节 消防控制室管理 ... 190
第三节 灭火设施与系统的维护管理 ... 193
第四节 防排烟系统的维护管理 ... 220
第五节 应急照明系统维护管理 ... 223

参考文献 ... 228

第一章 消防工作概述

火是人类从野蛮进化到文明的重要标志。但火和其他事物一样具有两重性，一方面给人类带来了光明和温暖、健康和智慧，从而促进了人类物质文明的不断发展；另一方面，火又具有很大的破坏性，随着人们在生产生活中用火用电的不断增多，由于人们用火用电管理不慎，或者设备故障，或者放火等原因而不断发生火灾，对人类的生命财产构成了巨大的威胁。

第一节 消防工作的意义和作用

消防工作是人们同火灾做斗争的一项专门工作，它的任务是预防火灾和减少火灾危害，保护公民人身及财产安全，维护公共安全，维护社会秩序、生产秩序、教学和科研秩序以及人民群众的生活秩序，保障社会主义现代化建设的顺利进行。做好消防工作是国家建设、人民安全的需要，是全体社会成员的共同责任。任何单位和个人都有维护消防安全和预防火灾的义务。

一、消防工作的意义

消防工作是国民经济和社会发展的重要组成部分，是发展社会主义市场经济不可或缺的保障条件。消防工作的好坏直接关系人民生命财产安全和社会的稳定。近年来我国发生的一些重特大火灾，一次造成几十人甚至数百人的伤亡，造成上百万元、上千万元的经济损失，这不仅给许多家庭带来了不幸，而且还使大量的社会财产化为灰烬。此外，事故的善后处理往往也牵扯了政府很多精力，严重影响了经济建设的发展和社会的稳定，有些火灾事故还在国内外政治方面产生不良影响，教训是十分沉痛和深刻的。因此，做好消防工作，预防和减少火灾事故特别是群死群伤的恶性火灾事故的发生，具有十分重要的意义。

消防工作是一项社会性很强的工作，它涉及社会的各个领域和各个行业，与人们的生活都有着十分密切的关系。随着社会的发展，仅就用火、用电、用气的广泛性而言，消防安全问题所涉及的范围几乎无所不在。全社会每个行业、每个部门、每个单位甚至每个家庭，都有一个随时预防火灾、确保消防安全的问题。总结以往的火灾教训，绝大多数火灾都是由于一些领导、管理者和职工群众思想麻痹、行为放纵、不懂消防规章或者有章不循、管理不严、明知故犯、冒险作业造成的。火灾发生后，有不少人缺乏起码的消防科学知识，遇到火情束手无策，不知如何报警，甚至不会逃生自救，导致严重后果。

在消防安全管理工作中坚持群众性的原则，要求管理者必须树立坚定的群众观点，始终不渝地相信群众的智慧和力量，要采取各种方式方法广泛向群众宣传和普及消防知识，提高广大群众自身的防灾能力；要把各条战线、各行各业，包括机关、团体、企事业单位、街道、村寨、家庭等各方面的社会力量动员起来，参加义务消防队，实行消防安全责任制，开展群众性的防火和灭火工作。要依靠群众的力量，整改火灾隐患，改善消防设施，促进消防安全。

二、消防工作的作用

做好消防安全工作是社会经济发展，人民安居乐业的重要保障。消防法的颁布实施为消防工作提供了法律依据。"预防火灾和减少火灾的危害"是对消防立法意义的总体概括，包括了两层含义：一是做好预防火灾的各项工作，防止火灾发生；二是一旦发生了火灾，就应及时、有效地进行扑救，减少火灾的危害。消防工作就是要做好火灾的预防和扑救火灾的准备工作，其作用可归纳为以下几方面：

（一）保护公民生命财产和公共财产的安全

科学技术的发展，促进了经济建设的发展，使得国家的物质财富不断增长和集中，石油化工、天然气等易燃易爆物资的使用范围越来越广，生产和生活中的用火用电越来越多，可能引起火灾的因素也随之增多。因此，如果消防工作搞不好，一旦发生火灾，就会给公民生命财产及公共财产带来不可再生的损失。做好消防安全管理工作对保卫公民生命财产和公共财产安全具有重要意义。

（二）保护历史文化遗产

我国是一个具有悠久历史文化而又富于革命传统的伟大的社会主义国家，北京、西安、开封、洛阳等许多历史文化名城内都建造了气宇轩昂、富丽堂皇的宫殿、寺院和教堂，有的至今仍然保持良好。还有很多地方存有近代革命运动和发生重大历史事件遗留下来的革命文物。这些古代建筑、历史文物与革命文物都体现了中华民族悠久的历史、光荣的革命传统和光辉灿烂的文化，若惨遭火灾，将会造成不可挽救、无法弥补且无法用金钱计算的经济损失。做好消防工作对保护和继承我国的历史文化遗产，发扬革命传统和教育后人，发展我国的旅游事业，都具有深远的历史意义和现实意义。

第二节 消防工作的方针和原则

《中华人民共和国消防法》第二条规定，消防工作贯彻"预防为主，防消结合"的方针，按照政府统一领导、部门依法监管、单位全面负责、公民积极参与的原则，实行消防安全责任制，建立健全社会化的消防工作网络。

一、消防工作的方针

《中华人民共和国消防法》第二条规定：消防工作贯彻"预防为主，防消结合"的工作方针。这个方针科学、准确地表达了"防和消"的辩证关系，反映了人民同火灾做斗争的客观规律，也体现了我国消防工作的特色。

所谓"预防为主"就是要在思想和行动上，把预防火灾放在首位，在建筑消防系统的设计、施工、管理等方面把好消防安全质量关。落实各项防火措施，积极开展消防安全宣传教育和培训，制定并落实消防安全管理制度，加强消防安全管理，把工作的重点放在预防火灾的发生上，减少火灾事故的发生。

所谓"防消结合"就是在消防工作的实践中，要把同火灾做斗争的两个基本手段——"防"与"消"有机地结合起来，在做好各项防火工作（如消防监督、检查、建审、宣传等）的同时，在思想上、组织上和物资上做好准备，不但要加强专业消防队伍（即公安消防队伍）正规化和现代化的建设，还要抓好企业、事业专职消防队伍和群众义务消防队伍的建设，随时做好灭火的准备，以便在火灾发生时，能够及时、迅速、有效地予以扑灭，最大限度地减少火灾所造成的人身伤亡和财产损失。

在"预防为主，防消结合"这一方针中，"防"与"消"是相辅相成，缺一不可的。"重消轻防"和"重防轻消"都是片面的。"防"与"消"是同一目标下的两种手段，只有全面、正确地理解了它们之间的辩证关系，并且在实践中认真地贯彻落实，才能达到有效地同火灾做斗争的目的。

从总体上来看，我国的消防工作方针，几十年来在全国范围的实际工作中，起到了重要的导向和制约作用，也取得了明显的经济效益和社会效益，这是不可否认的事实。从这里我们不难看出：消防工作方针的导向和制约作用，反映得是否较为全面和充分，在实践中是否体现出应有的成效和价值，是检查和验证其是否制定得正确与切实的重要依据和唯一标准,这一点应该是绝对的。

二、消防工作的原则

《中华人民共和国消防法》第二条规定,消防工作按照"政府统一领导、部门依法监管、单位全面负责、公民积极参与的原则,实行消防安全责任制,建立健全社会化的消防工作网络"。这一原则分别强调了政府、部门、单位和普通群众的消防安全责任问题,是消防工作经验和客观规律的反映。消防安全是政府社会管理和公共服务的重要内容,是社会稳定和经济发展的重要保障。各级人民政府必须加强对消防工作的领导,这是贯彻落实科学发展观、建设现代服务型政府、构建社会主义和谐社会的基本要求。政府有关部门对消防工作齐抓共管,这是由消防工作的社会化属性决定的。各级公安、建设、工商、质监、教育、人力资源和社会保障等部门应当依据有关法律法规和政策规定,依法履行相应的消防安全监管职责。单位是社会的基本单元,是消防安全管理的核心主体。公民是消防工作的基础,没有广大人民群众的参与,消防工作就不会发展进步,全社会抗御火灾的基础就不会牢固。"政府""部门""单位""公民"四者都是消防工作的主体,政府统一领导、部门依法监管、单位全面负责、公民积极参与,共同构筑消防安全工作格局,任何一方都非常重要,不可偏废。

第三节　消防安全责任制

多年来消防工作的实践证明,消防安全责任制是一项十分必要且行之有效的火灾预防制度,也是落实各项火灾预防措施的重要保障。所以消防法第二条规定,消防工作实行"消防安全责任制"。消防安全责任制就是要求各级人民政府,各机关、团体、企业、事业单位和个人在经济和社会生产、生活活动中依照法律规定,各负其责的责任制度。因此,各级人民政府、各地区、各部门、各行业、各单位以及每个社会成员都应当遵守消防法律、法规和规章,不断增强消防法制观念,提高消防安全意识,切实落实本地区、本部门、本单位的消防安全责任制,认真履行法律规定的防火安全职责。

一、实行消防安全责任制的必要性

(一)消防安全责任制的由来与发展

实行消防安全责任制是我国经济体制改革和社会发展的需要。党的十一届三中全会以后，随着改革开放政策的实施，社会主义计划经济建设逐步向市场经济转变，国有、集体、外资、股份、私营等企业不断涌现，而这些企业经济活动中都实行"独立核算、自主经营、自负盈亏"的政策，企业具有较大的独立性、自主性。政府在社会经济活动中也由过去统包、统揽、统管逐步向宏观调控方面转变。在这种情况下，给消防工作提出了新情况、新问题。对于如何做好适应社会经济发展的消防工作，各地结合本地实际做了一些有益的探索。

（二）实行消防安全责任制的必要性

消防工作是一项社会性的工作，是社会主义物质文明和精神文明建设的重要组成部分，是发展社会主义市场经济不可缺少的保障条件。消防工作做得好或不好，直接关系到社会安定、政治稳定和经济发展，做好消防工作是全社会的共同责任，各级政府要负责，机关、团体、企事业单位要负责，每个公民也要负责。

长期以来，一些地方和单位的消防安全责任制不明确、不具体、不落实，消防工作中存在的问题长期得不到解决，消防基础设施严重滞后于经济建设的发展。实行消防安全责任制，确定本单位和所属部门、岗位的消防安全责任人，既是法律对社会各单位消防安全的责任要求，也是各机关、团体、企业、事业单位做好自身消防安全工作的必要保障。只有这样，才能把消防工作落实到行动上，落实到具体工作中。

二、消防安全责任制的实现形式

依法履行消防安全责任制，不仅需要各级政府、各部门、各单位、各岗位消防安全责任人对自己承担的防火安全责任明确，思想重视，付诸实施，而且要求建立一定的制约机制，保障消防安全责任制正常运行，强化消防安全责任制落实。这种制约机制一般采取如下两种形式、三项措施：

（一）两种形式

1. 签订消防安全目标责任状

签订消防安全目标责任状，就是将法律赋予单位或消防安全责任人的消防安全责任，结合本地区、本部门、本单位、本岗位的消防工作实际，化解为年度消防安全必须实现的目标，在上级政府与下级政府之间、上级部门与下级部门之间、单位内部上下级之间，层层签订消防安全目标责任状。

2. 进行消防安全责任制落实情况评估

进行消防安全责任制落实情况评估，就是按照级别层次，组织专家对消防安全责任制落实情况进行评估考核。例如，为了督促消防法赋予人民政府消防安全责任的落实，可以定期组织有关专家、人大、政协领导，对政府贯彻执行落实消防安全责任情况进行评估，做出评估结果，提出工作意见，督促消防安全责任制的落实。

（二）三项措施

在消防安全责任制贯彻落实的过程中，不但要采取以上两种形式，还必须有以下三项措施做保障：

要把责任状中规定的消防安全目标落实情况或评估结果，作为评价一级政府、一个部门、一个单位或消防安全责任人的政绩依据之一。

要把责任状中规定的消防安全目标落实情况或评估结果，作为评比先进、晋升的条件，实行一票否决制。例如，对消防安全责任制不落实，重大火灾隐患整改不力或发生重大火灾的，不能评比先进，消防安全责任人不应晋级提升职务。

要把责任状中规定的消防安全目标落实情况或评估结果，作为奖惩的依据。对消防安全责任制落实，消防安全工作做得好的单位或个人，应给予荣誉的或经济的奖励，做得不好的应通报批评，扣发奖金或予以处罚。

三、消防安全工作职责

（一）各级人民政府的消防工作责任

人民政府是组织和管理一个地区的政治、经济、文化等社会事务的行政机关。消防工作是一项社会性的工作，是各级人民政府的一项重要职能。因此消防法规定，消防工作由国务院领导，由地方各级人民政府负责。根据消防法的规定，地方各级人民政府消防工作的主要责任如下：

1. 将消防工作纳入国民经济和社会发展计划，保障消防工作与经济建设和社会发展相适应

国民经济和社会发展计划是国家对国民经济和社会发展各项内容所进行的分阶段的具体安排，是党和国家发展国民经济的战略部署，是国家组织国民经济和社会发展的依据。将消防工作纳入国民经济和社会发展规划，有利于加快消防事业的发展，有利于扭转消防工作滞后于经济和社会发展的被动局面，提高全社会抗御火灾的能力，为经济建设和社会发展提供有力的安全保障。

2. 将消防设施建设规划纳入城市总体规划，并负责组织有关主管部门实施

将消防安全布局、消防站、消防供水、消防通信、消防车通道、消防装备等内容的消防规划纳入城市总体规划，并负责组织有关主管部门实施。

城市总体规划，主要包括城市的性质，发展目标和发展规模，城市主要建设标准的定额指标，城市建设用地布局、功能分区和各项建设的总体部署与各项专业规划、近期建设计划等。消防规划是城市总体规划的重要组成部分。消防规划是否合理,是衡量一个城市总体规划是否合理的重要标志之一。在城市建设和发展中,如果忽视消防规划,片面追求城市发展速度和经济效益,不能保证消防安全设施的合理安排,消防站、消防供水、消防通信、消防车通道等消防基础设施不能与城市总体建设同步进行,一旦发生火灾,就会造成重大经济损失,甚至影响和阻碍城市的发展,在这方面,一些地方的教训是十分深刻的。因此,城市人民政府必须将消防规划纳入城市总体规划,使城市的消防安全布局、消防站、消防供水、消防通信、消防车通道以及消防装备等方面的建设与其他市政基础设施建设统一规划、统一设计、统一建设。公共消防设施、消防装备不足或者不适应实际需要的,应当增建、改建、配置或者进行技术改造。

3. 加强科学研究,推广、使用先进消防技术、消防装备

随着城市建设的发展,高层建筑、大型商场、集贸市场不断涌现,新型建筑装饰材料广泛应用,这给消防工作提出了新的要求。城市消防如果不采用先进设备,吸收先进的经验,应用先进技术和材料,而沿用老办法,就很难解决消防工作中出现的新问题。因此,有必要在引进国外先进消防技术的同时,加强我国消防科学技术的研究、开发、推广、使用先进的消防技术,逐步运用科学的理论和现代化的技术、设备,改变我国消防科学研究和消防器材生产落后的状况。同时,也使消防管理成为一门综合性应用学科,以便发挥最佳消防安全效果,为保卫社会主义经济建设和人民生命财产安全做出贡献。

4. 组织相关部门开展消防宣传教育,提高公民的消防安全意识

无数的火灾事例说明,火灾的发生大多数是由于社会公民、岗位操作人员缺乏消防常识引起的。如果说我国的消防基础设施和消防技术装备落后,那么我国的社会公民消防意识、消防法律知识和消防科学知识更加落后,要从根本上改变这种落后的局面,就必须下大力气进行消防宣传教育,建立消防职业学校或消防培训中心,健全职工消防安全培训制度,只有这样才能提高公民的消防安全意识,自觉地遵守消防法规,预防火灾事故发生。

5. 组织相关部门做好消防安全监督与检查工作

消防安全监督与检查是做好消防工作的一项基本措施,也是一项长期的、经常性的工作。各级人民政府要在农业收获季节、森林和草原防火期间、重大节假日以及火灾多发季节,组织消防安全检查,检查防火措施的落实情况,检查火灾隐患。对检查中发现的火灾隐患,督促立即整改。抓住了重点时节的防火工作,消防工作就有了主动权。

6. 加强消防组织建设,增强扑救火灾的能力

根据经济和社会发展的需要,建立多种形式的消防组织。消防组织是抗御火灾,保卫经济建设和人民安居乐业的重要力量。我国从20世纪60年代开始创建兵役制的消防组织,目前共有10万余人。但是,随着城乡建设和经济建设的发展,火灾逐年增多,公安消防警力不足的矛盾相当突出，仅靠现役消防人员承担日益繁重的消防灭火与抢险工作，显然是有困难的，必须从我国实际情况出发，借鉴国际通行做法，充分发挥中央和地方政府以及社会各方面的积极性，解决消防力量不足的问题。要在政府的领导下，在加强公安消防队伍建设的同时，积极发展县办、镇办、乡办和企业专职消防队以及遍布城乡的义务消防队伍，增强全社会抗御火灾的能力。

7. 统一指挥大型灭火抢险救援活动，调集所需物资支援灭火

大型火灾的扑救、重大事故的抢险救援工作，是一项政策性强、危险性大、多专业力量参与的工作。要完成大型火灾扑救或重大事故的抢险救援工作，仅公安消防队的指挥和施救力量往往是不够的，必须在政府统一指挥调度下实施。特别是在扑救大型火灾，进行重大事故处置，需要供水、电力、救护等方面力量和物资时，只有在政府的统一调度指挥下，才能迅速调集、快速参战，及时完成火灾扑救和抢险救援任务。

8. 奖励在消防工作中有突出贡献或者成绩显著的单位和个人

对因参加扑救火灾受伤、致残或者死亡的人员，给予医疗、抚恤。

9. 决定对经济和社会生活影响较大的给予停产停业的处罚

在消防安全方面，因严重违反消防法规，需停业整改，对经济和社会生活影响较大的，如对供水、供气、供电等重要厂矿企业，重要的基建工程、交通、邮电通信枢纽，以及其他主要单位、场所的责令停产停业，公安消防机构必须报请当地人民政府，由人民政府依法做出责令停产停业决定后，公安消防机构再执行。

（二）居民、村民委员会的消防工作职责

城市街道办事处是城市区级政府的派出机构。消防法规定，乡镇人民政府、城市街道办事处对村民委员会、居民委员会的消防安全工作负有指导和监督的责任。

城市居民委员会和农村村民委员会是城市居民、农村村民自我管理、自我教育、自我服务的基层群众性的自治组织。城市居民委员会和农村村民委员会的消防工作职责如下：

1. 宣传消防法律法规、普及消防知识，发动群众做好消防安全工作

通过消防宣传，使群众知法守法，懂得消防科学知识，自觉地做好消防安全工作。

2. 组织制定防火安全公约，督促居民遵守

"防火安全公约"是居民、村民共同制定、共同遵守、相互监督的乡规民约，是做好居民消防安全工作的一项重要措施。

3. 组织建设群众义务消防队

组织灭火演练、扑救初期火灾、保护火灾现场，协助火灾原因调查。

4. 进行消防安全检查

检查居民、村民是否有违反防火公约的行为，用火、用电、使用燃气是否符合消防安全要求，楼梯等公共通道是否堆放杂物，是否存在火灾隐患等，发现隐患及时督促整改。

（三）有关行政主管部门的消防工作职责

有关行政主管部门，是指与社会消防工作直接相关的行业行政部门。根据消防法的规定，教育、劳动、新闻、出版、广播、电影、电视、建设等行业行政主管部门均负有消防工作职责。

1. 教育、劳动行业行政主管部门的消防工作职责

教育、劳动行业行政主管部门负有将消防知识纳入教学、培训内容的职责。消防工作是一门综合性的学科，它涉及社会科学和自然科学领域，与社会学、经济学、法学、管理学、物理学、化学、材料学、建筑学、电学等学科密切相关。目前，在我国大、中、小学教程中，尚没有把相关消防科学知识纳入相关学科之中，使得学生不懂相关学科的消防知识。如建筑学专业教科书中没有消防设计内容，学生毕业到岗位设计中消防设计没有得到贯彻实施，造成了大量的人、财、物的浪费。因此，消防法规定，教育行业行政主管部门应将消防知识纳入教学内容，从根本上提高社会消防水平。

消防工作又具有较强的专业技术性，渗透到各个行业及各个工种岗位。许多火灾事故说明，千万火灾的原因是由于从业人员不懂消防知识，违章操作引起的。因此，消防法规定，劳动行业行政主管部门在进行职工职业技能培训的同时，应将消防知识纳入培训内容，以提高职工的消防安全操作技能。

2. 新闻、出版、广播、电影、电视等行业行政主管部门的消防工作职责

新闻、出版、广播、电影、电视等主管部门负有进行消防安全教育的职责和义务。新闻、出版、广播、电影、电视是社会宣传机器，做好消防安全工作是社会共同的责任。因此，消防法规定，新闻、出版、广播、电影、电视主管部门应尽消防宣传教育的义务，充分利用和发挥各自的特点和优势，经常宣传消防法规和消防科学知识，报道消防工作中的先进经验和好人好事，披露消防工作中存在的问题，推进消防事业的发展。

3. 建设行政主管部门、建筑设计和建设单位的消防工作职责

建设行政主管部门，是指各级人民政府的主管建设的职能部门。其消防工作职责是对经公安消防机构审核通过的建筑工程，颁发建设许可证，而对未经公安消防机构审核或者虽经审核而不合格的建筑工程，不发给建筑施工许可证。

建筑设计单位，是指专门从事建筑工程设计的企业。其消防工作职责是必须按照国家工程建筑消防技术标准进行建筑工程设计；在进行建筑工程设计时，选用的建筑构件和建筑材料的防火性能必须符合国家标准或行业标准；在进行室内装修、装饰设计时，必须选用依照产品质量法的规定确定的检验机构检验合格的不燃、难燃材料进行设计。

建设单位，是指建筑工程的所有者或建筑工程的开发商，其消防工作职责是将建筑工程的消防设计图纸及有关资料报送公安消防机构进行审核；经公安消防机构审核的建筑工程消防设计需要变更的，报经原审核的公安消防机构核准，未经核准不得变更；建筑工程竣工时，未经公安消防机构验收或虽经验收而不合格的建筑工程，不得投入使用。

（四）机关、团体、企业、事业单位的消防安全工作职责

机关、团体、企业、事业单位以及民办非企业单位和符合消防安全重点单位界定标准的个体工商户要在当地政府的领导下，积极组织开展本单位的消防工作，认真履行消防安全职责。

1. 社会单位的基本消防安全职责

落实消防安全责任制，制定消防安全制度、消防安全操作规程，狠抓消防安全制度和消防安全操作规程的贯彻执行，保障单位的消防安全；确定本单位和所属各部门、岗位的消防安全责任人。明确各部门、各岗位及相关责任人的消防安全职责，做到职责明确，责任到人；针对本单位的特点对职工进行消防宣传教育。各单位应利用墙报、广播等形式和采取举办消防安全知识讲座，开展消防安全竞赛等方法，对职工进行消防法规和消防知识宣传教育，以增强职工的消防安全意识，提高防火、灭火技能；组织防火检查，及时消除火灾隐患。要适时开展以查思想、查制度、查措施、查责任、查隐患为主要内容的防火安全检查，及时发现、纠正消防安全工作中存在的问题，使制度、措施、责任真正落到实处；按照国家有关规定配置消防设施和器材、设置消防安全标志，并定期进行检查、维修，确保消防设施和器材完好有效；加强对建筑消防设施的管理，定期由建筑消防设施检测、维修企业对本单位消防设施进行检测、维修、保养，确保其完好有效。检测记录应当完整准确，存档备查；保障疏散通道、安全出口畅通，并设置符合国家规定的消防安全疏散标志。疏散通道、安全出口，是人员在火灾情况下逃生的主要途径。保障疏散通道、安全出口畅通，并在疏散通道、安全出口处设置疏散指示标志，一旦发生火灾，能引导人员迅速疏散逃生；制定灭火和应急疏散预案，并定期组织演练；法律、法规规定的其他消防安全职责。

2. 消防安全重点单位的消防工作职责

消防安全重点单位，是指发生火灾可能性较大以及一旦发生火灾可能造成人身伤亡或者财产重大损失，由公安消防机构确定，报本级人民政府备案的列管单位。消防安全重点单位，除了要履行社会单位的基本职责外，还应履行下列消防工作职责：

确定消防安全管理人，组织实施本单位的消防安全管理工作；建立防火档案，确定消防安全重点部位，设置防火标志，实行严格管理；实行每日防火巡查，并建立巡查记录；对职工进行岗前消防安全培训，定期组织消防安全培训和消防演练；建立专职或义务消防队伍，加强管理、教育、培训，增强企业的自防自救能力。

（五）公民的消防安全责任

社会是由公民组成的集团，社会财富是由公民共同创造并共同拥有的财富。公共消防设施，是为扑救火灾设置的灭火器具设备。保护社会财富，维护公共消防设施是公民应履行的义务。每个公民必须认真遵守消防法规，履行法律赋予的消防安全职责，只有这样，才能使社会财富免遭火灾危害，使公共消防设施免遭破坏。公民的消防安全责任如下：

学习和掌握消防科学知识，严格遵守消防法规，积极主动做好消防安全工作；自觉保护消防设施，不损坏、不擅自挪用、拆除、停用消防设施器材，不埋压圈占消火栓，不占用防火间距，不堵塞消防通道；不携带火种进入生产、贮存易燃易爆危险物品的场所，不携带易燃易爆危险物品进入公共场所或者乘坐公共交通工具；发现火灾应立即报告火警；私有通信工具应无偿为火灾报警提供便利；不谎报火警；成年公民都有参加有组织的灭火工作的义务。

综上所述，各级政府，政府相关各部门，各机关、团体、企业、事业单位以及每个公民，都要按照职责分工，认真履行工作职责和社会义务，切实树立消防安全责任主体意识，逐步建立和完善政府统一领导、部门履行职责、行业自觉管理、全民普遍参与、公安机关消防机构严格监督的消防安全运行机制，为国民经济的快速发展创造一个良好的消防安全环境。

第四节　保障建筑消防安全的途径

建筑的消防安全质量，与建筑设计、消防设施安装、消防设施的检测、维护保养有着直接关系。要保障建筑的消防安全，必须从源头抓起，从建筑设计、施工、设施维护以及日常的安全管理几方面抓起。

一、把好建筑消防系统设计关

建筑消防系统设计，是建筑设计至关重要的一个环节，是建筑消防安全的源头，采用符合标准的消防系统设计方案，是确保该建筑消防安全的首要条件；因此，城乡建设规划和建筑设计与施工过程中必须贯彻"预防为主，防消结合"的消防工作方针，严把建筑消防系统设计关，加强建设工程消防监督管理。建设单位应选择具有资质的设计单位进行建筑消防系统的设计，在保证建筑物使用功能的前提下，严格按照有关规范、标准及规定进行设计，保证建设工程设计质量，从源头上消除火灾隐患，从根本上防止火灾发生。

二、把好建筑消防系统施工关

建筑消防设施安装，是为达到设计功能和使用功能，保证消防安全的重要环节。因此建设、施工及工程监理单位一定要把好建筑消防系统的施工关，公安机关消防机构应加强对建设工程施工的监督与管理。为确保建筑消防设施与系统满足消防安全要求，建设与施工单位必须按照下列要求进行施工：

选择具有消防工程施工资格、经验丰富、施工能力强的施工队伍施工；严格按经公安机关消防机构审批合格后的设计方案及有关施工验收规范进行施工；选择经检测合格，实际使用证明运行可靠、经久耐用的建筑消防产品。

三、做好消防系统与设施使用过程中的维护和维修工作

要保证建筑消防系统与设施始终保持良好的工作状态，必须做好消防系统与设施的检查、维护与维修工作。

（一）建立健全建筑消防设施定期维修保养制度

设有消防设施的建筑，在投入使用后，应建立消防设施的定期维修保养制度，使设施维修保养工作制度化，即使系统未出现明显的故障，也应在规定的期限内，按照规定对全系统进行定期维修保养。在定期的维修保养过程中，可以发现系统存在的故障和故障隐患，并及时排除，从而保证系统的正常运行。这种全系统的维修保养工作，至少应该每年进行一次。

（二）选择合格的专业消防设施维修保养机构

对建筑消防设施进行全系统的维修保养，工作量比较大，技术性、专业性比较强，一般的建筑使用单位通常不具有足够的人力和技术力量，这项工作应选择经消防部门培训合格的专门从事消防设施维修保养的消防中介机构进行，并在对系统维修保养之后，出具系统合格证明，存档备查。

（三）选择经培训合格的人员负责消防设施的日常维修保养工作

由于对消防设施安全系统进行维修保养的时间间隔较长，系统有可能在某次维修保养之后，下一次维修保养之前出现故障，这就需要对系统进行经常性的维修保养。这种日常性的维修保养工作，工作量小，技术性相对较低，可以由建筑使用单位调专人或由消防设施操作员兼职担任。日常性的消防设施维修保养工作，可以随时发现系统存在的故障，对系统正常运行十分重要。每次对系统维修保养之后，应做好记录，存入设备运

行档案。

（四）建立健全岗位责任制度

建筑消防设施通常由消防控制室中的控制设备和外围设备组成，许多单位只在消防控制室安排值班人员负责监管控制室内的设备，而未明确控制室以外的消防设施由哪个部门负责，致使外围消防设施出现故障不能及时被发现和排除，火灾发生时，不能发挥其应有的作用。因此，仅仅明确消防控制室工作人员的职责是不够的，还应进一步明确整个消防设施安全系统的岗位责任，健全包括全部消防设施在内的消防设施检查、检测、维修保养岗位责任制，从而保证消防设施始终处于良好运行状态，在火灾发生时，发挥其应有的作用。

四、做好建筑消防安全管理工作

落实消防安全责任制度，有领导负责的逐级防火责任制，做到层层有人抓。有生产岗位防火责任制，做到处处有人管。有专职或兼职防火安全干部，做好经常性的消防安全工作；要有健全的各项消防安全管理制度，包括逐级防火检查，用火用电、易燃易爆品安全管理，消防器材维护保养，以及火警、火灾事故报告、调查、处理等制度；对火险隐患，做到及时发现、按期整改；一时整改不了的，采取应急措施，确保安全；明确消防安全重点部位，做到定点、定人、定措施，并根据需要采用自动报警、灭火等技术；对新职工和广大职工群众普及消防知识，对重点工种进行专门的消防训练和考核，做到经常化，制度化；制定灭火和应急疏散预案，并定期演练。只有这样，才能保证建筑消防安全。

社会要发展，经济要繁荣，消防工作也要同步发展，只有严把建筑防火设计质量、建筑消防设施安装、检测与维修保养质量关，做好建筑消防安全管理工作，才能保证建筑物的消防安全，才能为经济建设和经济发展创造有利环境，发挥好消防工作为经济建设保驾护航的作用。

第二章 消防燃烧学基础知识

火灾的本质就是一种燃烧现象，只不过是在时间和空间上失去了控制。因此人们同火灾做斗争，无论从预防火灾还是从灭火的角度，了解和掌握燃烧学的基本知识是必不可少的。一般意义上的燃烧学讨论的是有限空间与时间内的温度和压力的关系，关心的是燃烧效率、能源利用、燃烧产物等要素，整个过程是受控的，可监测和重复，而火灾是一种在开放型空间不受控的恣意燃烧，人们对火灾的研究较少关注压力对它的影响，而主要考虑火灾的发生、发展、蔓延与烟火范围的控制，从而诞生了消防燃烧学这一新学科，作为指导整个消防防火、灭火实践的理论基础。

第一节 燃烧的本质与条件

一、燃烧的本质

通常把可燃物与氧化剂作用发生的放热反应，并伴有火焰、发光和（或）发烟的现象称为燃烧。燃烧应具备三个特征，即化学反应、放热和发光。

燃烧过程中的化学反应十分复杂。可燃物质在燃烧过程中，生成了与原来完全不同的新物质。燃烧不仅在空气（氧）存在时能发生，有的可燃物在其他氧化剂中也能发生燃烧。近代连锁反应理论认为：燃烧是一种游离基的连锁反应（也称链反应），即由游离基在瞬间进行的循环连续反应。游离基又称自由基或自由原子，是化合物或单质分子中的共价键在外界因素（如光、热）的影响下，分裂成含有不成对电子的原子或原子基团，它们的化学活性非常强，在一般条件下是不稳定的，容易自行结合成稳定分子或与其他物质的分子反应生成新的游离基。当反应物产生少量的活化中心——游离基时，即可发生链反应。只要反应一经开始，就可经过许多连锁步骤自行加速发展下去（瞬间自发进行若干次），直至反应物燃尽为止。当活化中心全部消失（即游离基消失）时，链反应就会终止。链反应机理大致分为链引发、链传递和链终止三个阶段。

综上所述，物质燃烧是氧化反应，而氧化反应不一定是燃烧，能被氧化的物质不一定都是能够燃烧的物质。可燃物质的多数氧化反应不是直接进行的，而是经过一系列复杂的中间反应阶段，不是氧化整个分子，而是氧化链反应中间产物——游离基或原子。可见，燃烧是一种极其复杂的化学反应，游离基的链反应是燃烧反应的实质，光和热是燃烧过程中发生的物理现象。

二、燃烧的条件

（一）燃烧的必要条件

任何物质燃烧过程的发生和发展都必须具备以下三个必要条件：可燃物、助燃物（又称氧化剂，一般意义上是指助燃气体）和引火源。上述三个条件通常被称为燃烧三要素。燃烧的三个必要条件可用"燃烧三角形"来表示，即我们把燃烧的三个要素看作三角形的三个边，缺少任何一个要素，这个三角形都构建不起来。只有这三个要素同时具备且发生相互作用的情况下，可燃物才能够发生燃烧，无论缺少哪一个燃烧都不能发生。也就是说，只有火源和可燃物而没有助燃气体，相当于窒息状态；只有可燃物和助燃气体而没有火源，相当于隔离或冷却状态；只有火源和助燃气体而没有可燃物，相当于无米之炊，火源能量无以为继，自然不能形成火灾。

1. 可燃物

凡是能与空气中的氧或其他氧化剂起燃烧反应的物质，均称为可燃物。自然界中的可燃物种类繁多，若按其物理状态分，有固体、液体和气体三类可燃物。

（1）固体可燃物

凡是遇明火、热源能在空气（氧化剂）中燃烧的固体物质，都称为可燃固体。如棉、麻、木材、稻草等天然植物纤维，动物皮毛、植物果实等蛋白或脂类及其制品，稻谷、大豆、苞米等谷物及其制品，涤纶、维纶、锦纶、腈纶等合成纤维及其制品，聚乙烯、聚丙烯、聚苯乙烯等合成树脂及其制品，天然橡胶、合成橡胶及其制品等。

（2）液体可燃物

凡是在空气中能发生燃烧的液体，都称为可燃液体。液体可燃物大多数是有机化合物，分子中都含有碳、氢原子，有些还含有氧原子。其中有不少是石油化工产品，有的产品本身或燃烧时的分解产物都具有一定的毒性。如烷烃类、烯烃类、醚类、醇类等液态物质。

（3）气体可燃物

凡是在空气中能发生燃烧的气体，都称为可燃气体。可燃气体在空气中需要与空气的混合比在一定浓度范围内（即燃烧最低浓度），并还要一定的温度（即着火温度）才能发生燃烧。如天然气、煤气、液化石油气、乙炔气等。

此外，有些物质在通常情况下不燃烧，但在一定的条件下又可以燃烧。如：赤热的铁在纯氧中能发生剧烈燃烧；赤热的铜能在纯氯气中发生剧烈燃烧；铁、铝本身不燃，但把铁、铝粉碎成粉末，不但能燃烧，而且在一定条件下还能发生爆炸。

2. 助燃物

凡与可燃物质相结合能导致燃烧的物质称为助燃物（也称氧化剂）。通常燃烧过程中的助燃物主要是氧，它包括游离的氧或化合物中的氧。空气中含有大约21%的氧，可燃物在空气中的燃烧以游离的氧作为氧化剂，这种燃烧是最普遍的。此外，某些物质也可作为燃烧反应的助燃物，如氯、氟、氯酸钾等。也有少数可燃物，如低氮硝化纤维、硝酸纤维、赛璐珞等含氧物质，一旦受热后能自动释放出氧，不需外部助燃物就可发生燃烧。此外，天然的动植物纤维由于其中空结构本身也自带一定量的氧，即使打包捆紧，当内部夹带火种或受潮发热也能维持阴燃或发生自燃。

3. 引火源

凡使物质开始燃烧的外部热源，统称为引火源（也称着火源）。引火源温度越高，越容易点燃可燃物质。根据引起物质着火的能量来源不同，在生产生活实践中引火源通常有明火、高温物体、化学（聚合、分解、氧化）热能、电（静电、雷电）热能、机械（摩擦，加压）热能、生物能、光能和核能等。

（二）燃烧的充分条件

具备了燃烧的必要条件，并不意味着燃烧必然发生。发生燃烧还应有"量"方面的要求，这就是发生燃烧或持续燃烧的充分条件。可见，"三要素"彼此要达到一定的量变才能发生质变。

燃烧发生的充分条件如下：

1. 一定的可燃物浓度

可燃气体或蒸汽只有达到一定浓度，才会发生燃烧或爆炸。例如在常温下用火柴等明火接触煤油，煤油并不立即燃烧，这是因为在常温下煤油表面挥发的煤油蒸汽量不多，没有达到燃烧所需的浓度，虽有足够的空气和火源接触，也不能发生燃烧。

2. 一定的氧气含量

实验证明，各种不同可燃物发生燃烧，均有本身固定的最低含氧量要求。低于这一浓度，就算燃烧的其他条件全部具备，燃烧仍然不能发生。如将点燃的蜡烛用玻璃罩罩起来，周围空气不能进入，这样经过较短的时间，蜡烛的火焰就会熄灭，因为蜡烛的燃烧要消耗氧气，当氧气浓度不能维持燃烧时，燃烧即可终止。可燃物发生燃烧需要有一个最低含氧量要求，低于这一浓度燃烧就不会发生。可燃物质不同，燃烧所需要的含氧量也不同，如汽油燃烧的最低含氧量为14.4%，煤油为15%。

3. 一定的点火能量

不管何种形式的引火源，都必须达到一定的强度才能引起燃烧反应。所需引火源的强度，取决于可燃物质的最小点火能量，即引燃温度，低于这一能量，燃烧便不会发生。不同可燃物质燃烧所需的引燃温度各不相同。例如汽油的最小点火能量为 0.2 mJ，乙醚最小点火能量为 0.19 mJ。再如一个烟头引燃不了一块木板，但能引燃松散的木屑。

4. 相互作用

燃烧不仅须具备必要和充分条件，而且还必须使燃烧条件相互结合、相互作用，燃烧才会发生或持续。否则，燃烧也不能发生。例如在办公室里有桌、椅、门、窗帘等可燃物，有充满空间的空气，有火源（电源），存在燃烧的基本要素，可并没有发生燃烧现象，这就是因为这些条件没有相互结合、相互作用的缘故。

第二节 燃烧类型

燃烧按其发生瞬间的特点不同，分为闪燃、着火、自燃、爆炸四种类型。

一、闪燃

（一）闪燃与闪点

当液体表面上形成了一定量的可燃蒸汽，遇火能产生一闪即灭的燃烧现象，称为闪燃。在一定温度条件下，液态可燃物表面会产生可燃蒸汽，这些可燃蒸汽与空气混合形成一定浓度的可燃性气体，当其浓度不足以维持持续燃烧时，遇火源能产生一闪即灭的火苗或火光，形成一种瞬间燃烧现象。可燃液体之所以会发生一闪即灭的闪燃现象，是因为液体在闪燃温度下蒸发速度较慢，所蒸发出来的蒸汽仅能维持短时间的燃烧，而来不及提供足够的蒸汽补充维持稳定的燃烧，故闪燃一下就熄灭了。闪燃往往是可燃液体发生着火的先兆。通常把在规定的试验条件下，可燃液体挥发的蒸汽与空气形成混合物，遇火源能够产生闪燃的液体最低温度，称为闪点，以"℃"为单位。液体闪点的确定有开口杯和闭口杯两种试验方式，在工程实践中如无特殊说明，一般说某物质的闪点就是指该物质在开口杯试验条件下获得的。表2-1列出的是以开口杯方式确定的部分易燃和可燃液体的闪点。

表 2-1 部分易燃和可燃液体的闪点

名称	闪点/℃	名称	闪点/℃	名称	闪点/℃
汽油	−50	甲醇	11.1	苯	−14
煤油	37.8	乙醇	12.78	甲苯	5.5
柴油	60	正丙醇	23.5	乙苯	23.5
原油	−6.7	乙烷	−20	丁苯	30.5

（二）物质的闪点在消防上的应用

从消防角度来说，闪燃就是危险的警告，在工程设计中，一般都以液体发生闪燃的温度作为衡量可燃液体火灾危险性大小的依据。闪点越低，火灾危险性就越大；反之，则越小。闪点在消防上有着重要作用，根据闪点，将能燃烧的液体分为易燃液体和可燃液体。其中把闪点小于60℃的液体称为易燃液体，大于60℃的液体称为可燃液体。根据闪点，将液体生产、加工、储存场所的火灾危险性分为甲（闪点小于28℃的液体）、乙（闪点大于等于28℃，但小于60℃的液体）、丙（闪点大于等于60℃的液体）三个类别，以便根据其火灾危险性的大小采取相应的消防安全措施。

二、着火

（一）着火与物质的燃点

可燃物质在空气中与火源接触，达到某一温度时，开始产生有火焰的燃烧，并在火源移去后仍能持续并不断扩大的燃烧现象，称为着火。着火就是燃烧的开始，且以出现火焰为特征，这是日常生产、生活中最常见的燃烧现象。

通常在规定的试验条件下，应用外部热源使物质表面起火并持续燃烧一定时间所需的最低温度，称为燃点或着火点，以"℃"为单位。表2-2中列出部分可燃物质的燃点。

（二）物质燃点的意义

物质的燃点在消防中有着重要的意义，根据可燃物的燃点高低，可以衡量其火灾危险的程度。物质的燃点越低，则越容易着火，火灾危险性也就越大。

一切可燃液体的燃点都高于闪点。燃点对于分析和控制可燃固体和闪点较高的可燃液体火灾具有重要意义，控制可燃物质的温度在其燃点以下，就可以防止火灾的发生；用水冷却灭火，其原理就是将着火物质的温度降低到燃点以下。

表 2-2 部分可燃物质的燃点

物质名称	燃点/℃	物质名称	燃点/℃	物质名称	燃点/℃
松节油	53	漆布	165	松木	250
樟脑	70	蜡烛	190	有机玻璃	260
赛璐珞	100	麦草	200	醋酸纤维	320
纸	130	豆油	220	涤纶纤维	390
棉花	150	黏胶纤维	235	聚氯乙烯	391

三、自燃

（一）自燃与自燃点

自燃是指物质在常温常压下和有空气存在但无外来火源作用的情况下发生化学反应、生物作用或物理变化过程而放出热量并积蓄，使温度不断上升，自行燃烧起来的现象。由于热的来源不同，物质自燃可分为受热自燃和本身自燃两类，其中受热自燃是指引起可燃物燃烧的热能来自外来物体，如光能、环境温度或热物体等激活或诱发可燃物自燃；本身自燃又分为分解热引起的自燃、氧化热引起的自燃、聚合热引起的自燃、发酵热引起的自燃、吸附热引起的自燃以及氧化还原热引起的自燃等。

自燃现象引发火灾在自然界并不少见，如有些含硫、磷成分高的煤炭遇水常常发生氧化反应释放热量，如果煤层堆积过厚则积热不散，就容易发生自燃火灾；赛璐珞在夏季高温下，若通风不畅也易产生分解引发自燃；草垛水分大，长时间堆集，散热不畅而引起微生物繁殖腐烂，也易发生自燃；工厂的油抹布堆集由于氧化发热并蓄热也会发生自燃，引发火灾。

通常，把在规定的条件下，可燃物质产生自燃的最低温度，称为自燃点。在这一温度时，物质与空气（氧）接触，不需要明火的作用，就能发生燃烧。自燃点是衡量可燃物质受热升温形成自燃危险性的依据。可燃物的自燃点越低，发生自燃的危险性就越大。表 2-3 列出了部分可燃物的自燃点。

表 2-3 部分可燃物的自燃点

物质名称	自燃点/℃	物质名称	自燃点/℃	物质名称	自燃点/℃
黄磷	34~35	乙醚	170	棉籽油	370
三硫化四磷	100	溶剂油	235	桐油	410
赛璐珞	150~180	煤油	240~290	芝麻油	410
赤磷	200~250	汽油	280	花生油	445
松香	240	石油沥青	270~300	菜籽油	446
锌粉	360	柴油	350~380	豆油	460
丙酮	570	重油	380~420	亚麻籽油	343

（二）物质的自燃点在消防上的应用

物质的自燃点在消防上的应用主要是在以下三方面：

在火灾调查中根据现场物质的温度、湿度、油渍污染度、堆放形式等物理状态来判断这些物质是否有自燃起火的可能；在灭火救援中根据火灾现场可燃物的种类和数量来判断现场发生轰燃（一般把火灾现场可燃物质达到自燃点后瞬间产生大面积或大量物质同时燃烧的现象称为轰燃）的可能和时间，作为灭火指挥员采取何种战术和配置灭火力量的依据；在工程设计时针对存储物质的自燃点和周围的环境情况，确定库房、堆垛应当采取何种通风降温措施等。

四、爆炸

（一）爆炸的含义

物质由于急剧氧化或分解反应产生温度、压力增加或两者同时增加的现象，称为爆炸。从广义上说，爆炸是物质从一种状态迅速转变成另一种状态，并在瞬间放出大量能量，同时产生声响的现象。在发生爆炸时，势能（化学能或机械能）突然转变为动能，有高压气体生成或者释放出高压气体，这些高压气体随之做机械功，如移动、改变或抛射周围的物体，将会对邻近的物体产生极大的破坏作用。

（二）爆炸的分类

按爆炸过程的性质不同，通常将爆炸分为物理爆炸、化学爆炸和核爆炸三种类型。

爆炸产生的高温能使可燃物发生燃烧，爆炸产生的压力冲击波能使装置或建筑受损，以及核爆炸产生的核辐射还对生物体造成危害。如果爆炸仅限于产生了燃烧，这种现象也称爆燃。在消防范围内主要讨论爆燃现象。

1. 物理爆炸

物理爆炸是指装在容器内的液体或气体，由于物理变化（温度、体积和压力等因素）引起体积迅速膨胀，导致容器压力急剧增加，或超压或应力变化使容器发生爆炸，且在爆炸前后物质的性质及化学成分均不改变的现象。如蒸汽锅炉、液化气钢瓶等爆炸，均属物理爆炸。

物理爆炸本身虽没有进行燃烧反应，但它产生的冲击力有可能使容器碎片产生碰撞火花直接引燃泄漏物质而起火或泄漏物质接触火源间接地造成火灾，以及因泄漏介质瞬间喷出摩擦起电而起火。

2. 化学爆炸

化学爆炸是指物质本身发生化学反应，产生大量气体并使温度、压力增加或两者同时增加而形成的爆炸现象。如可燃气体、蒸汽或粉尘与空气形成的混合物遇火源而引起的爆炸，炸药的爆炸等都属于化学爆炸。再如化工生产中反应釜的爆炸也是失控的化学反应导致了压力、温度的急剧上升而发生的。这类爆炸的特点是爆炸时有新的物质产生。

化学爆炸的主要特点：反应速度快，爆炸时放出大量的热能或火焰，产生大量气体和很大的压力，并发出巨大的响声。化学爆炸能够直接造成火灾，爆炸时产生的冲击波具有很大的破坏性，是消防工作中预防的重点。

3. 核爆炸

核爆炸是指原子核裂变或聚变反应，释放出核能所形成的爆炸。如原子弹、氢弹、中子弹的爆炸和核反应堆的爆炸就属于核爆炸。核爆炸和化学爆炸相同之处在于都能产生很强的热能和冲击力（波），不同之处是核爆炸会产生核辐射。

（三）爆炸极限

爆炸极限从消防燃烧学的角度分为爆炸浓度极限和爆炸温度极限，它是从浓度和温度两方面来分析可燃液体、气体发生着火（爆炸）的条件。

1. 爆炸浓度极限

爆炸浓度极限，也称爆炸极限，是指可燃的气体、蒸汽或粉尘与空气混合后，遇火会产生爆炸的最高或最低的浓度。气体、蒸汽的爆炸极限，通常以体积百分比表示；粉尘通常用单位体积中的质量（g/m^3）表示。其中遇火会产生爆炸的最低浓度，称为爆炸下限；遇火会产生爆炸的最高浓度，称为爆炸上限。

爆炸极限是评定可燃气体、蒸汽或粉尘爆炸危险性大小的主要依据。爆炸上、下限值之间的范围越大，也就是爆炸下限越低、爆炸上限越高，爆炸危险性就越大。混合物的浓度低于下限或高于上限时，既不能发生爆炸也不能发生燃烧。从爆炸浓度极限的角度讲，着火也是一种爆炸，只不过可燃气体浓度处于爆炸浓度极限的下限或上限附近，不具备产生剧烈反应的条件（接近下限参与反应的可燃物量不足，接近上限参与反应的空气量不足），就不会在瞬间产生高热和高压，也不会产生明显的冲击波而已。通常把混合物爆炸浓度极限上限与下限中间的浓度称为当量浓度。在当量浓度下，混合物爆炸反应最充分，燃烧最彻底，爆炸产生的热量和冲击波也最大，破坏性也越大。如汽油蒸气与空气混合物的爆炸浓度极限上限是7.2，下限是1.7，它的爆炸当量浓度就在4.4附近。因此，要防止可燃气体发生爆炸就要防止可燃气体浓度达到爆炸极限以内，要减小可燃气体发生爆炸的危害，就要防止可燃气体聚集到爆炸当量浓度附近。

2. 爆炸温度极限

爆炸温度极限是指可燃液体受热蒸发出的蒸汽浓度等于爆炸浓度极限时的温度范围。由于液体的蒸汽浓度是在一定温度下形成的，所以可燃液体除了有爆炸浓度极限外，还有一个爆炸温度极限。

爆炸温度极限也有下限、上限之分。液体在该温度下蒸发出等于爆炸浓度下限的蒸汽浓度，此时的温度称为爆炸温度下限（液体的爆炸温度下限就是液体的闪点）；液体在该温度下蒸发出等于爆炸浓度上限的蒸汽浓度，此时的温度称为爆炸温度上限。爆炸温度上、下限值之间的范围越大，爆炸的危险性就越大。例如乙醇的爆炸温度下限是11℃，上限是40℃，在11~40℃温度范围之内，乙醇蒸汽与空气的混合物都有爆炸危险；乙醚的爆炸温度极限是 -45~13℃，显然乙醚比乙醇的爆炸危险性大。

通常所说的爆炸极限，如果没有特别标明，就是指爆炸浓度极限。表2-4为常见可燃液体爆炸浓度极限与爆炸温度极限的比较。

表 2-4 常见液体爆炸浓度极限与爆炸温度极限的比较

液体名称	爆炸浓度极限/（%）		爆炸温度极限/（℃）	
	下限	上限	下限	上限
乙醇	3.3	18.0	11.0	40.0
甲苯	1.5	7.0	5.5	31.0
松节油	0.8	62.0	33.5	53.0
车用汽油	1.7	7.2	−38.0	−8.0
灯用煤油	1.4	7.5	40.0	86.0
乙醚	1.9	40.0	−45.0	13.0
苯	1.5	9.5	−14.0	19.0

第三节 燃烧过程及特点

一、可燃物的燃烧过程

当可燃物与其周围相接触的空气达到可燃物的点燃温度时，外层部分就会熔解、蒸发或分解并发生燃烧，在燃烧过程中放出热量和光。这些释放出来的热量又加热边缘的下一层，使其达到点燃温度，于是燃烧过程就不断地持续进行。

固体、液体和气体这三种状态的物质，其燃烧过程是不同的。固体和液体发生燃烧，需要经过分解和蒸发，生成气体，然后这些气体与氧化剂作用发生燃烧。而气体物质不需要经过蒸发，可以直接燃烧。

二、可燃物的燃烧特点

（一）固体物质的燃烧特点

固体可燃物在自然界中广泛存在，由于其分子结构的复杂性、物理性质的不同，其燃烧方式也不相同。主要有下列四种方式：

1. 表面燃烧

物体表面可燃气体的蒸气压非常小或者难以热分解的可燃固体，不能发生蒸发燃烧或分解燃烧，当氧气包围物质的表层时，呈炽热状态发生无焰燃烧现象，称为表面燃烧。其过程属于非均相燃烧，特点是表面发红而无火焰。如木炭、焦炭以及铁、铜等的燃烧属于表面燃烧形式。

2. 阴燃

阴燃是指物质无可见光的缓慢燃烧，通常伴随产生烟和温度升高的迹象。

某些固体可燃物在空气不流通、加热温度较高或含水分较高时就会发生阴燃。这种燃烧看不见火苗，可持续数天，不易发现。易发生阴燃的物质，如成捆堆放的纸张、棉、麻以及大堆垛的煤、草、湿木材等。

阴燃和有焰燃烧在一定条件下能相互转化。如在密闭或通风不良的场所发生火灾，由于燃烧消耗了氧，氧浓度降低，燃烧速度减慢，分解出的气体量减少，即可由有焰燃烧转为阴燃。阴燃在一定条件下，如果改变通风条件，增加供氧量或可燃物中的水分蒸发到一定程度，也可能转变为有焰燃烧。火场上的复燃现象和固体阴燃引起的火灾等都是阴燃在一定条件下转化为有焰燃烧的例子。

3. 分解燃烧

分子结构复杂的固体可燃物，由于受热分解而产生可燃气体后发生的有焰燃烧现象，称为分解燃烧。如木材、纸张、棉、麻、毛、丝以及合成高分子的热固性塑料、合成橡胶等的燃烧就属这类形式。

4. 蒸发燃烧

熔点较低的可燃固体受热后融熔，然后像可燃液体一样蒸发成蒸气而发生的有焰燃烧现象，称为蒸发燃烧。如石蜡、松香、硫、钾、磷、沥青和热塑性高分子材料等的燃烧就属这类形式。

（二）液体物质的燃烧特点

1. 蒸发燃烧

易燃可燃液体在燃烧过程中，并不是液体本身在燃烧，而是液体受热时蒸发出来的液体蒸气被分解、氧化达到燃点而燃烧，即蒸发燃烧。其燃烧速度，主要取决于液体的蒸发速度，而蒸发速度又取决于液体接受的热量。接受热量愈多，蒸发量愈大，则燃烧速度愈快。

2. 动力燃烧

动力燃烧是指燃烧性液体的蒸发气体或低闪点液雾预先与空气或氧气混合，遇火源产生带有冲击力的燃烧。它的特点是可燃气体是预混的，一般都有一定压力，燃烧和可燃气体预混不在同一空间，是分别进行的。如内燃机的做功过程就是汽化器先将汽油、煤油等挥发性较强的烃类雾化并与气体混合，再喷入气缸中进行燃烧做功，就属于这种形式。

3. 沸溢燃烧

含水的重质油品（如重油、原油）发生火灾，由于液面从火焰接受热量产生热波，热波向液体深层移动速度大于线性燃烧速度，而热波的温度远高于水的沸点。因此，热波在向液层深部移动过程中，使油层温度升上，油品黏度变小，油品中的乳化水滴在向下沉积的同时受向上运动的热油作用而蒸发成蒸气泡，这种表面包含有油品的气泡，比原来的水体积扩大千倍以上，气泡被油薄膜包围形成大量油泡群，液面上下像开锅一样沸腾，到储罐容积容纳不下时，油品就会像"跑锅"一样溢出罐外，这种现象称为沸溢，沸溢很容易形成地面流淌火，给灭火带来很大困难，同时也会造成人员和装备的重大损失。

4. 喷溅燃烧

重质油品储罐的下部有水垫层时，发生火灾后，由于热波往下传递，若将储罐底部的沉积水的温度加热到汽化温度，则沉积水将变成水蒸气，体积扩大，当形成的蒸汽压力大到足以把其上面的油层抬起，最后冲破油层将燃烧着的油滴和包油的油气抛向上空，向四周喷溅燃烧。

重质油品储罐发生沸溢和喷溅的典型征兆：罐壁会发生剧烈抖动，伴有强烈的噪声，烟雾减少，火焰更加发亮，火舌尺寸变大，形似火箭。发生沸溢和喷溅会对灭火救援人员及消防器材装备等的安全产生巨大的威胁，因此，储罐一旦出现沸溢和喷溅的征兆，火场有关人员必须立即撤到安全地带，并应采取必要的技术措施，防止喷溅时油品流散、火势蔓延和扩大。

（三）气体物质的燃烧特点

可燃气体的燃烧不像固体、液体物质那样经熔化、蒸发等相变过程，而在常温常压下就可以任意比例与氧气（空气）相互扩散混合，完成燃烧反应的准备阶段；气体在燃烧时所需热量仅用于氧化或分解，或将气体加热到燃点，因此气体容易燃烧且燃烧速度快。

根据气体物质燃烧过程的控制因素不同，其燃烧有以下两种形式：

1. 扩散燃烧

可燃气体从喷口（管道口或容器泄漏口）喷出，在喷口处与空气中的氧边扩散混合、边燃烧的现象，称为扩散燃烧。其燃烧速度主要取决于可燃气体的扩散速度。气体扩散多少，就烧掉多少，这类燃烧比较稳定。例如管道、容器泄漏口发生的燃烧，天然气井口发生的井喷燃烧等均属于扩散燃烧。其燃烧特点为扩散火焰不运动，可燃气体与气体氧化剂的混合在可燃气体喷口进行。对于稳定的扩散燃烧，只要控制得好，便不至于造成火灾，一旦发生火灾也易扑救。

2. 预混燃烧

可燃气体与助燃气体在燃烧之前混合，并形成一定浓度的可燃混合气体，被引火源点燃所引起的燃烧现象称为预混燃烧。这类燃烧往往造成爆炸，也称爆炸式燃烧或动力燃烧。许多火灾、爆炸事故都是由预混燃烧引起的，如油罐、输油管道及其他可燃气体的容器、管道检修前不进行清洗、置换就烧焊，燃气系统开车前不进行吹扫就点火等都属于预混燃烧。

在各类气体的燃烧时，影响气体燃烧速度的因素主要包括气体的组成、可燃气体的浓度、可燃混合气体的初始温度、输送气体的管道直径和管道材质等。因此要预防气体火灾的发生和减少火灾的危害就要从上述方面采取预防措施。

第四节 燃烧产物

一、燃烧产物的含义和分类

由燃烧或热解作用而产生的全部的物质，称为燃烧产物。它通常是指燃烧生成的固体残渣、气体液体微粒、热量和烟雾等。

燃烧产物分为完全燃烧产物和不完全燃烧产物两类。可燃物质在燃烧过程中，如果生成的产物不能再燃烧，则称为完全燃烧，其产物为完全燃烧产物，如二氧化碳、二氧化硫等；可燃物质在燃烧过程中，如果生成的产物还能继续燃烧，则称为不完全燃烧，其产物为不完全燃烧产物，如一氧化碳、醇类等。在实际火灾中产生的大量残渣都属于不完全燃烧产物，这些产物的形成有的是因为火灾中的压力或温度不致可燃物完全分解参与燃烧所形成的，如重油和高分子石化产品燃烧产生的浓烟；有的是火灾中的灭火行为使燃烧中止而形成的，如未燃尽的木材残渣等。

二、不同物质的燃烧产物

燃烧产物的数量及成分，随物质的化学组成以及温度、空气（氧）的供给情况等变化而有所不同。

（一）单质的燃烧产物

一般单质在空气中的燃烧产物为该单质元素的氧化物。如碳、氢、硫等燃烧就分别生成二氧化碳、水蒸气、二氧化硫，这些产物不能再燃烧，属于完全燃烧产物。

（二）化合物的燃烧产物

一些化合物在空气中燃烧除生成完全燃烧产物外，还会生成不完全燃烧产物。最典型的不完全燃烧产物是一氧化碳，它能进一步燃烧生成二氧化碳。特别是一些高分子化合物，受热后会产生热裂解，生成许多不同类型的有机化合物，并能进一步燃烧。

（三）合成高分子材料的燃烧产物

合成高分子材料在燃烧过程中伴有热裂解，会分解产生许多有毒或有刺激性的气体，如氯化氢、光气以及大量浓烟等。

（四）木材的燃烧产物

木材是一种化合物，主要由碳、氢、氧元素组成，主要以纤维素分子形式存在。木材在受热后发生热裂解反应，生成小分子产物。在200℃左右，主要生成二氧化碳、水蒸气、甲酸、乙酸、一氧化碳等产物；在280~500℃，产生可燃蒸气及颗粒；到500℃以上则主要是碳，产生的游离基对燃烧有明显的加速作用。

三、燃烧产物的毒性

燃烧产物有不少是毒害气体，往往会通过呼吸道侵入或刺激眼结膜、皮肤黏膜使人中毒甚至死亡。据统计，在火灾中死亡的人约80%是由于吸入毒性气体中毒而致死的。一氧化碳是火灾中最危险的气体，其毒性在于与血液中血红蛋白的高亲和力，因而它能阻止人体血液中氧气的输送，引起头痛、虚脱、神志不清等症状，严重时会使人昏迷甚至死亡，表2-5为不同浓度的一氧化碳对人体的影响。近年来，合成高分子物质的使用迅速普及，这些物质燃烧时不仅会产生一氧化碳、二氧化碳，而且还会分解出乙醛、氯化氢等有毒气体，给人的生命安全造成更大的威胁。表2-6为部分主要有害气体的来源、对人的生理作用及致死浓度。

表 2-5 不同浓度的一氧化碳对人体的影响

火场中一氧化碳的浓度 /（%）	人的呼吸时间 /min	中毒程度
0.1	60	头痛、呕吐
0.5	20~30	有致死的危险
1.0	1~2	可中毒死亡

表 2-6 部分主要有害气体的来源、对人的生理作用及致死浓度

有害气体的来源	主要的生理作用	短期（10min）估计致死浓度 /ppm
木材、纺织品、聚丙烯睛尼龙、聚氨酯等物质燃烧时分解出的氰化氢	一种迅速致死、窒息性的毒物	
纺织物燃烧时产生的二氧化氮和其他氮的氧化物	肺的强刺激剂，能引起即刻死亡及滞后性伤害	> 200
由木材、丝织品、尼龙以及三聚氰氨燃烧产生的氨气	强刺激剂，对眼、鼻有强烈刺激作用	> 1000
PVC 电绝缘材料，其他含氯高分子材料及阻燃处理物质热分解产生的氯化氢	呼吸道刺激剂，吸附于微粒上的氯化氢的潜在危险性较之等量的气体氯化氢要大	> 500，气体或微粒存在时
氟化树脂类或薄膜类以及某些含溴阻燃材料热分解产生的含卤酸气体	呼吸刺激剂	HF ≈ 400 COF_2 ≈ 100 HBr > 50
含硫化合物及含硫物质燃烧分解产生的二氧化硫	强刺激剂，在远低于致死浓度下即使人难以忍受	> 500
由聚烯烃和纤维素低温热解（400℃）产生的丙醛	潜在的呼吸刺激剂	30~100

四、烟气的危害性

当建、构筑物发生火灾时，建筑材料及装修材料、室内可燃物等在燃烧或热解作用时所产生的悬浮在大气中可见的固体和（或）液体微粒以及不可见的气体分子团的总和统称为烟气。无论是固态物质或是液态物质、气态物质在燃烧时都会发生剧烈的氧化反应，产生大量的烟气。氧化反应愈充分，烟气量愈少；氧化反应愈不充分，烟气量愈大。

火灾产生的烟气常常是多种物质的混合物，其中含有一氧化碳、二氧化碳、氯化氢等大量的各种有毒性气体和固体碳颗粒，这些物质大都会对人的生命造成危害。其危害性主要表现在烟气具有毒害性、减光性和恐怖性。

（一）烟气的毒害性

人正常生理所需要的氧浓度应大于 16%，而烟气中含氧量往往低于此数值。有关试验表明：当空气中含氧量降低到 15% 时，人的肌肉活动能力下降；降到 10%~14% 时，人就四肢无力、智力混乱、辨不清方向；降到 6%~10% 时，人就会晕倒；低于 6% 时，人接触短时间就会死亡。据测定，实际的着火房间中氧的最低浓度可降至 3% 左右，可见在发生火灾时人们要是不及时逃离火场是很危险的。

另外，火灾中产生的烟气中含有大量的各种有毒气体，其浓度往往超过人的生理正常所允许的最高浓度，造成人员中毒死亡。试验表明：一氧化碳浓度达到1%时，人在1 min内死亡；氢氰酸的浓度达到0.27‰，人立即死亡；氯化氢的浓度达到2‰以上时，人在数分钟内死亡；二氧化碳的浓度达到20%时，人在短时间内死亡。

（二）烟气的减光性

可见光波的波长为0.4~0.7 pm，一般火灾烟气中烟粒子粒径为几微米到几十微米，即烟粒子的粒径大于可见光的波长，这些烟粒子对可见光是不透明的，其对可见光有完全的遮蔽作用。当烟气弥漫时，可见光因受到烟粒子的遮蔽而大大减弱，能见度大大降低，这就是烟气的减光性。

（三）烟气的恐怖性

发生火灾时，火焰和烟气冲出门窗孔洞，浓烟滚滚，烈火熊熊，使人产生恐怖感。有的人甚至失去理智，惊慌失措，往往给火场人员疏散造成混乱局面。

五、火焰、燃烧热和燃烧温度

（一）火焰

火焰（俗称火苗），是指发光的气相燃烧区域。火焰是由焰心、内焰、外焰三个部分构成的。

火焰的颜色取决于燃烧物质的化学成分和氧化剂的供应强度。大部分物质燃烧时火焰是橙红色的，但有些物质燃烧时火焰具有特殊的颜色，如硫黄燃烧的火焰是蓝色的，磷和钠燃烧的火焰是黄色的。

火焰的颜色与燃烧温度和燃烧是否充分有关，燃烧温度越高、燃烧越充分，火焰就越接近蓝白色。

火焰的颜色与可燃物的含氧量及含碳量也有关。含氧量达到50%以上的可燃物质燃烧时，火焰几乎无光。如一氧化碳等物质在较强的光照下燃烧，几乎看不到火焰。含氧量在50%以下的，发出明显光（光亮或发黄光）的火焰；如果燃烧物的含碳量达到60%以上，则发出显光且带有大量黑烟，甚或因浓烟遮挡而看不清火焰。

（二）燃烧热

燃烧热是指单位质量的物质完全燃烧所释放出的热量。燃烧热值愈高的物质燃烧时火势愈猛，温度愈高，辐射出的热量也愈多。物质燃烧时，都能放出热量。这些热量被消耗于加热燃烧产物，并向周围扩散。可燃物质的发热量，取决于物质的化学组成和温度。

（三）燃烧温度

理论上，燃烧温度是指在一定的实验条件下，燃料燃烧时放出的热量使燃烧产物（烟气）被加热到所能达到的温度。但就消防实际来讲，燃烧温度是指火灾燃烧区的温度。不同可燃物质在同样条件下燃烧时，燃烧速度快的比燃烧速度慢的燃烧温度高，燃烧热值高的比燃烧热值低的燃烧温度高；在同样大小的火焰下，燃烧温度越高，它向周围辐射出的热量就越多，火灾蔓延的速度就越快。

六、燃烧产物对火灾扑救工作的影响

燃烧产物对火灾扑救工作的影响，分为有利和不利两方面。

（一）燃烧产物对火灾扑救工作的有利方面

燃烧产物中不燃的惰性气体在一定条件下可以阻止燃烧进行，如二氧化碳、水蒸气等。如果室内发生火灾，随着燃烧产生的这些惰性气体的增加，空气中的氧浓度相对减少，燃烧速度会减慢；如果火灾发生时关闭起火房间的门、窗、孔洞，阻断通风，不但会使燃烧速度减慢，甚至能使燃烧停止。

为火情侦查和寻找火源点提供参考依据。不同的物质，在不同的燃烧温度、不同的风向条件下燃烧，其烟雾的颜色、浓度、气味、流动方向也各不相同。在火场上，通过烟雾的这些特征（表2-7中列举了部分可燃物的烟雾特征），消防人员可以大致判断燃烧物质的种类、火势蔓延方向、火灾发展的阶段等，同时也可以根据这些特征结合室内物质的摆放确定起火点的位置，为后续的火灾调查提供证据。

表 2-7 部分可燃物的烟雾特征

可燃物	烟雾特征		
	颜色	嗅	味
磷	白色	大蒜嗅	—
镁	白色	—	金属味
钾	浓白色	—	碱味
硫黄	蓝黄色	硫嗅	酸味
橡胶	棕黑色	硫嗅	酸味
硝基化合物	棕黄色	刺激嗅	酸味
石油产品	黑色	石油嗅	稍有酸味
棉、麻	黑褐色	烧纸嗅	稍有酸味
木材	灰黑色		稍有酸味
有机玻璃	—		稍有酸味

（二）燃烧产物对火灾扑救工作的不利方面

妨碍灭火和被困人员的疏散行动。烟气具有减光性，会使火场能见度降低，影响人的视线。人在烟雾中的能见距离，一般为 3 m。人在浓烟中往往辨不清方向，因而严重妨碍人员安全疏散和消防人员灭火救援行动。引起人员中毒、窒息。燃烧产物中有不少是毒性气体，特别是有些建筑使用塑料和化纤制品做装饰、装修材料，这类物质一旦着火就会分解产生大量有毒、有刺激性的气体。气体往往会通过呼吸道侵入皮肤黏膜或刺激眼结膜，使人中毒、窒息甚至死亡，严重威胁着人员生命安全（见表 2-5、表 2-6）。据统计，火灾中人员伤亡 85% 都是有毒烟气造成的。因此，在火灾现场做好个人安全防护和防排烟是非常重要的。

高温会使人员烫伤。燃烧产物的烟气中载有大量的热，温度较高，高温可以使人的心脏加快跳动，呼吸急促，头昏眩晕，丧失意识，产生判断错误；人在这种高温、湿热环境中极易被灼伤、烫伤。研究表明，当火场环境温度分别为 71℃、82℃、93℃时，人体的耐受时间分别为 1 h、49 min、33 min。在 100℃环境下，一般人只能忍受几分钟。之后，口腔及喉头就会肿胀而发生窒息，让人丧失逃生能力。

热能加速火势发展蔓延。燃烧产物有很高的热能，火灾时极易因热传导、热对流或热辐射引起新的火点，甚至促使火势形成轰燃的危险。某些不完全燃烧产物能继续燃烧，有的还能与空气形成爆炸性混合物，给灭火带来诸多不确定因素。

第五节　影响火灾发展蔓延的主要因素

火灾发展蔓延虽然比较复杂，但就一种物质发生燃烧来说，火灾的发展变化有其固有的规律性。除取决于可燃物的性质和数量外，同时也受热传播，爆炸，建（构）筑物的耐火等级、结构以及气象等因素的影响。

一、热传播对火灾发展蔓延的影响

火灾的发生发展，始终伴随着热传播过程。热传播是影响火灾发展蔓延的决定性因素。热传播的途径主要有热传导、热辐射和热对流。

（一）热传导

1. 热传导的含义及其特点

热传导是指物体一端受热，通过物体的分子热运动，把热量从温度较高一端传递到温度较低的另一端的过程。热传导只能通过介质进行传递，而无论介质是固体、液体还是气体，这是热传导和其他传热方式的重要区别。

2. 热传导对火灾发展蔓延的影响

热总是从温度较高部位,向温度较低部位传导。温度差愈大,导热方向的距离愈近,传导的热量就愈多。火灾现场燃烧区温度愈高,传导出的热量就愈多。

固体、液体和气体物质都有这种传热性能。其中固体物质是最强的热导体,液体物质次之,气体物质较弱。其中金属材料为热的优良导体,非金属固体多为不良导体。

在其他条件相同时,物质燃烧时间越长,传导的热量越多。有些隔热材料虽然导热性能差,但经过长时间的热传导,也能引起与其接触的可燃物着火。

(二)热辐射

1. 热辐射的含义及其特点

热辐射是指以电磁波形式传递热量的现象。热辐射不需要通过任何介质,不受气流、风速、风向的影响,通过真空也能进行热辐射;固体、液体、气体这三种物质都能把热以电磁波的形式辐射出去,也能吸收别的物体辐射出来的热能;当两物体并存时,温度较高的物体将向温度较低物体辐射热能,直至两物体温度渐趋平衡。

2. 热辐射对火灾发展蔓延的影响

实验证明:一个热物体在单位时间内辐射的热量与其表面积的绝对温度的四次方成正比。热源温度愈高,辐射强度越大。当辐射热达到可燃物质自燃点时,便会立即引起受辐射物体着火。受辐射物体与辐射热源之间的距离越大,受到的辐射热越小,反之,距离愈小,接受的辐射热愈多;辐射热与受辐射物体的相对面积有关,当受辐射物体相对辐射体面积愈大,受辐射物体接收到的热量愈多;物体的颜色愈深、表面愈粗糙,吸收的热量就愈多;表面光亮、颜色较浅,反射的热量愈多,则吸收的热量就愈少。火灾初期,热源温度低,辐射传播的影响较小。当火灾处于猛烈发展阶段时,热辐射则成为热传播的主要形式。

(三)热对流

1. 热对流的含义及其传播方式

热对流是指热量通过流动介质(受热的空气、烟气或液体),由空间的一处传播到另一处的现象。

根据流动介质的不同,热对流有气体对流和液体对流两种形态。但究其本质从引起热对流的动力而论,其对流传播方式又可分为自然对流和强制对流两种方式。

(1)自然对流

它是指流体的运动是由自然力所引起的,也就是因流体各部分的密度不同而引起的。如高温设备附近的空气受热膨胀向上流动及火灾中高温热烟的上升流动,而冷(新鲜)

空气则与其做相反方向流动。

气体对流对火灾发展蔓延有极其重要的影响。燃烧引起了对流，对流助长了燃烧；燃烧愈猛烈，它所引起的对流作用愈强；对流作用愈强，燃烧愈猛烈。

当液体受热后受热部分因体积膨胀、比重减轻而上升，而温度较低、比重较大的部分则下降，在这种运动的同时进行着热传递，最后使整个液体被加热。盛装在容器内的可燃液体，通过对流能使整个液体升温，蒸发加快，压力增大，就有可能引起容器的爆裂。

（2）强制对流

它是指流体微团的空间移动是由机械力引起的。如通过鼓风机、压缩机、泵等，气体、液体可以产生强制对流。火灾发生时，若通风机械还在运行，就会成为火势蔓延的途径。使用防烟、排烟等强制对流设施，就能抑制烟气扩散和自然对流。地下建筑发生火灾，用强制对流改变风流或烟气流的方向，可改善人员疏散环境，也可有效控制火势的发展，为最终扑灭火灾创造有利条件。

2. 热对流对火灾发展蔓延的影响

热对流是影响初期火灾发展的最主要因素。实验证明：热对流速度与通风口的面积和高度成正比。通风孔洞愈多，各个通风孔洞的面积愈大，相对地面的位置愈高，热对流速度愈快；风能加速气体对流，风速愈大，不仅对流愈快，而且能使房屋表面出现正负压力，在建（构）筑物周围形成旋风地带；风向改变，会改变气体对流方向；燃烧时火焰温度愈高，与环境温度的温差愈大，热对流速度愈快。

二、爆炸对火灾发展蔓延的影响

爆炸冲击波能将燃烧着的物质抛散到高空和周围地区，如果燃烧的物质落在可燃物体上就会引起新的火源，造成火势蔓延扩大。

爆炸冲击波能破坏难燃结构的保护层，使保护层脱落，可燃物体暴露于表面，这就为燃烧面积迅速扩大增加了条件。由于冲击波的破坏作用，建筑结构发生局部变形或倒塌，增加空隙和孔洞，其结果必然会使大量的新鲜空气流入燃烧区，燃烧产物迅速流出室外。在此情况下，气体对流大大加强，促使燃烧强度剧增，助长火势迅速发展。同时，由于建筑物孔洞大量增加，气体对流的方向发生变化，火势蔓延方向也会随着改变。如果冲击波将炽热火焰冲散，使火焰穿过缝隙或不严密之处，进入建筑结构的内部空洞，也会引起该部位的可燃物质发生燃烧。火场如果有沉浮在物体表面上的粉尘，爆炸的冲击波会使粉尘扬撒于空间，与空气形成爆炸性混合物，可能发生再次爆炸或多次爆炸。另外，爆炸冲击波会直接造成建筑物倒塌或结构破坏，导致建筑物原来的防火分区被破坏，使燃烧区域扩大。

当可燃气体、液体和粉尘与空气混合发生爆炸时，爆炸区域内的低燃点物质顷刻之间全部发生燃烧，燃烧面积迅速扩大。火场上发生爆炸，不仅对火势发展变化有极大影响，而且对扑救人员和附近群众也有严重威胁。因此，在灭火战斗过程中，及时采取措施，防止和消除爆炸危险，就显得十分重要。

三、建筑物本身对火灾发展蔓延的影响

建筑物本身对火灾的影响主要包括以下三方面，即建筑物的耐火等级、建筑物内部的结构、建筑物的高度等因素对火灾发展变化的影响。

建筑耐火等级是衡量建筑耐火程度的标准，火灾实例说明，耐火等级高的建筑，火灾时烧坏、倒塌的很少，造成的损失也小，而耐火等级低的建筑，火灾时不耐火，燃烧快，损失也大。因此，为了保证建筑物的安全，必须采取必要的防火措施，使之具有一定的耐火性，即使发生了火灾也不至于造成太大的损失。另外，在灭火时应根据建筑耐火等级，充分利用各种有利条件，赢得时间，有效控制火势发展，顺利扑灭火灾。

建筑结构对火灾的影响主要是指建筑表面的门窗空洞、建筑内部的中庭、各种管道竖井、伸缩缝以及内部各种管道的布置等。在火灾状态下，建筑物内部的中庭、竖井、伸缩缝以及纵横交错的管道都会形成烟囱效应，加速火灾热烟气的对流。另外，建筑物门窗空洞的大小、位置的高低也会对火灾的发展蔓延产生重要的影响，火灾通过这些通道形成了竖向和横向的蔓延，一般来讲门窗面积愈大、窗户位置愈高越有利于火灾蔓延。同时复杂的结构也不利于战斗的展开和战术措施的运用，给火灾扑救带来不利影响。

建筑物高度对火灾的影响主要是指建筑物高度越高，建筑壁面对火灾的抽拔作用愈强，火灾竖向燃烧的速度愈快，这种作用类似于建筑中庭的烟囱效应（也称壁面效应）。据测定，在火灾猛烈燃烧阶段，高层建筑火灾竖向燃烧的速度可达 3~4 m/s，是平面燃烧速度的 5~10 倍。同时火灾扑救的难度愈大。

四、气象条件对火灾发展蔓延的影响

大量火灾表明，风、湿度、气温、季节等气象条件对火势的发展和蔓延都有一定程度的影响，其中以风和湿度影响最大。

风对火势发展有决定性影响，尤其对露天火灾，受风的影响更大。风速愈大，对流速度愈快，燃烧和蔓延速度也愈快；风向改变，燃烧、蔓延方向也会随之改变。一般而言，火势向顺风方向蔓延。但火场上的风向并不很稳定，火灾初起与火灾发展阶段时的风向有时并不一致，风向的变化可能会使扑救人员置身火海之中；火灾发展时，火势还可能会受到燃烧产生的热对流影响，出现反方向的强风，形成火的旋涡；大风天还会形成飞火，使燃烧范围迅速扩大。这些情况既影响灭火战术预案的运用，还可能造成人员伤亡和装备损失。

可燃材料的含水率与空气的湿度有关。干燥的可燃材料易起火，燃烧速度也快；潮湿的可燃材料不易起火。众所周知，在雨季，许多物体都呈潮湿状态，着火的可能性相对减小。在干燥的季节，风干物燥，易于起火成灾，也易蔓延。我国北方的冬春季易发生火灾就与气候干燥有关。

第六节 防火与灭火的基本原理

一、防火的基本原理和措施

根据消防燃烧学基本理论，只要防止可燃物、助燃气体、引火源三者同时、同地出现并形成燃烧条件，或避免燃烧条件同时存在并相互作用，就可以达到防止火灾发生的目的。如控制可燃物的量或提高可燃物的难燃度，隔绝空气或稀释可燃气体浓度，加强通风减少可燃气体的聚集，采取降温措施降低可燃物生产、储存场所的温度，消除引火源或降低火源的点火能量，在可燃物间设置分隔设施或在建筑内部设置防火分区，提高建筑之间的防火间距，提高建筑本身的耐火极限和增大可燃物堆垛之间的距离，从而阻止火灾蔓延，控制火灾范围，防止爆炸失控，减少火灾发生和减少火灾损失。有关防火的基本原理和措施见表2-8。

表2-8 防火基本原理和措施

措施	原理	措施举例
控制可燃物	破坏燃烧爆炸的基础	限制可燃物质储存量； 用不燃或难燃材料代替可燃材料； 加强通风，降低可燃气体或蒸汽、粉尘在空间的浓度； 用阻燃剂对可燃材料进行阻燃处理，以提高防火性能； 及时清除洒漏地面的易燃、可燃物质等； 控制可燃物的水分、湿度、温度
隔绝空气	破坏燃烧爆炸的助燃条件	充惰性气体保护生产或储运有爆炸危险物品的容器、设备等； 密闭有可燃介质的容器、设备； 采用隔绝空气等特殊方法储运有燃烧爆炸危险的物质； 隔离与酸、碱、氧化剂等接触能够燃烧爆炸的可燃物和还原剂
消除引火源	破坏燃烧的激发能源或降低引火源的点火能量	消除和控制明火源； 安装避雷、接地设施，防止雷击、静电； 防止撞击火星和控制摩擦生热； 防止日光照射和聚光作用； 防止和控制高温物体接触可燃物； 防止化学危险品混存混放产生接触放热反应； 消除电气故障，防止发热打火； 在易燃易爆场所使用防爆电器

续表

阻止火势蔓延	不使新的燃烧条件形成	在建筑之间留足防火间距，防止飞火和辐射； 设置防火分区和防火分隔设施，把燃烧控制在一定范围； 在气体管道上安装阻火器、安全水封； 有压力的容器设备，安装防爆膜（片）、安全阀； 在能形成爆炸介质的场所，设置泄压门窗、轻质屋盖等； 设置自动报警、自动灭火装置，尽可能早发现，把火灾消灭在初起阶段

二、灭火的基本原理和措施

根据燃烧基本理论，只要破坏已经形成的燃烧条件，包括剔除任一个燃烧条件和终止它们的相互作用，就可使燃烧熄灭。如用冷却法降低可燃物的温度，用窒息法隔离助燃空气，用隔离法使可燃物与火源脱离，用抑制法使燃烧反应链终止等，都能达到灭火的目的。有关灭火的基本原理和措施见表2-9。

表2-9 灭火基本原理和措施

措施	原理	措施举例
冷却法	降低燃烧物的温度	用直流水喷射着火物； 不间断地向着火物附近的未燃烧物喷水降温等
窒息法	消除助燃物	封闭着火的空间； 往着火的空间充灌惰性气体、水蒸气； 用湿棉被、湿麻袋等捂盖已着火的物质； 向着火物上喷射二氧化碳、干粉、泡沫、喷雾水等
隔离法	使着火物与火源隔离	将未着火物质搬迁转移到安全处； 拆除毗连的可燃建（构）筑物； 关闭燃烧气体（液体）的管道阀门，切断气体（液体）来源； 关闭防火门、防火卷帘、通风空调的管道阀门等分隔设施； 用沙土等堵截流散的燃烧液体； 用难燃或不燃物体遮盖受火势威胁的可燃物质等
抑制法	中断燃烧链式反应	往着火物上直接喷射卤代烷气体、干粉等对于燃烧中自由基的产生具有抑制作用的灭火剂，覆盖火焰，中断燃烧链式反应

第三章 防火技术

对于古建筑而言，消防新技术的应用，特别是阻燃技术、火灾报警技术、灭火技术等的应用，极大地改善了古建筑防火环境，提高了其火灾防范能力。随着新材料、新技术、大数据、人工智能等的应用，新技术将名副其实地成为古建筑的"护身符"。通过学习，读者应熟悉这些防火技术的作用、原理及基本组成，进而做到会检查、会操作、会维护，成为消防管理工作的行家里手。

第一节 材料的阻燃

一、木材的阻燃

基于古建筑火灾的教训，考虑到古建筑的结构特点，对古建筑的消防保护技术首先从古建筑主体建筑材料阻燃技术开始。近年来，国内外已在古建筑阻燃防火保护方面做了许多研究工作，有些方面已取得了较大进展。1984年法国在罗浮宫扩建的防火设计中，对原有建筑内易燃物表面进行防火阻燃处理，降低材料的易燃性，提高材料的耐火极限以减少火灾隐患，并取得了成功。

（一）阻燃机理

1. 覆盖机理

多数阻燃剂在受热熔融时形成流体或泡沫状物质覆盖在木材表面，这不仅抑制了CO、CH_4、C_2H_6等可燃性气体的逸出，而且隔绝了热量、氧的供给，阻止了木质材料的进一步燃烧。

2. 热机理

燃烧的过程就是一个吸热与放热过程。热机理即在木质材料未燃烧时，阻止热向木质材料传导或其他形式的供热。原理是阻燃剂熔融物或泡沫状物质覆盖在木材表面上，其次是加速纤维素脱水碳化，形成碳化保护层，最终达到隔热和绝氧作用。

3. 气体稀释机理

热作用使某些阻燃剂分解产生难燃性气体，或由于阻燃剂的化学作用使得木质材料释放出难燃性气体。这些气体不仅稀释了混合气体中可燃性气体的浓度，也降低了木质材料表面氧气的浓度。

4. 自由基捕获机理

在大多数燃烧反应中，自由基能起到促进和加速作用。有些木质材料的阻燃剂抑制了燃烧反应的发生和自由基的形成。

5. 成炭机理

某些阻燃剂在受热过程中会分解产生具有吸水或脱水功效的基团或物质。含磷酸及其盐的阻燃剂在受热时生成偏磷酸，促使纤维素脱水形成碳化保护层，起隔热绝气的作用。产生的 P-N 键和纤维素中的羟基形成过渡态，促使纤维素磷酰化，再在高温下继续失去氨和产生 P-O 键，这样也有利于纤维素脱水碳化生成碳，最后成为无定形碳。

上述的各类机理不是孤立的，它们相辅相成、相互补充，是综合作用的结果。

（二）阻燃剂

随着科学技术的发展，开发出多种多样的木材阻燃剂，大致可归纳为五类：无机阻燃剂、有机阻燃剂、树脂型阻燃剂、反应型阻燃剂、其他类型阻燃剂。

基于木材的结构、性质和应用特点，木材阻燃剂主要由含有磷、氮、硼和卤素的化合物或混合物组成，而由于含卤素的阻燃剂在燃烧时会产生强腐蚀性有毒的卤化氢等气体，同时往往烟密度较大，故而近年来对含卤素的阻燃剂的研究和应用逐渐减少，含有磷、氮、硼元素的阻燃剂是木材阻燃剂的主体。

（三）木材的阻燃处理

木材的阻燃处理是指用物理、化学方法提高木材抗燃性的加工处理技术，是使其不易燃烧、被点燃时火焰不沿其表面延烧或燃烧速度变慢，脱离外火源后自熄、不续燃的方法和措施。物理阻燃法是不改变木材细胞壁、细胞腔结构及化学结构而提高木材抗燃性能的方法，如采用大断面木构件，遇火不易被点着，燃烧时生成的碳化层可部分限制热传递，抑制木构件的继续燃烧，而木材主体又能保持它的原始强度。这里主要介绍化学阻燃法，它是将具有阻燃功能的化学药剂以不同方式注入木材表面、细胞壁及细胞腔中，或与木材的某些基团发生反应，从而提高木材抗燃性能。

1. 表面涂覆

采用防火涂料或阻燃液在木质材料表面进行喷涂处理。

2. 浸渍处理

采用阻燃液对木质材料进行常压或加压浸渍处理。常压浸渍处理有常温浸泡和热冷槽浸泡等方法。常压浸泡又有一次浸和两次浸的区别。其中两次浸是将木材依次在两种阻燃液中浸渍,这两种药剂能相互反应,在木材表面生成不溶于水的第三种成分沉积在木材细胞壁或细胞腔中。加压浸渍是将木质材料与阻燃液放入密闭的高压容器中,在一定压力下将阻燃剂注入木材细胞壁和细胞腔中。加压浸渍处理又因在加压前是否抽真空和真空度的大小不同而分成满细胞法、空细胞法、双真空法等。

3. 化学改性

采用高分子化合物的单体,通过加压浸渍等手段注入木材内,再经核照射、高温加热等方法,引发化学单体在木材内聚合生成高分子聚合物沉积在木材细胞腔和细胞壁上。也可以通过高温、催化、偶联等手段使药剂的分基生成酯化木材、乙酰化木材。

(四)古建筑构件的阻燃

古建筑中的可燃建筑构件主要包括梁、柱、枕等木质构件,为提高其耐火性能,可在裸露的木材表面涂刷或喷涂防火涂料,形成一层保护性的阻火层,降低木材表面的燃烧性能,阻滞火灾的迅速蔓延。一般来说,阻燃材料应同时保证环保、强度、着色等多方面指标才能成为理想的解决方案,但这一直是阻燃改性领域公认的难题。

对于文物古建筑而言,重要的是"绿色"阻燃,即阻燃物质释放的物质不会损害文物与古建筑物本身,因此无卤纳米阻燃技术将在古建筑保护中发挥用武之地。国际学术界已经研发成功一些无卤阻燃解决方案,主要包括以氢氧化铝或氢氧化镁为基础的脱水降温阻燃体系、以聚磷酸胺为基础的膨胀阻燃体系、以烷基或芳基磷酸酯(或磷酸酯)类阻燃型增塑剂为基础的阻燃体系等。

二、纤维和织物的阻燃

(一)纤维和织物的燃烧特性

古建筑物中的经幡、蒲团、挂饰、服装、床品、门帘、窗帘以及幔帐等均为纤维或织物,各种纤维与纺织品材料大多由碳、氢及氧元素组成,纤维受热容易变形、熔融分解或碳化等。如果不阻燃,其具有很大的火灾危险性。

纤维材料的燃烧可分为三个主要阶段,即受热—氧化分解—着火延燃。在这个过程中,受热是外界因素,而氧化分解直至着火延烧则是由材料本身的性质所决定的,因此是材料燃烧至关重要的一步。纤维材料往往产生低分子气体产物（可燃的 CO、CH_4、C_2H_4，不燃性的 CO_2 等）、液态物质和固体残渣——碳化物。其中分解产生的可燃性气体和液态物质又可继续燃烧发热，从而加剧了基材燃烧。

天然纤维以及人造纤维大多没有明显的玻璃化温度、熔点等，遇火不熔融，着火后分解产生可燃性气体的同时发生碳化，如棉纤维、黏胶纤维等。而合成纤维大多是热塑性纤维材料，有明显的玻璃化温度、熔点、热分解温度等，受热熔融分解，会产生可燃性物质并产生一定的燃烧残余物。通常，燃烧温度越低，燃烧热越高，纤维越容易燃烧。纤维和纺织品要能有效地阻燃，应针对上述过程，形成不利于燃烧的环境条件，因此在纤维和纺织品的阻燃处理过程中，一般加入多种阻燃剂，如磷系、卤系、金属氧化物类等阻燃剂，并添加多种助剂如阻燃增效剂、渗透促进剂等。

（二）纤维和织物的阻燃处理方法

纤维和织物的阻燃处理方法可分为共聚、共混、皮芯型复合纺丝、接枝共聚以及阻燃后整理等几类。可用于纤维阻燃的阻燃剂种类繁多，性能各不相同。它们构成的阻燃体系适用的对象和处理结果也不相同。在实践应用中必须进行多方面的考虑，综合平衡各种因素，采用最优化方案。例如，对窗帘类织物，阻燃体系应该使其难以延燃；而对服饰用织物来讲，不单要求其能够阻止火焰延燃，而且还要不易造成烫伤即具有非熔融性等。在针对不同用途的材料考虑合适的阻燃体系之后，还要考虑在生产和使用中无毒无味；在燃烧时要减少或至少不增加毒性；不降低物品、材料的机械理化性能（如强度、弹性、手感等）；原材料的来源要丰富；从产品的竞争上着眼还要考虑成本因素。

阻燃整理工艺及条件是织物阻燃整理技术的另一关键部分；阻燃整理工艺和条件选择得好与坏，直接影响纤维织物的阻燃效果和物理性能。阻燃整理工艺确定后，整理工艺条件也是一个重要因素，不同的整理工艺条件（如定型温度、定型时间、水洗温度等）对织物性能好坏有很大影响。考虑到实际生产的可能性，对整理工艺条件的控制和选择要做试验研究。如织物上阻燃剂含量越多，阻燃性越好，而吸液率增加到一定值后，手感却因阻燃剂含量的增大而发硬。为保证阻燃效果，兼顾手感、成本，在阻燃剂与分散染料互不干扰时，阻燃可与染色同时进行，因此可采用高温高压阻燃、染色同浴整理工艺。

三、防火涂料

在古建筑修缮过程中，为了使古建筑构件有较好的防火性能，经常把防火涂料涂覆于建筑构件或装饰物表面，既具有装饰作用，又能使物体有一定的耐火能力，同时还具有防腐、防锈、耐酸碱、耐候、耐水、耐盐雾等性能。一旦发生火灾，防火涂料具有显著的防火隔热效果，能有效地阻止火焰的传播，起到阻止火灾的蔓延扩大、保护构件的作用。

防火涂料由基料及阻燃添加剂两部分组成，它除了具有普通涂料的装饰作用和对基材提供物理保护外，还具有阻燃耐火的特殊功能。其防火型式有非膨胀型和膨胀型两种。非膨胀型防火涂料受火时涂层基本上不发生体积变化，它能起隔热的作用，可使氧气不与被保护的基材接触，从而避免或降低热量向基材传递。膨胀型防火涂料涂层在受火时膨胀发泡，形成泡沫层，泡沫层不仅隔绝了氧气，而且因为其质地疏松而具有良好的隔热性能，可延滞热量传向被保护基材的速率。涂层在膨胀发泡产生泡沫层的过程中，因为体积扩大而呈吸热反应，也消耗大量的热量，有利于降低体系的温度，故其防火隔热效果显著。由于非膨胀型防火涂料一般比膨胀型防火涂料的涂层厚，因而其单位面积用量大，使用成本高，装饰效果差，因此现在饰面型防火涂料和电缆防火涂料的研究一般都采用"膨胀型"的技术途径。在古建筑中大量应用饰面型防火涂料、透明防火涂料、电缆防火涂料等。

饰面型防火涂料是一种集装饰和防火于一体的新型涂料品种。它涂覆于古建筑可燃基材（如木材）上，平时可起到一定的装饰作用，一旦火灾发生，能阻止火势蔓延，从而达到保护可燃基材的目的。饰面型防火涂料可分为溶剂型和水溶型两类。两类涂料所选用的防火组分基本相同，因此很难说它们的防火性能有多大的差别，只是在涂料的理化性能以及耐候性能方面有所不同。溶剂型防火涂料这两方面的性能均优于水溶型防火涂料。但考虑到节约能源、劳动卫生与安全等因素，在实际应用中，应更多地发展水溶型防火涂料。

透明防火涂料也称为防火清漆，是近几年发展起来的一类饰面型防火涂料，对于本身就有较强装饰作用的建筑材料或不希望改变外观的古建筑，使用透明防火涂料既能保持基材外观，又能对可燃基材起到良好的防火保护作用。透明防火涂料涂刷在正常情况下不会改变古建筑的外观和颜色等，受火时可膨胀并形成均匀而致密的蜂窝状或海绵状的碳质泡沫层，对可燃古建筑木质构件具有良好的保护作用，使古建筑不受火灾的侵害，以确保这些古建筑物的防火安全，在古建筑的防火安全保护措施中具有重要的作用。

四、防火封堵材料

防火封堵材料用于封堵古建筑中的各种贯穿物，如电缆、风管、油管、气管穿过墙壁、楼板时形成的各种开口以及电缆桥架的防火分隔，以免火势通过这些开口及缝隙蔓延。它不仅具有优良的防火功能，而且便于更换。

（一）有机防火堵料

有机防火堵料在高温和火焰作用下其体积先膨胀后硬化，形成一层坚硬致密的釉状保护层，其体积膨胀及釉状层形成的过程是吸热反应，可消耗大量的热，有利于体系温度的降低。形成的釉状层具有较好的隔热性，能起到良好的阻火堵烟及隔热作用。

有机防火堵料是以过氯乙烯树脂、氯丁橡胶、含硅的树脂等有机合成树脂为黏结剂配以磷和钙的阻燃剂、助剂等。这类有机树脂的玻璃化温度低，在低温下富有柔韧性，而且有较好的耐热性和良好的黏结性，用这种树脂配制的堵料具有防火性能好、理化性能优良的特性。

（二）无机防火堵料

无机防火堵料是以无机黏结剂为基料（如硅酸盐黏结剂、磷酸盐黏结剂和快干水泥等），并配以添加剂改性后，再加入无机耐火材料、阻燃剂、填料及助剂等制成的。无机防火堵料属于不燃材料，对基材起屏障和防止热辐射作用，避免了火焰和高温直接进攻被保护的基材。无机防火堵料在高温和火焰作用下，基本不发生体积变化而形成一层坚硬致密的保护层，其热导率较低。无机防火堵料中的低密度、耐高温的无机物或中空微球材料，成膜时可形成热导率低的耐火隔热涂层，具有高效的防火隔热效果。该类防火堵料完全不燃烧，也不发烟，有显著的防火隔热效果。无机防火堵料的有些组分遇火还可相互反应生成不燃性气体（如蒸汽、二氧化碳等）以冲淡空气中氧气的浓度，并形成结构致密的不燃性"釉质层"，达到隔绝空气的目的，此过程是吸热反应，也消耗了大量的热，有利于降低体系的温度，能封堵各种开口和孔洞及缝隙，阻止火焰和有毒气体及浓烟扩散，有很好的防火密封效果。

第二节 防火分隔

防火分隔是控制火势蔓延的重要手段，现代建筑对此有严格的要求。这一防火理念在古建筑防火中也很重要，有条件的古建筑应解决好防火分隔问题。

一、防火分区

对于建筑火灾，火焰及高温烟气会以火焰直接接触、烟气对流、高温辐射和热传导等方式，从楼板和墙壁的烧损处、门窗洞口、楼梯间等敞开贯通部位向其他空间蔓延扩大，最后使整座建筑卷入火灾。因此，建筑采取防火分区、分隔措施，在一定时间内把火势控制在着火的一定区域内是十分重要的。

防火分区，系指在建筑内部采用防火墙、楼板及其他防火分隔设施分隔而成，能在一定时间内防止火灾向同一建筑的其余部分蔓延的局部空间。在建筑内采取划分防火分区这一措施，可以在建筑一旦发生火灾时，有效地把火势控制在一定的范围内，减少火灾损失,同时可以为人员安全疏散、消防扑救提供有利条件。

防火分区的面积大小有限制,与建筑物的耐火等级有关。我国相关规范规定,古建筑的耐火等级按三、四级耐火等级考虑。三级耐火等级的民用建筑,防火分区的最大允许建筑面积为 1200 m^2;四级耐火等级的民用建筑,防火分区的最大允许建筑面积为 600 m^2。

古建筑一般都不满足防火分区的要求,造成先天不足。但出于消防安全考虑,应按照《建筑设计防火规范》的要求,采取积极应对措施,在条件许可的情况下,设置必要的防火隔断,服从、服务于确保古建筑安全的大局。

二、防火分隔设施

防火分隔设施是确保防火分区的基本保证,这些分隔物是防火分区的边缘构件,一般有防火墙、耐火楼板、防火门、具有特定耐火性能的防火卷帘、防火水幕带、上下楼层之间的窗间墙、封闭和防烟楼梯间等。其中,防火墙、防火门、具有特定耐火性能的防火卷帘和防火水幕带是水平方向划分防火分区的分隔物,而耐火楼板、上下楼层之间的窗间墙、封闭和防烟楼梯间是垂直方向划分防火分区的防火分隔物。

(一)防火墙

防火墙系指防止火灾蔓延至相邻建筑或相邻水平防火分区且耐火极限不低于 3.00 h 的不燃性墙体。防火墙不得随意变动,要保持其完整性。

(二)防火门

防火门除具备普通门的作用外,还具有防火、隔烟的特殊功能。建筑一旦发生火灾,防火门能在一定时间内起到阻止或延缓火灾蔓延的作用,并确保人员安全疏散和利于消防扑救。日常要注意检查防火门的闭门器、顺序器、铰链、锁具等组件是否齐全完好,门扇是否完好、无缺陷,门扇、门框上安装的膨胀型密封条是否脱落、缺损,常闭型防火门门扇是否存在使用插销、门吸、木楔等物件使其处于常开启状态,常开型防火门释放器、门限开关等是否完好并处于工作状态,具有电动开启功能的防火门还应检查电动操作说明及开启按钮标志是否醒目、完好,具有出入控制功能的防火门还应检查其应急开启措施是否有效并便于操作,防火门标志、开启方向提示标志是否醒目,防火门开启方向是否存在影响开启的障碍物。

(三)防火卷帘

防火卷帘是一种活动的防火分隔物,一般用钢板等金属板材以扣环或铆接的方法组成可以卷绕的链状平面,平时卷起放在门窗上口的转轴箱中,起火时将其放下展开,用以阻止火势从门窗等洞口部位蔓延。防火卷帘平时可卷收在隐蔽处，使采用防火分隔的空间通透宽敞，不影响正常通行。防火卷帘与一般卷帘在性能上的主要区别是，其具有建筑防火设计规范所规定的燃烧性能和耐火极限以及必要的隔烟性能等。

日常要注意检查防火卷帘外观、配件的完整性及控制装置。防火卷帘下方是否存在影响卷帘门正常下降的障碍物，地面是否标注出醒目的警示标志，空隙是否采取防火封堵材料封堵并保持完好，现场控制盒是否完好，标志是否醒目，是否存在影响操作的障碍物，须使用钥匙才可实现升降操作的现场控制盒还应检查其钥匙是否留存在消防控制室并有专人保管，操作防火卷帘运行的链条、应急操作扳把是否有明显标志并方便取用，防火卷帘控制器的仪表、指示灯、按钮、开关等器件是否能正常工作，安装于卷帘门两侧的火灾探测器是否完好，其周围是否存在影响探测功能的障碍物。

（四）防火窗

防火窗是采用钢窗框、钢窗扇及防火玻璃（防火夹丝玻璃或防火复合玻璃）制成的，能起隔离和阻止火势蔓延的防火分隔物。固定窗扇防火窗不能开启，平时可用于采光，并起围护作用，发生火灾时可以阻止火势蔓延；活动窗扇防火窗能够开启和关闭，平时起围护作用，起火时可以自动关闭，阻止火势蔓延，开启后可以排除烟气（需要安装自动和手动开关装置）。

（五）消防水幕

消防水幕由喷头、报警阀组、管道及水流指示器等组成，用于挡烟阻火和冷却分隔物。防火分隔水幕系统利用密集喷洒形成的水墙或多层水帘封堵防火分区处的孔洞，阻挡火灾和烟气的蔓延，因此适用于局部防火分隔处。防护冷却水幕系统则利用喷水在物体表面形成的水膜控制防火分区处分隔物的温度，使分隔物的完整性和隔热性免遭火灾破坏。

三、防火间距

（一）防火间距的定义

防火间距系指防止着火建筑在一定时间内引燃相邻建筑，便于消防扑救，在相邻两座建筑之间所留出的间隔距离。

为了防止火灾在建筑之间蔓延，十分有效的措施就是在相邻建筑之间留出一定的防火安全距离，即防火间距。防火间距具有为灭火救援、建筑内人员和物资的紧急疏散提供场地的作用。在建筑总平面布局中，确定好建筑之间的防火间距是一项十分重要的技术措施，《建筑设计防火规范》规定了各种建、构筑物的防火间距数值，在总平面布局时应严格执行。

火灾在建筑之间发生蔓延,究其原因不外乎是由于热辐射、热对流、飞火、火焰直接接触延烧造成的。影响防火间距的因素很多,如辐射热、风向、风速、外墙上材料的燃烧性能及开口面积大小、室内的可燃物种类及数量、相邻建筑的高度、室内消防设施情况、着火时的气温和湿度、消防车到达的时间及扑救情况等。平时要特别注意,不能随意堆放可燃物,造成防火间距的改变。

(二)防火间距的计算方法

建筑物之间的防火间距应按相邻建筑外墙的最近水平距离计算,当外墙有凸出的可燃或难燃构件时,应从其凸出部分外缘算起;建筑物与储罐、堆场的防火间距,应为建筑外墙至储罐外壁或堆场中相邻堆垛外缘的最近水平距离;变压器与建筑物的防火间距,应为变压器外壁至建筑外墙的最近水平距离;建筑物与道路、铁路的防火间距,应为建筑外墙距道路最近一侧路边或铁路中心线的最小水平距离。

(三)民用建筑的防火间距

民用建筑之间的防火间距不应小于表3-1的规定。

表3-1 民用建筑之间的防火间距(m)

建筑类别		高层民用建筑	裙房和其他民用建筑		
		一、二级	一、二级	三级	四级
高层民用建筑	一、二级	13	9	11	14
裙房和其他民用建筑	一、二级	9	6	7	9
	三级	11	7	8	10
	四级	14	9	10	12

(四)开辟防火隔离带,打通消防通道

古建筑与周围相邻建筑之间应参照《建筑设计防火规范》留出足够的防火间距:建在森林、郊野的古建筑周围应开辟宽度30~50 m的防火隔离带,并在秋冬季节清除30m范围内的杂草、干枯树枝等可燃物。规模较大的古建筑,确实无法开辟防火间距的,应在不破坏原有格局的基础上,设置防火墙、水幕等防火分隔设施。

古建筑应在不破坏原布局的情况下,开辟消防通道,以便发生火灾时消防队能及时迅速地赶赴施救。

(五)拆除违章搭建房屋,消除火灾隐患

在古建筑外围,应拆除乱接乱建的可燃、易燃棚屋。对危及古建筑消防安全的生产、储存单位和建筑,应强制搬迁和拆除。在古建筑范围内,禁止搭建临时可燃、易燃建筑,禁止在殿堂内使用可燃材料隔断和堆放可燃材料等。

第三节 电气防火

电是我们日常生活离不开的,古建筑也必然要用电。因此,电气防火是古建筑防火工作的一个重要方面。

一、电气线路防火

电气线路火灾主要是由于自身在运行过程中出现的短路、过载、接触电阻过大以及漏电等故障产生电弧、电火花或电线、电缆过热,引燃电线、电缆及其周围的可燃物而引发的火灾。电气线路的防火措施主要应从电线电缆的选择、线路的敷设及连接、在线路上采取保护措施等方面入手。

(一)电线电缆的选择

根据使用场所的潮湿、化学腐蚀、高温等环境因素及额定电压要求,选择适宜的电线电缆。固定敷设的供电线路宜选用铜芯线缆,同时根据系统的载荷情况,合理地选择导线截面,在经计算所需导线截面基础上留出适当增加负荷的余量。

阻燃电缆能使火焰蔓延仅在限定范围内,撤去火源后,残焰和残灼能在限定时间内自行熄灭。电线电缆成束敷设时,应采用阻燃型电线电缆,并应符合有关要求。单位消防系统、应急照明系统、救生系统等,应选用耐火电线电缆,保证线路在火灾时仍能正常运行。

(二)电气线路的保护措施

为有效预防由于电气线路故障引发的火灾,除了合理地进行电线电缆的选型外,还应根据现场的实际情况合理选择线路的敷设方式,并严格按照有关规定规范线路的敷设及连接环节,以保证线路的施工质量。

1. 短路保护

短路保护装置应保证在短路电流导体和连接件产生的热效应和机械力造成危害之前分断该短路电流;分断能力不应小于保护电气安装的预期短路电流,但在上级已装有所需分断能力的保护电气时,下级保护电路的分断能力允许小于预期短路电流,此时该上下级保护电器的特性必须配合,使得通过下级保护电器的能量不超过其能够承受的能量。

2. 过负载保护

保护电器应在过负载电流引起的导体升温对导体的绝缘、接头、端子或导体周围的物质造成损害之前分断过负载电流。对于突然断电超过负载造成的损失更大的线路,如消防水泵之类的负荷，其过负载保护应作为报警信号，不应作为直接切断电路的触发信号。

当保护电器为断路器时，保证保护电器可靠动作的电流为约定时间内的约定动作电流；当保护电器为熔断器时，保证保护电器可靠动作的电流为约定时间内的熔断电流。

3.接地故障保护

当发生带电导体与外露可导电部分、装置外可导电部分、PE线、PEN线、大地等之间的接地故障时，保护电器必须切断该故障电路。接地故障保护电器的选择应根据配电系统的接地形式、电气设备的使用特点及导体截面等确定。

二、用电设备防火

根据近几年的火灾统计，电气火灾年均发生次数占火灾年均总发生次数的27%，居各火灾原因之首位；而电气火灾原因中，由于用电设备故障或使用不当导致的火灾占相当一部分比例。

（一）照明器具防火

电气照明往往伴随着大量的热，如果安装或使用不当，极易引发火灾事故。照明器具的防火主要应从灯具选型、安装、使用上采取相应的措施。灯具的选型应符合国家现行相关标准的有关规定，既要满足使用功能和照明质量的要求，同时也要满足防火安全的要求。火灾危险场所，应选用闭合型、封闭型、密闭型灯具；有腐蚀性气体及特别潮湿的场所，应采用密闭型灯具，灯具的各种部件还应进行防腐处理；可能直接受外来机械损伤的场所以及移动式和携带式灯具，应采用有保护网（罩）的灯具。

照明与动力合用一个电源时，应有各自的分支回路，所有照明线路均应有短路保护装置。配电盘盘后接线要尽量减少接头；接头应采用锡焊焊接并应用绝缘布包好。金属盘面还应有良好接地。

照明电压一般采用220V；携带式照明灯具（俗称行灯）的供电电压不应超过36V；如在金属容器内及特别潮湿场所内作业，行灯电压不得超过12V，36V以下照明供电变压器严禁使用自耦变压器。

每一照明单相分支回路的电流不宜超过16A，所接光源数不宜超过25个；连接建筑组合灯具时，回路电流不宜超过25A，光源数不宜超过60个；连接高强度气体放电灯的单相分支回路的电流不应超过30A。

插座不宜和照明灯接在同一分支回路上。

明装吸顶灯具采用木制底台时，应在灯具与底台中间铺垫石板或石棉布。附带镇流器的各式荧光吸顶灯，应在灯具与可燃材料之间加垫瓷夹板隔热，禁止直接安装在可燃吊顶上。

可燃吊顶上所有暗装灯具、明装灯具、舞台暗装彩灯、舞池脚灯的电源导线，均应穿钢管敷设。

（二）电气装置防火

1. 开关防火

开关应设在开关箱内，开关箱应加盖。木质开关箱的内表面应覆以白铁皮，以防起火时蔓延。开关箱应设在干燥处，不应安装在易燃、受震、潮湿、高温、多尘的场所。开关的额定电流和额定电压均应和实际使用情况相适应。应降低接触电阻防止发热过度。潮湿场所应选用拉线开关。有化学腐蚀、火灾危险和爆炸危险的房间，应把开关安装在室外或合适的地方，否则应采用相应型式的开关，如具有爆炸危险的场所应采用隔爆型、防爆充油的防爆开关。

在中性点接地的系统中，单极开关必须接在火线上，否则开关虽断，电气设备仍然带电，一旦火线接地，有发生接地短路引起火灾的危险，尤其库房内的电气线路更要注意。

对于多极刀开关，应保证各级动作的同步性且接触良好，避免引起多相电动机因缺相运行而损坏的事故。

2. 熔断器防火

选用熔断器的熔丝时，熔丝的额定电流应与被保护的设备相适应，且不应大于熔断器、电表等的额定电流。一般应在电源进线、线路分支和导线截面改变的地方安装熔断器，尽量使每段线路都能得到可靠的保护。为避免熔件爆断时引起周围可燃物燃烧，熔断器宜装在具有火灾危险厂房的外边，否则应加密封外壳，并远离可燃建筑物件。

3. 继电器防火

继电器在选用时，除线圈电压、电流应满足要求外，还应考虑被控对象的延误时间、脱口电流倍数、触点个数等因素。继电器要安装在少震、少尘、干燥的场所，现场严禁有易燃、易爆物品存在。

4. 接触器防火

接触器技术参数应符合实际使用要求，接触器一般应安装在干燥、少尘的控制箱内，其灭弧装置不能随意拆开，以免损坏。

5. 启动器防火

启动器的火灾危险，主要是由于分断电路时接触部位的电弧飞溅以及接触部位的接触电阻过大而产生的高温烧毁开关设备并引燃可燃物，因此启动器附近严禁有易燃、易爆物品存在。

6. 漏电保护器防火

漏电保护器的火灾危险，在于发生漏电事故后没有及时动作，不能迅速切断电源而引起的人身伤亡事故、设备损坏甚至火灾。应按使用要求及规定位置选择和安装，以免影响动作性能；在安装带有短路保护的漏电保护器时，必须保证在电弧喷出方向有足够的飞弧距离。应注意漏电保护器的工作条件，在高温、低温、高湿、多尘以及有腐蚀性气体的环境中使用时，应采取必要的辅助保护措施。接线时应注意分清负载侧与电点侧，应按规定接线，切忌接反。要注意分清主电路与辅助电路的接线端子，不能接错。注意区分中性线和保护线。

7. 低压配电柜防火

配电柜应固定安装在干燥清洁的地方，便于操作和确保安全。配电柜上的电气设备应根据电压等级、负荷容量、用电场所和防火要求等进行设计或选定。配电柜中的配线应采用绝缘导线和合适的截面。配电柜的金属支架和电气设备的金属外壳，必须进行保护接地或接零。

三、电气火灾监控系统

电气火灾监控系统由电气火灾监控器、电气火灾监控探测器和火灾声警报器组成，能在电气线路、该线路中的配电设备或用电设备发生电气故障并产生一定电气火灾隐患的条件下发出警报，提醒专业人员排除电气火灾隐患，实现电气火灾的早期预防，避免电气火灾的发生，因此具有很强的电气防火预警功能。

（一）系统类型

剩余电流保护式电气火灾监控探测器，当被保护线路的相线直接或通过非预期负载对地接通而产生近似正弦波形且其有效值呈缓慢变化的剩余电流，当该电流大于预定数值时即自动报警。

测温式（过热保护式）电气火灾监控探测器，当被保护线路的温度高于预定数值时即自动报警。故障电弧式电气火灾监控探测器，当被保护线路上发生故障电弧时即发出报警信号。

（二）系统工作原理

发生电气故障时，电气火灾监控探测器将保护线路中的剩余电流、温度等电气故障参数信息转变为电信号，经数据处理后，探测器做出报警判断，将报警信息传输到电气火灾监控器。电气火灾监控器在接收到探测器的报警信息后，经报警确认判断，显示电气故障报警探测器的部位信息，记录探测器报警的时间，同时驱动安装在保护区域现场的声光警报装置，发出声光警报，警示人员采取相应的处置措施，排除电气故障，消除电气火灾隐患，防止电气火灾的发生。

（三）设置要求

当电气火灾监控系统接入火灾自动报警系统中时，应由电气火灾监控器将报警信号传输至消防控制室的图形显示装置或集中火灾报警控制器上，但其显示应与火灾报警信息有区别；在无消防控制室且电气火灾监控探测器设置数量不超过 8 个时，可采用独立式电气火灾监控探测器。

剩余电流式电气火灾监控探测器应以设置在低压配电系统首端为基本原则，宜设置在第一级配电柜（箱）的出线端。在供电线路泄漏电流大于 5300 mA 时，宜在其下一级配电柜（箱）上设置。选择剩余电流式电气火灾监控探测器时，应考虑供电系统自然漏流的影响，并选择参数合适的探测器；探测器报警值宜为 300~500 mA。具有探测线路故障电弧功能的电气火灾监控探测器，其保护线路的长度不宜大于 100 m。

测温式电气火灾监控探测器应设置在电缆接头、端子、重点发热部件等部位。保护对象为 1000 V 及以下的配电线路，测温式电气火灾监控探测器应采用接触式设置。保护对象为 1000 V 以上的供电线路，测温式电气火灾监控探测器宜选择光栅光纤测温式或红外测温式电气火灾监控探测器，光栅光纤测温式电气火灾监控探测器应直接设置在保护对象的表面。

（四）电气火灾监控系统的检查

1. 电气火灾监控探测器的外观及工作状态

安装位置是否改变，探测腔内是否穿有其他无关线路；接触式安装的测温式电气火灾监控探测器固定是否牢靠；非接触安装的线型感温火灾探测器距离监控对象的间距是否大于 10 cm；红外测温式电气火灾监控探测器安装位置是否发生改变，安全距离是否减小；具有金属外壳的探测器安全接地是否完好。

2. 报警主机外观及运行状态

电气火灾监控器是否处于正常监控、无故障状态；系统显示时间是否无误差；按下"自检"按钮，检查显示器件是否能清晰、完整地显示信息，指示灯是否能点亮，声报警信号是否响起；具有打印功能的监控设备，打印机是否能正常打印信息；机箱内线缆标志是否字迹清晰、完整；导线进管处封堵是否完好；检查监控设备的"消音""复位"功能是否正常；检查监控设备电源功能是否正常；模拟电气火灾监控探测器发出报警、故障信号，测试其报警、故障显示功能是否准确。

第四节 古建筑防雷

雷击引起的火灾和爆炸事故并不少见。为了预防雷电的危害，必须安装防雷设备和采取其他防范措施。

一、雷电的概念

当地面气温升高时，会形成一股上升的气流，气流中的水蒸气会凝结成大小不一的小水滴，带有不同的电荷。较大的水滴带有正电，并以雨的形式降落到地面，较小的水滴带有负电，仍飘浮在空中，形成带有不同电荷的雷云。雷云层和大地接近时，使地面也感应出相反的电荷。当电荷积聚到一定程度，便冲破空气的绝缘，形成云与云之间或云与大地之间的放电，迸发出强烈的光和声，这就是人们常见的雷电。

雷电大致可分为片状、线状和球状三种形式，线状雷电就是比较常见的闪电落雷现象。雷电直接对建筑物或其他物体放电，产生破坏性很大的热效应和机械效应，叫作直接雷。落雷处邻近物体因受静电感应或电磁感应产生高电位所引起的放电，叫作感应雷。再一种是落雷时沿架空线引起的高电位。球状雷电则是一种特殊雷电现象，简称"球雷"。"球雷"是一种紫色或红色的发光球体，直径从几毫米到几十米不等，存在的时间一般为 $3\sim5$ s，"球雷"通常是沿着地面滚动或在空气中飘行，有时还会通过缝隙进入室内。"球雷"碰到建筑物可能发生爆炸，且往往引起燃烧。

二、雷电的活动特点及危险性

（一）雷电的分布

雷电的活动情况，从气候上看，热而潮湿的地区多于冷而干燥的地区。从地域分布上看，落雷密度是山区大于平原、平原大于沙漠、陆地大于湖海。从时间上看，雷电活动的高峰都在七八月份，活动时间大多在午后 2 时到晚上 10 时。从纬度上看，落雷密度总是由北向南增多，到赤道线为最高。

我国年平均雷暴日分布大致可以划分为四个区域：西北地区年平均雷暴日一般在 15 天以下；长江以北大部分地区（包括东北）年平均雷暴日为 15~40 天；长江以南地区年平均雷暴日均超过 40 天；北纬 23° 线以南地区年平均雷暴日均超过 80 天。海南省是我国雷电活动最剧烈的地区，年平均雷暴日达 120~130 天。

（二）雷击的一般规律

遭受雷击的因素很多，但主要与地质、地形、地物和建筑物等条件有关。

1. 地质条件

土壤电阻率小的地点易积聚电荷，特别是潮湿地点和水位高的地点易受雷击；土壤电阻率突变的地点，容易受雷击；地下水线面积大、矿泉、地下水出口处，均较易落雷；岩石山或土壤电阻率较大的山坡，雷击点多为山脚。土山或土壤电阻率较小的山坡，雷击点多为山顶。

2. 地形条件

落雷概率的分布，山的东坡、南坡遭雷击要多于山的北坡、西坡；山中平地遭雷击的概率多于狭谷；在靠山或临水的区域，临水一面的低洼潮湿地点较易受雷击，特别是山口、风口或河谷等，走廊与风向一致时更易受雷击。

3. 地物条件

空旷地中的孤立建筑物；高耸建筑和特别潮湿的建筑易受雷击；屋旁大树、接收天线、山区架空输电线及输电线转角处，铁路线集中的枢纽易受雷击。

4. 建筑物的条件

屋顶的坡度不同，建筑物受雷击的部位亦不同。平屋面或坡度不大于 1/10 的屋面，其易受雷击的部位是檐角、女儿墙和屋檐；坡度大于 1/10、小于 1/2 的屋面，其易受雷击的部位是屋角、屋脊、檐角，屋脊长度小于 30 m 时，雷击点多发生在山墙；坡度大于 1/2 的屋面，其易受雷击的部位在屋角、屋脊和檐角；坡度愈大，屋脊的雷击率愈高；当坡度大于 4/5 时，则屋檐一般不会再受雷击。

（三）雷电的火灾危险性

雷电的火灾危险性主要表现在雷电放电时所出现的各种物理效应和作用。

1. 电效应

在雷电放电对，能产生高达数万伏甚至数十万伏的冲击电压，足以烧毁电力系统的发电机、变压器、电路等电气线路和设备，引起绝缘击穿而发生短路，导致可燃、易燃、易爆物品着火和爆炸。

2. 热效应

当几十至上千安的强大雷电流通过导体时，在极短的时间内将转换成大量的热能。雷击点的发热能量约为 500~2000 J，这一能量可熔化 50~200 mm^3 的钢，故在雷电通道中产生的高温往往会酿成火灾。

3. 机械效应

由于雷电的热效应，还将使雷电通道中木材纤维缝隙和其他结构中间的缝隙里的空气剧烈膨胀，同时使水分及其他物质分解为气体，因而在被雷击物体内部会出现强大的机械压力，致使被击物体遭受严重破坏或造成爆炸。

4. 静电感应

当金属物处于雷云和大地电场中时，金属物上会感生出大量的电荷。雷云放电后，云与大地间的电场虽然消失，但金属物上所感生积聚的电荷却来不及立即逸散，因而产生很高的对地电压。这种对地电压，称为静电感应电压，往往高达数万伏，可以击穿数十厘米的空气间隙，发生火花放电。

5. 雷电波侵入

雷击在架空线路金属管道上会产生冲击电压，使雷电波沿线路或管道迅速传播。若侵入建筑物内，可造成配电装置和电气线路绝缘层被击穿，发生短路。

三、防雷装置

安装防雷装置，防止直接雷击或将雷电流引入大地，以保证人身及建（构）筑物的安全。常见的防雷装置有避雷针、避雷线、避雷网、避雷带、避雷器等，其主要由接闪器、引下线和接地体三部分组成。

（一）接闪器

接闪器是指避雷针、避雷线、避雷网、避雷带等直接接受雷电的金属构件。

1. 避雷针

一般采用镀锌圆钢或镀锌钢管制成，其具体尺寸不应小于以下数值：针长在 1 m 以下时，圆钢直径为 12 mm，钢管公称直径为 20 mm；针长在 1~2 m 时，圆钢直径为 16 mm，钢管公称直径为 25 mm；针长在 3m 以上时，须用几节不同直径的钢管组合而成，其长度与组合节数尺寸要符合有关要求。

2. 避雷线

一般用截面不小于 35 mm^2 的镀锌钢绞线，常用来架设在高压架空输电线路上，以保护架空线路免受直接雷击。也可以用来保护较长的单层建（构）筑物。避雷线的作用原理与避雷针相同，只是保护范围小一些。

3. 避雷网和避雷带

普遍用来保护建筑物免受直接雷击和感应雷。一般采用镀锌圆钢或扁钢制作。如用圆钢其直径不应小于 8 mm；如用镀锌扁钢，其截面不得小于 48 mm^2，厚度不得小于 4 mm。

避雷网为网格状，避雷带为带状。它们安装方便，不用计算保护范围且不影响建筑外观，所以，当建（构）筑物不装设突出的避雷针时都可采用避雷带、避雷网保护。避雷带可利用直接敷设在屋顶和房屋突出部分的接地导体作为接闪器。当屋顶面积较大时，可敷设避雷网作为接闪器。避雷带、避雷网的安装高度距屋面为 100~150 mm，支持卡间距离为 1~1.5 m。房屋的沉降缝处应弯曲，留有 100~200 mm 的伸缩余地。但采用避雷带、避雷网时，对屋顶上的烟囱及其突出部分还应再装设小避雷针或避雷带保护，并要连接到主避雷带或避雷网上。

4. 避雷环

装设在烟囱顶端的避雷环，一般采用镀锌圆钢或扁钢，其尺寸不应小于：圆钢直径为 12 mm；扁钢截面为 100 mm^2，厚度为 4 mm。

（二）引下线

引下线为避雷保护装置的中段部分，上接接闪器，下接接地装置。引下线一般也应采用镀锌圆钢或扁钢。其尺寸不应小于：圆钢直径为 8 mm；扁钢截面为 48 mm^2，厚度为 4 mm。

引下线应沿建（构）筑物外墙敷设，并经最短路线接地。每座建筑物的引下线一般不少于两根。对外观要求较高的建筑物也可以暗敷，但截面应加大一级。

建（构）筑物的金属构件，如其所有部件之间均能连成电气通路，可作为引下线；采用多根引下线时，为了便于测量接地电阻以及检查引下线和接地线连接状况，宜在各引下线距地面 1.8m 以下处设置断接卡，在易受机械损伤的地方，应对距地面 1.7 m 至地下 0.3m 的一段接地线增加保护设施。

（三）接地装置

它包括埋设在地下的接地线和接地体。其中垂直埋设的接地体，一般采用角钢、钢管、圆钢；水平埋设的接地体，一般采用扁钢、圆钢。接地体尺寸不应小于：圆钢直径为 10 mm；扁钢截面为 100 mm^2，厚度为 4 mm；角钢宽度为 50 mm，厚度为 4 mm；钢管公称直径为 25 mm，壁厚为 3.5 mm^2，在腐蚀性较强的土壤中，应采取镀锌等防腐措施或加大截面。

接地线应与接地体的截面相同，垂直接地体的长度一般为 2.5 m；为了减少相邻两个接地体的屏蔽效应，两个接地体之间的距离一般应为 5 m；受地位限制时可适当减少，但不应小于垂直接地体的长度。接地体埋设深度其上端距地面不应小于 0.5 m。

（四）电离防雷装置

电离防雷装置是一种新技术。电离防雷装置由顶部的电离装置、地下的地电流收集装置及连接线组成。

电离防雷装置不是通过控制雷击点来防止雷击事故，而是利用雷云的感应作用，或采用放射性元素在电离装置附近形成强电场，使空气电离，产生向雷云移动的离子流，使雷云所带的电荷得以缓慢中和与泄漏，从而使空间电场强度不超过空气的击穿强度，消除落雷条件，抑制雷击发生。

感应式电离装置可以做成不同的形状（板形、锥形等），但必须有特殊的放电尖端。地电流收集装置应采用浅埋平面延伸式，以利于收集地电流，连接线因只通过毫安级的小电流，故仅要求所用导线有足够的机械强度。

（五）防雷装置的检查

为了使防雷装置具有可靠的保护效果，不仅要有合理的设计和正确的施工，还要建立必要的维护、保养制度。

应在每年雷雨季节前做定期检查，如有特殊情况，还要进行临时性的检查。检查是否由于维修建筑物或建筑物本身形状有变动使防雷装置的保护范围出现缺口。检查各处明装导体有无因锈蚀或机械损伤而折断的情况，如发现锈蚀在30%以上时，必须及时更换。检查接闪器有无因雷击而发生熔化或折断，避雷器瓷套有无裂纹、碰伤等情况，并应定期进行预防性试验。检查引下线在距地面 2 m 至地下 0.3 m 一段的保护处理有无被破坏情况。检查明装引下线有无在验收后又装设了交叉或平行电气线路。检查断接卡子有无接触不良情况。测量全部接地装置的接地电阻，如发现接地电阻值有很大变化，应对接地系统进行全面检查，必要时可补打电极。检查有无因各种原因而挖断接地装置。

四、古建筑物的防雷

（一）古建筑物易遭受雷击的结构特点

古建筑物结构、用途、性质及所建地理环境与一般建筑物不同，容易遭受雷击。具体表现在以下几方面：古建筑物多数建在地势较高的山上，或建在土壤电阻率有突变的山脚，易被雷电侵袭。从结构上看，为了体现建筑的雄伟、挺拔，古建筑物都建有高耸的屋脊，而这些高耸的屋脊也正好为带电云层放电创造了条件。多数古建筑物大殿正脊中部埋设金属"宝盒"，有的建筑物屋顶内部还有"锡背"，这些金属物都大大增加了建筑物接闪放电的可能性。

（二）古建筑物的防雷措施

古建筑物的防雷设计必须将外部防雷装置和内部防雷装置作为整体统一考虑。

1. 古建筑物外部防雷

（1）接闪器的布设

为保持古建筑物的艺术特点，接闪器宜采用避雷带与短支针的组合，代替原有的"苏式"长针，并宜在敷有引下线屋角的避雷带上焊接短支针，以便有效接闪雷电泄流入地。根据雷击规律，避雷带应沿建筑物屋面的正脊、吻兽、屋顶檐部、斜脊、垂兽和高出建筑物的烟囱等易受雷击的部位敷设。

（2）引下线的布设

防雷引下线根数少，雷电流分流就小，每根引下线所承受的雷电流就越大，容易产生雷电反击和雷电二次效应危害。因此，在布设引下线时应尽量多设几根，尽量利用建筑物的柱子和钢筋。但古建筑物多为砖木结构，故只能采用明敷，敷设时应注意引下线要对称，在间距符合规范的前提下，应尽可能多设几根。

（3）接地装置布设

古建筑物应根据其用途、性质、地理环境和游客多少等情况来选择接地装置的布置方式和位置。对重要的游客集中的古建筑物内部应采用均压措施。对宽度较窄的古建筑物可采用水平周圈式接地装置，并注意接地装置与地下管线路的安全距离。若达不到规范要求的一律连接成一体，构成均压接地网。这样可以使接地网界面以内的电场分布比较均匀，可以减小跨步电压对游客的危害，也可以减小室内在被雷击时由于地面电位梯度大而容易产生的反击高压危害。另外，为降低雷电跨步电压对游客的危害，当接地体距建筑物出入口或人行道小于 3 m 时，接地体局部应深埋 1 m 以下，若深埋有困难，则应敷设 5~8 cm 厚的沥青层，其宽度应超过接地体 2 m。

2. 古建筑物内部防雷

内部防雷装置的作用是减少建筑物内的雷电流和电磁效应以及防止反击、接触电压、跨步电压等二次雷害。除外部防雷装置外，所有为达到此目的所采用的设施、手段和措施均为内部防雷装置，包括等电位连接设施（物）、屏蔽设施、加装的避雷器以及合理布线和良好接地等。大多数国家、省、市级重点文物保护的古建筑物内都增设了消防广播、防盗报警、监视系统等，这些弱电电气系统对雷电虽没有计算机电子信息系统那样"敏感"，但一旦遭受雷击其危害也是很大的。为此，随着人类科技的发展，古建筑、仿古建筑的内部防雷也显得非常重要。

第五节 火灾自动报警系统

火灾自动报警系统是以实现火灾早期探测和报警、向各类消防设备发出控制信号并接收设备反馈信号、进而实现预定消防功能为基本任务的一种自动消防设施；系统主要设备安装在消防控制室，在消防控制室就可实现楼宇消防的全监控。

一、系统的组成

火灾自动报警系统由火灾探测报警系统、消防联动控制系统等组成。火灾探测报警系统由火灾报警控制器、触发器件和火灾警报装置等组成，能及时、准确地探测被保护对象的初起火灾，并做出报警响应，从而使建筑物中的人员有足够的时间在火灾尚未发展蔓延到危害生命安全的程度时疏散至安全地带，是保障人员生命安全的最基本的建筑消防系统。

消防联动控制系统在火灾发生时，按设定的控制逻辑准确发出联动控制信号给消防泵、防火门、防火阀、防排烟阀和通风等消防设备，完成对灭火系统、疏散指示系统、防排烟系统及防火卷帘等消防设备的控制功能，当消防设备动作后将动作信号反馈给消防控制室并显示，实现对建筑消防设施的状态监视功能。

二、系统工作原理

在火灾自动报警系统中，火灾报警控制器和消防联动控制器是核心组件，是系统中火灾报警与警报的监控管理枢纽和人机交互平台。

（一）火灾探测报警系统

火灾发生时，安装在保护区域现场的火灾探测器，将火灾产生的烟雾、热量和光辐射等火灾特征参数转变为电信号，经数据处理后，将火灾特征参数信息传输至火灾报警控制器；或直接由火灾探测器做出火灾报警判断，将报警信息传输到火灾报警控制器。火灾报警控制器在接收到探测器的火灾特征参数信息或报警信息后，经报警确认判断，显示报警探测器的部位，记录探测器火灾报警的时间。处于火灾现场的人员，在发现火灾后可立即触动安装在现场的手动火灾报警按钮，手动报警按钮便将报警信息传输到火灾报警控制器，火灾报警控制器在接收到手动火灾报警按钮的报警信息后，经报警确认判断，显示动作的手动报警按钮的部位，记录手动火灾报警按钮报警的时间。火灾报警控制器在确认火灾探测器和手动火灾报警按钮的报警信息后，驱动安装在被保护区域现场的火灾警报装置，发出火灾警报，向处于被保护区域内的人员警示火灾的发生。

（二）消防联动控制系统

火灾发生时，火灾探测器和手动火灾报警按钮的报警信号等联动触发信号传输至消防联动控制器，消防联动控制器按照预设的逻辑关系对接收到的触发信号进行识别判断，在满足逻辑关系条件时，消防联动控制器按照预设的控制时序启动相应的自动消防系统（设施），实现预设的消防功能；消防控制室的消防管理人员也可以通过操作消防联动控制器的手动控制盘直接启动相应的消防系统（设施），从而实现相应消防系统（设施）预设的消防功能。消防联动控制系统接收并显示消防系统（设施）动作的反馈信息。

三、古建筑火灾报警系统应用

一般古建筑均为木质结构或砖木结构，火灾荷载较大，如何能够尽早地探测火灾并发出警报，提醒人们及早撤离，并采取灭火救援措施，采用现代化的火灾自动报警及其相关联动设施，是非常必要的。由于古建筑结构和建筑材料的特殊性，单一的火灾探测方法对于古建筑而言难以做到早期报警。例如，正常情况下，寺庙大殿因香火会存在大量烟雾，所以不宜采用感烟方法进行火灾探测。而较多明火存在（蜡烛、酥油灯）会对一般的感火焰火灾探测技术造成影响。虽然图像火灾探测技术可以很好地解决这个问题，但是古建筑结构特殊、遮挡物较多，同时在无明火条件下，此种方法作为早期火灾探测也是不适合的。

最直接的方法是采用图像探测技术辅以空气采样探测系统。一般古建筑均设有监控系统，这样与空气采样系统可关联，减少工程量与造价，且可避免对文物的破坏，同时还可以对监控系统的摄像机和线路进行火灾隐患探测，以便有针对性地进行早期火灾预警。

四、消防控制室

消防控制室是安装火灾自动报警设备和消防控制设备，用于接收、显示、处理火灾报警信号，监控相关消防设施运行状况的专门处所。作为最重要的消防设备用房之一，既是消防设施的中枢，也是建筑发生火灾和日常火灾演练时的应急指挥中心。

（一）消防控制室的建筑防火要求

单独建造的消防控制室，其耐火等级不应低于二级。附设在建筑内的消防控制室，宜设置在建筑内首层的靠外墙部位，亦可设置在建筑物的地下一层，但应采用耐火极限不低于 2.00 h 的隔墙和不低于 1.50 h 的楼板，与其他部位隔开，并应设置直通室外的安全出口。消防控制室送、回风管的穿墙处应设防火阀。消防控制室内严禁有与消防设施无关的电气线路及管路穿过。不应设置在电磁场干扰较强及其他可能影响消防控制设备工作的设备用房附近。

（二）消防控制室管理

应实行每日 24 h 专人值班制度，每班不应少于 2 人，值班人员应持有初级以上建（构）筑物消防员国家职业资格证书，并能熟练操作消防设施。消防设施日常维护管理应符合《建筑消防设施的维护管理》的相关规定。应确保火灾自动报警系统、灭火系统和其他联动控制设备处于正常工作状态，不得将应处于自动控制状态的设备设置在手动控制状态。确保消防水泵、防排烟风机、防火卷帘等消防用电设备的配电柜启动开关处于自动位置或者通电状态。

（三）消防控制室的值班应急程序

消防控制室的值班人员应按照下列应急程序处置火灾：接到火灾警报后，值班人员应立即以最快方式确认。火灾确认后，值班人员应立即确认火灾报警联动控制开关处于自动状态，同时拨打"119"报警。报警时应说明着火单位地点、起火部位、着火物种类、火势大小、报警人姓名和联系电话。值班人员应立即启动单位内部应急疏散和灭火预案，并同时报告单位负责人。

五、火灾自动报警系统的检查要点

（一）火灾报警探测器外观

探测器表面及周围是否存在影响探测功能的障碍物，具有巡检指示功能的探测器，其巡检指示灯是否正常闪亮。

（二）区域显示器运行状态

区域显示器是否处于正常工作状态，工作状态指示灯是否处于点亮状态，是否存在遮挡等影响观察的障碍物。

（三）CRT 图形显示器运行状况

图形显示装置是否处于正常监控、显示工作状态，软件的各项功能是否能正常操作、显示，模拟产生火灾报警、监管报警、故障报警、联动设备动作等，查看图形显示装置信息显示、状态指示等各项功能是否正常，显示信息是否准确。

（四）火灾报警控制器运行状况

控制器显示器件、指示灯功能是否正常，系统显示时间是否存在误差，打印机是否处于开启状态；观察火警、监管、故障、屏蔽指示灯状态，判断控制器是否处于火灾报警、监管报警、故障报警状态，控制器是否屏蔽了有关火灾探测器等；观察消防控制中心系统主机的通信故障指示灯状态，判断主机与从机间通信是否有故障；查看电源故障指示灯状态，判断控制器电源是否处于故障状态。

（五）消防联动控制器外观和运行状况

确定联动控制盘是否处于正常监控、无故障状态，操作按钮上对应被控对象的标志是否清晰、完整、牢固。

（六）手动报警按钮外观

检查标志是否清晰，面板是否破损；具有巡检指示功能的手动报警按钮其指示灯是否正常闪亮；带有电话插孔的手动报警按钮其保护措施是否完好；手动报警按钮周围是否存在影响辨识和操作的障碍物。

（七）火灾警报装置外观

火灾警报装置周围是否存在影响观察、声音传播的障碍物。

（八）其他系统组件检查

短路隔离器是否处于工作状态；检查信号输入模块安装得是否牢固、工作状态指示灯是否闪亮，检查信号输入模块至监控对象的连接线保护措施是否完好、有效及是否松脱。

第六节　灭火设施

灭火设施是建筑消防不可缺少的重要措施，为保护古建筑的消防安全，可根据具体情况科学选择。在选用灭火设施时，要处理好维持古建筑原貌和消防保护之间的关系。

一、消火栓给水系统

（一）系统简介

消火栓给水系统是应用最广泛的一种消防设施，绝大多数古建筑都设置有消火栓给水系统，是扑救古建筑火灾的最主要的消防设施。系统主要由消防给水设施、消防给水管网、消火栓设备等组成；火灾时通过人持水枪，利用消防射流灭火，因此，消火栓给水系统的最基本要求就是保证必要的水压和水量。

室外消火栓设置在室外消防给水管网上。其作用是供消防车（或其他移动灭火设备）从管网取水，亦可直接接出水带、水枪灭火。地上式消火栓适宜在气候温暖地区安装使用，操作便利，地下式消火栓适用于寒冷地区，可防冻。消火栓有两个或三个接口，大口径的为丝扣接口，直径150 mm或100 mm，供连接消防车吸水胶管使用，小口径的为内扣式接口，直径65 mm，供连接水带使用。室外消火栓沿道路设置，一般靠近十字路口，间距为120 m，距道路边缘不大于2 m，距房屋外墙不小于5 m，寒冷地区也有用水鹤为消防车加水的情况。地下式消火栓设置地点应设置相应的永久性固定标志。地上式消火栓在使用时，用专用扳手打开出水口闷盖，接上水带或吸水管，再用专用扳手打开阀塞即可供水。使用后，应关闭阀塞，上好出水口闷盖。地下式消火栓使用时，先打开消火栓井盖，拧下闷盖，再接上消火栓与吸水管的连接器（也可直接将吸水管接到出水口上），或接上水带，用专用扳手打开阀塞即可出水。使用完毕应恢复原状。

室内消火栓箱由箱体、室内消火栓、消防接口、水带、水枪、消防软管卷盘等组成。消防软管卷盘拉出来打开阀门就可出水，无须将软管全部展开。

当火灾发生后，现场的人员可打开消火栓箱，将水带与消火栓栓口连接，打开消火栓的阀门，即可操作水枪灭火。同时按下消火栓箱内的报警按钮，向消防控制中心报警，消防联动控制系统启动消防水泵。在灭火初期，消防用水由高位消防水箱来保证（消防水箱储存10 min的消防水量），随着消防水泵的正常运转，后期供水就由消防水池提供。需要特别指出的是，消防水泵一经启动，不得自动停泵，只能由现场工作人员在确认火灾被彻底扑灭时手动控制停泵。

（二）系统维护管理

为保证系统始终处于准工作状态，随时能正常启动，必须做好系统的维护管理。应平时多检查，发现问题及时解决。

1. 消防水池

消防水池的水位高度应在最高位，以保证其储水量；寒冷地区消防水池的防冻措施应完好、有效；供消防车取水的取水口保护措施应完好、标志应清晰、没有被圈占或阻挡。

2. 消防水箱

在消防控制室检查消防水箱水位信息远传功能，水位显示与实际水位应一致；寒冷地区消防水箱的防冻设施应完好、有效；消防水箱自动补水设施应完好；消防水箱出水管上控制阀应处于常开状态；启动消防水泵，观察溢水管是否出水，判断消防水箱出水管上止回阀的防止水倒流的功能是否正常。

3. 消防水泵及控制柜工作状态

消防泵组应有注明系统名称和编号的标志牌；消防泵组进、出水管上对应的压力表、试水阀及防超压装置、止回阀、信号阀等正常；消防泵组进、出水管以及消防水池连通管上的控制阀应锁定在常开位置并有明显标记；用手左右转动消防泵组联轴器，应无锈蚀、卡死等现象。

消防水泵（包括消火栓泵、喷淋泵、稳压增压泵）电气控制装置面板仪表、指示灯、所属系统标志等应正常完好；平时消防水泵电控柜开关应置于"自动"状态；在"手动"模式下，分别按下主、备消防泵组"启动"按钮，查、听消防泵组运行情况是否正常；将水泵电气控制柜置于"自动"运行模式，按下消防联动控制器上消防泵组"启动"按钮，观察泵组运行、信号反馈情况是否正常。

4. 泵房工作环境

泵房入口处挡水设施应完好；泵房内排水设施应完好；进出泵房的管孔、开口等部位防火封堵措施应完好；泵房内应急照明能连续保持正常照明的照度；水泵各项操作规程、维护保养制度置于明显处，可操作性强。

5. 消防水泵接合器外观及标志

消防水泵接合器相关组件完好有效；不得被埋压、圈占、遮挡，否则严重影响消防水泵接合器的使用；标志明显，标明供水系统的类型及供水范围；消防水泵接合器周围消防水源、操作场地应完好；用消防车等移动供水设施对每个水泵接合器进行供水试验，查看供水是否顺畅。

6. 管网控制阀门启闭状态

打开室外管道井，查看进户管道外表、连接处，锈蚀严重、连接处有漏水渗水现象要及时维修；进户管组件（水表、旁通管、阀门等）应齐全完好。

供水、泄压管路上的阀门应处于完全开启状态；阀门本体上操作手轮、手柄等应齐全；根据阀体上标注的启闭方向操作手轮或手柄，操作应灵活；具有信号指示功能的阀门，转动手轮或手柄，其指示正确无误；具有信号输出功能的阀门，转动手轮或手柄，其开、关状态信号能准确输出；带有锁定功能的阀门，其锁定工具可靠有效。

7. 室内消火栓设备外观及配件完整情况

消火栓箱标志醒目、清晰，本体及周围不被遮挡，箱门外或箱体内张贴操作说明；打开消火栓箱门，箱内的水枪、水带、消火栓、报警按钮、阀门等配件齐全有效，水带与接口绑扎牢固，水带无霉变损坏；消火栓箱内配置有消防软管卷盘的，胶管与小水枪、阀门等连接牢固，胶管没有粘连、开裂；支架的转动机构灵活，转动角度满足使用要求；阀门操作手柄完好。

8. 室外消火栓外观及消火栓井环境

室外消火栓不得被埋压、圈占、遮挡，应标志明显，便于消防车停靠使用，组件不缺损，栓口不存在漏水现象；地下室外消火栓井周围及井内没有积存杂物，入冬前消火栓的防冻措施到位且完好。

二、自动喷水灭火系统

（一）系统简介

自动喷水灭火系统能在发生火灾时自动启动喷水灭火，在保护人身和财产安全方面具有安全可靠、经济实用、灭火成功率高等优点，得以广泛应用。自动喷水灭火系统由喷头、报警阀组、管路及供水设施等组成。

喷头具有释放机构，由玻璃泡、易熔合金热敏感元件、密封件等零件组成。平时喷头的出水口由释放机构封闭，达到公称动作温度时，玻璃泡破裂或易熔合金热敏感元件熔化，释放机构自动脱落，喷头开启喷水。喷头的公称动作温度分成多个温度等级，用不同的颜色表示：橙色 –57℃、红色 –68℃、黄色 –79℃、绿色 –93℃等。

报警阀是自动喷水灭火系统的专用阀门，是只允许水流入系统并在规定压力、流量下驱动配套部件报警的一种单向阀。平时由于自重，阀瓣坐落在阀座上，报警阀处于关闭状态。当喷头喷水灭火时，阀瓣上面的水压下降，下腔的水便顶开阀瓣，向洒水管网及动作喷头供水，同时水沿着报警阀的环形槽进入报警口，流向延迟器、水力警铃，警铃发出声响报警，压力开关向火灾自动报警控制器发回信号，启动自动喷水灭火系统的消防水泵。

在管网末端易排水的地方安装有末端试水装置，便于系统平时的启动检查。系统在准工作状态时，由消防水箱内的水维持管道内水的压力。发生火灾时，在火灾温度的作用下，喷头的热敏元件动作，喷头开启并开始喷水。此时，管网中的水由静止变为流动，水流指示器动作送出电信号，在报警控制器上显示某一区域喷水的信息。由于持续喷水泄压造成湿式报警阀的上部水压低于下部水压，在压力差的作用下，原来处于关闭状态的湿式报警阀自动开启。此时压力水通过湿式报警阀流向管网，同时打开通向水力警铃的通道，延迟器充满水后，水力警铃发出声响警报，压力开关动作并输出启动供水泵的信号。供水泵投入运行后，完成系统的启动过程。除特殊规定外，系统持续喷水时间要达到火灾延续时间 1.0 h。

系统适合在环境温度不低于 4℃ 并不高于 70℃ 的环境中使用。低于 4℃ 或高于 70℃ 的场所，应采用特殊形式的自动喷水灭火系统（干式自动喷水灭火系统、预作用自动喷水灭火系统）。

（二）自动喷水灭火系统的检查

1. 喷头外观

检查喷头本体是否变形；是否存在附着物、悬挂物；喷头周围是否存在影响及时响应火灾温度、影响洒水的障碍物。

2. 报警阀组外观

检查报警阀组件是否齐全完整；报警阀前后的控制阀门、通向延时器的阀门是否处于开启状态；报警阀组上下压力表显示值是否相近且达到设计要求；报警阀组是否有注明系统名称和保护区域的标志。

3. 系统功能检查

利用末端试水装置进行系统功能检查。首先打开试验阀，检查排水措施是否畅通，观察压力表读数是否不低于 0.05 MPa；报警阀组是否动作，水力警铃应发出刺耳的声响，火灾自动报警系统应显示压力开关和水流指示器的反馈信号。

三、细水雾灭火系统

细水雾灭火系统是通过喷放细水雾进行灭火的固定灭火系统，灭火效率高、水渍损失小，在某些特定场合较为适用。

（一）细水雾灭火系统

系统有两种应用形式：全淹没式系统，向整个防护区内喷放细水雾，并持续一定时间，保护其内部所有保护对象的系统应用方式。全淹没式系统适用于扑救相对封闭空间内的火灾；局部应用式系统，直接向保护对象喷放细水雾，并持续一定时间，保护空间内某具体保护对象的系统应用方式。

系统压力由水泵或储气瓶提供、瓶组式细水雾灭火系统低压系统管网工作压力小于或等于 1.21 MPa，中压系统管网工作压力大于 1.21 MPa 且小于 3.45 MPa，高压系统管网工作压力大于或等于 3.45 MPa。火灾发生后，火灾探测器动作，报警控制器得到报警信号，向消防控制中心发出灭火指令，在得到控制中心灭火指令或启动信息后，联动关闭防火门、防火阀、通风及空调等影响系统灭火有效性的开口，并启动控制阀组或消防水泵，向系统管网供水，水雾喷头喷出细水雾，实施灭火。

（二）移动式细水雾灭火系统

移动式细水雾灭火系统有手推式细水雾消防车、背负式细水雾灭火装置等。其对扑救古建筑初起火灾较为适合，古建筑单位配置必要的移动式细水雾灭火系统是可行的。

四、气体灭火系统

（一）气体灭火系统简介

气体灭火系统是以一种或多种气体作为灭火介质，通过这些气体在整个防护区内或保护对象周围的局部区域达到灭火浓度以实现灭火。气体灭火系统具有灭火效率高、灭火速度快、保护对象无污损等优点，适用于保护具有较高价值的文物；气体灭火系统由灭火剂储存装置、启动分配装置、输送释放装置、监控装置等组成，气体灭火系统一般有自动、手动、机械应急操作三种启动方式。

环境对气体灭火系统的灭火成败有很大影响，因此，保护对象的环境条件要符合一定的要求。防护区封闭不能遭到损坏，围护结构及门窗的耐火极限均不宜低于 0.50 h，吊顶的耐火极限不宜低于 0.25 h。门及开口应能自动关闭。疏散通道和安全出口应完善，保证防护区内所有人员在 30 s 内能撤离完毕。防护区的入口处应设火灾声、光报警器和灭火剂喷放指示灯，以及防护区采用的相应气体灭火系统的永久性标志牌。灭火后的防护区通风换气后人员方可进入，单位宜配置空气呼吸器。

（二）气体灭火系统的检查

1. 气体灭火控制器工作状态检查

观察面板上的各类状态指示灯，判断系统是否处于无故障、正常运行状态；"紧急启动"按钮防误操作措施是否完好等。

2. 储瓶间环境检查

查看储瓶间标志是否醒目，门是否朝外开启，通风措施是否完好，房间内是否堆放杂物，监控装置是否能正常工作，工作电源是否满足消防电源供电要求。

3. 储瓶外观检查

查看瓶组装置外观是否存在锈蚀，组件是否完整，标志是否清晰、完好，瓶组安装是否牢固，组件之间连接是否松脱，灭火剂钢瓶瓶肩上是否有制造钢印、检验钢印（判定钢瓶是否存在未检验、达到报废年限情况），低压二氧化碳灭火系统的制冷装置工作是否正常，安全阀出口是否通畅，保温措施是否完好，瓶头阀限位措施是否处于正常松开状态，压力表指针是否处于绿色区域，集流管上的安全泄压阀是否完好。

4. 选择阀及驱动装置等组件外观

查看选择阀及驱动装置的组件是否完整，标志是否醒目，防护区标志是否与其相对应，与选择阀相连接的管道是否松脱，手动操作机构是否灵活。

5. 喷嘴外观

查看喷头与管道的连接是否完好，喷头是否被遮挡、拆除，灭火剂输送管道上的信号反馈装置及连接线是否完好。

6. 称重检漏装置外观

查看称重检漏装置是否处于工作状态，灯光显示、声响器件是否能正常工作，灭火剂存量是否满足需要。

7. 防护区内外环境状况

检查防护区入口处灭火系统防护标志是否设置且完好，防护区疏散门附近现场操作设备、机械应急操作设备的防误操作保护措施是否完好，声光报警器、放气门灯是否完好，防护区是否发生面积、容积、建筑构件等方面的改变，防护区联动设备和机械排风设备是否处于自动运行、联动状态，防护区外专用的空气呼吸器或氧气呼吸器是否完好。

五、干粉灭火系统

干粉灭火系统是由干粉供应源通过输送管道连接到固定的喷嘴上，通过喷嘴喷放干粉实施灭火。灭火原理为化学抑制、隔离、冷却与窒息。

干粉灭火系统由干粉灭火设备和自动控制两大部分组成，前者由干粉储罐、动力气瓶、减压阀、输粉管道以及喷嘴构成，后者包括火灾探测器、启动瓶、报警控制器等。系统通过驱动气体携带干粉经喷嘴喷出实施灭火。

六、灭火器

灭火器是一种由人手提或推拉至着火点附近，手动操作并在其内部压力作用下，将所充装的灭火剂喷出实施灭火的常规灭火器具。当建（构）筑物发生火灾时，火灾现场人员可使用灭火器有效地扑灭各类保护场所的初起火灾。

（一）灭火器的类型

按所充装的灭火剂分为有水基型灭火器、泡沫灭火器、干粉型灭火器（BC 类或 ABC 类）、二氧化碳灭火器、洁净气体灭火器。但根据灭火器的操作方式划分主要有手提式灭火器和推车式灭火器两种。

1. 手提式灭火器

手提式灭火器可便携移动，操作方便。手提式灭火器的总质量在 20 kg 以下，其中二氧化碳灭火器的总质量不超过 23 kg。

2. 推车式灭火器

推车式灭火器装有轮子，可推或拉至火场，灭火能力强。推车式灭火器的总质量在 25~450 kg。

灭火器还有很多种类，但为非标配。灭火剂充装量小于 1000 g（或 mL）并由一只手指开启的不可重复充装使用的贮压式灭火器称为简易式灭火器，此类灭火器主要用于扑救家庭厨房油锅和废纸篓等固体可燃物的初起火灾；背负式灭火器，主要为消防队员配备；泵浦式灭火器，主要用于灭草丛火灾。

（二）灭火器的选择

选择合适的灭火器才能真正发挥灭火器的作用。

A 类火灾场所应选择水型灭火器、磷酸铵盐干粉灭火器、泡沫灭火器或洁净气体灭火器。

B 类火灾场所应选择泡沫灭火器、碳酸氢钠干粉灭火器、磷酸铵盐干粉灭火器、二氧化碳灭火器、灭 B 类火灾的水型灭火器或洁净气体灭火器。

C 类火灾场所应选择磷酸铵盐干粉灭火器、碳酸氢钠干粉灭火器、二氧化碳灭火器或洁净气体灭火器。

扑灭 D 类火应该使用 7150 等专用金属灭火剂

E 类火灾场所应选择磷酸铵盐干粉灭火器、碳酸氢钠干粉灭火器、洁净气体灭火器或二氧化碳灭火器，但不得选用装有底属喇叭喷筒的二氧化碳灭火器。

F 类火灾场所应选择碳酸氢钠干粉灭火器、水基型（水雾、泡沫）灭火器。

可能同时发生 A、B、C 类火灾和带电设备火灾的场所应选用磷酸铵盐干粉和洁净气体型灭火器。

（三）灭火器的设置要求

灭火器应设置在位置明显、便于取用的地点，且不得影响安全疏散。对有视线障碍的灭火器设置点，应设置指示其位置的发光标志。灭火器的摆放应稳固，其铭牌应朝外。手提式灭火器宜设置在灭火器箱内或挂钩、托架上，其顶部离地面高度不应大于 1.5 m；底部离地面高度不宜小于 0.08 m。灭火器箱不得上锁。灭火器不应设置在潮湿或具有强腐蚀性的地点。当必须设置时，应有相应的保护措施。灭火器设置在室外时，也应有相应的保护措施。灭火器不得设置在超出其使用温度范围的地点。灭火器配置数量应符合灭火器配置基准的要求。单位灭火级别最大保护面积：严重危险级 50 m²/A，中危险级 75 m²/A，轻危险级 100 m²/A。灭火器放置点的确定，应符合灭火器最大保护距离的要求。手提式灭火器最大保护距离：严重危险级 15 m、中危险级 20 m、轻危险级 25 m，推车式灭火器最大保护距离：严重危险级 30 m、中危险级 40 m、轻危险级 50 m。

（四）灭火器的检查

1. 灭火器外观

灭火器的铭牌是否无残缺、清晰明了，铭牌上关于灭火剂、灭火级别、生产日期、维修日期以及操作说明等的标志是否齐全；维修日期标志是否清晰、完好；灭火器的零部件是否齐全，是否有脱落或损伤情况；铅封等保险装置是否损坏；喷射软管是否完好，是否无明显鞭裂，喷嘴是否堵塞，筒体是否无明显的损伤；灭火器的驱动气体压力是否在工作压力范围内；检查灭火器是否达到送修条件和维修年限，是否达到报废条件和报废年限；灭火器是否具有定期维护检查的记录。

2. 设置位置状况

检查灭火器设置位置是否明显且便于取用，是否放置在配置图表规定的设置点位置；室外灭火器是否有防雨、防晒等保护措施；灭火器周围是否有障碍物、遮挡等影响取用的现象。

（五）灭火器的送修

存在机械损伤、明显锈蚀、灭火剂泄漏、被开启使用过或符合其他维修条件的灭火器应及时维修。灭火器的维修期限应符合表 3-2 所示的要求。

表 3-2 灭火器的维修期限

灭火器类型	维修期限
水基型灭火器	出厂期满 3 年；首次维修以后每满 1 年
干粉灭火器	出厂期满 5 年；首次维修以后每满 2 年
洁净气体灭火器	
二氧化碳灭火器	

（六）灭火器的报废

灭火器出厂时间达到或超过表 3-3 所示的报废期限时应报废。不到报废年限但有下列情况之一的灭火器应报废：筒体严重锈蚀，锈蚀面积大于、等于筒体总面积的 1/3，表面有凹坑的；筒体明显变形，机械损伤严重的；器头存在裂纹、无泄压机构的；筒体为平底等结构不合理的；没有间歇喷射机构的手提式灭火器；没有生产厂名称和出厂年月，包括铭牌脱落，或虽有铭牌，但已看不清生产厂名称，或出厂年月钢印无法识别的；筒体有锡焊、铜焊或补缀等修补痕迹的；被火烧过；不符合消防产品市场准入制度的。

表 3-3 灭火器的报废期限

灭火器类型	报废期限
水基型灭火器	6 年
干粉灭火器	10 年
洁净气体灭火器	
二氧化碳灭火器	12 年

第四章 地铁建筑防火设计

第一节 建筑结构防火

因地铁建筑结构特殊,所以地铁运营单位应严格执行国家、地方、行业颁布的消防法律法规、标准规范、规章制度,并根据其建筑特性和火灾特点采用相应的防火措施。

地铁车站的总体布局应合理,主体工程、附属建筑、重要设备用房、疏散通道等的防火等级应符合规范要求。应根据要求采取防火墙、防火门、防火分隔水幕或防火卷帘等,进行必要的防火分隔。重要设备用房如地铁变电站、变电室等应进行防火分隔;建筑的主体和装修物的裸露部分,以及站内设施、设备、办公生活用品应采用不燃或难燃材料,严格限制各种塑胶制品的使用。

一、耐火等级

地铁各建(构)筑物的耐火等级应符合下列规定:地下的车站、区间、变电站等主体工程及出入口、风道的耐火等级应为一级。地面出入口、风亭等附属建筑,地面车站、高架车站及高架区间的建(构)筑物,耐火等级不得低于二级。控制中心建筑耐火等级应为一级。车辆基地内建筑的耐火等级应根据其使用功能确定,并应符合现行国家标准《建筑设计防火规范》的有关规定。

二、防火分区

地下车站站台和站厅公共区应划为一个防火分区,设备与管理用房区每个防火分区最大允许面积不应大于 1500 m²。地下换乘车站当共用一个站厅时,站厅公共区防火分区面积不应大于 5000 m²。地上车站站厅公共区采用机械排烟时,防火分区的最大允许建筑面积不应大于 5000 m²,其他部位每个防火分区的最大允许建筑面积不应大于 2500 m²。

车辆基地、控制中心的防火分区划分，应符合现行国家标准《建筑设计防火规范》的有关规定。

三、防火隔离措施

两个防火分区之间应采用耐火极限不低于 3.00 h 的防火墙和甲级防火门分隔；当防火墙设有观察窗时，应采用甲级防火窗；防火分区的楼板应采用耐火极限不低于 1.50 h 的不燃性楼板。重要设备用房应以耐火极限不低于 2.00 h 的隔墙和耐火极限不低于 1.50 h 的楼板与其他部位隔开。防火卷帘与建筑物之间的缝隙，以及管道、电缆、风管等穿过防火墙、楼板及防火分隔物时，应采用不燃性防火封堵材料将空隙填塞密实。站台门不得作为防火隔离装置。

四、装修材料燃烧性能

车站装修材料应符合下列规定：地下车站公共区和设备与管理用房的顶棚、墙面、地面装修材料及垃圾箱，应采用燃烧性能等级为 A 级的不燃材料。地上车站公共区的墙面、顶面的装修材料及垃圾箱，应采用燃烧性能等级为 A 级的不燃材料。地面应采用燃烧性能等级不低于 B1 级的难燃材料。设备与管理用房区内的装修材料，应符合现行国家标准《建筑内部装修设计防火规范》的有关规定。地上、地下车站公共区的广告灯箱、导向标志、休息椅、电话亭、自动售票机等固定服务设施的材料，应采用燃烧性能等级不低于 B1 级的难燃材料。装修材料不得采用石棉、玻璃纤维、塑料类等制品。

五、防烟分区

地下车站的公共区，以及设备与管理用房，应划分防烟分区，且防烟分区不得跨越防火分区。站厅与站台的公共区，每个防烟分区的建筑面积不宜超过 2000 m^2。设备管理用房每个防烟分区的建筑面积不宜大于 750 m^2。防烟分区可采取挡烟垂壁等措施。挡烟垂壁等防烟设施的下垂高度不应小于 500 mm。

第二节 安全疏散

地铁为人员密集场所，人员流动性大，一旦发生火灾事故，极易造成群死群伤。发生火灾时，浓烟、毒气将使受害者视线不清；高温、热气流使受害者难以忍受。必定导致惊慌失措，互相拥挤，容易造成疏散中践踏伤亡。由于拥挤、恐慌会大大延长疏散时间，更增加了被困人员中毒和救援人员伤亡的可能性。所以，必须高度重视地铁火灾中的安全疏散问题。

一、一般规定

车站站台公共的楼梯、自动扶梯、出入口通道，应满足在发生火灾时，在 6 min 内将远期或客流控制期超高峰小时一列进站列车所载乘客及站台上的候车人员全部撤离站台到达安全区的要求。

二、安全出口

车站安全出口设置应符合下列规定：车站每个站厅公共区安全出口数量应经计算确定，且应设置不少于 2 个直通地面的安全出口。地下单层侧式站台车站，每侧站台安全出口数量应经计算确定，且不应少于 2 个直通地面的安全出口。地下车站的设备与管理用房区域安全出口的数量不应少于 2 个，其中有人值守的防火分区应有 1 个安全出口直通地面。安全出口应分散设置。当同方向设置时，两个安全出口通道口部之间净距不应小于 10 m。竖井、爬梯、电梯、消防专用通道，以及设在两侧式站台之间的过轨地道不应作为安全出口。地下换乘车站的换乘通道不应作为安全出口。车站站台、站厅和出入口通道的乘客疏散区内不得设置商业场所。除地铁运营、服务必备的设备、设施外，不得设置妨碍乘客疏散的其他设备、设施及障碍物体。

三、疏散宽度和距离

当设备与管理用房区的房间单面布置时，疏散通道宽度不得小于 1.2 m，双面布置时不得小于 1.5 m。设备与管理用房直接通向疏散走道的疏散门至安全出口的距离，当房间疏散门位于两个安全出口之间时，疏散门与最近安全出口的距离不应大于 40 m，当房间位于袋形走道两侧或尽端时，其疏散门与最近安全出口的距离不应大于 22 m。地下出入口通道的长度不宜超过 100 m。超过时应采取满足人员安全疏散的措施。

四、应急照明和疏散指示标志

（一）设置位置

车站站厅、站台、自动扶梯、自动人行道及楼梯。车站附属用房内走道等疏散通道。区间隧道。车辆基地内的单位建筑及控制中心大楼的疏散楼梯间、疏散通道、消防电梯间（含前室）。

（二）疏散指示标志设置要求

疏散通道拐弯处、交叉口及沿通道长向设置间距不应大于 10 m，距离地面应小于 1 m。疏散门、安全出口处应设置灯光疏散指示标志，且宜设置在门洞正上方。车站公共区的站台、站厅乘客疏散路线和疏散通道等人员密集部位的地面上，以及疏散楼梯台阶侧立面、踏面或踢面上，应设蓄光型疏散指示标志，且应保持视觉连续。

五、门禁系统

门禁系统是地铁运营单位安防系统中十分重要的构成部分。对外是防范安全的重要手段，对内能有效区分人员活动空间。地铁门禁系统在防爆以及运营安全管理方面尤其不可或缺，但在遭遇火灾后的灭火救援及人员安全疏散方面则存在一定的弊端。因此，地铁中对门禁系统有着更高的要求。

设有门禁装置的通道门、设备及管理用房门的电子锁，应满足防冲撞和消防疏散的要求。电子锁应具备断电自动释放功能。设备及管理用房门电子锁还应具备手动机械解锁功能。

地铁中平时需要控制人员随意出入的疏散门和设有门禁系统的外门，应保证火灾时不须使用钥匙等任何工具即能从内部易于打开，并应在显著位置设置具有使用提示的标志。

门禁系统应实现与火灾自动报警系统的联动控制，并在车站控制室综合后备控制盘（IBP）上应设置门禁紧急开门控制按钮，实现自动开启、手动开启双备份。在火灾等紧急情况下，应能立即打开相关疏散通道上的安全门或预先设定的门。

地铁门禁系统的安全性设计除应符合现行国家标准《安全防范工程技术规范》的有关规定外，还应符合下列规定：系统的任何部分、任何动作以及对系统的任何操作不应对出入目标及现场管理、操作人员的安全造成危害。系统必须满足紧急逃生时人员疏散的相关要求。当通向疏散通道方向为防护面时，系统必须与火灾自动报警系统及其他紧急疏散系统联动。当发生火警或须紧急疏散时，人员不使用钥匙应能迅速安全通过。

第三节 消防设施设置

地铁作为大容量交通工具，其安全性直接关系到千万乘客的生命安全。安全运营是地铁运输的首要目标和基本原则。根据统计，在各类灾害中，火灾是威胁地铁安全的主要因素。其总量约占地铁突发事件的65%；其次是列车出轨，占地铁突发事件的13%；再次就是爆炸，占地铁突发事件的8%；接下来按照所占比例由大到小依次是停电、水灾、地震等。因而，在地铁建设与运营过程中，地铁火灾是不容忽视的问题。设置科学且有效的消防设施，在应对地铁火灾事故中，有着至关重要的作用。

一、消火栓系统

消火栓系统作为地铁工程中最主要的灭火设施，其选择与设计的可靠性与合理性直接影响整个地铁工程系统的安全稳定，对控制、消灭火灾起着决定性作用。

（一）设置部位

地下车站及其相连的地下区间、长度大于20 m的出入口通道、长度大于500 m的独立地下区间应设室内消火栓系统。

（二）设置标准

地下车站和地下区间的室内消火栓系统应设计为环状管网，地下区间上下行线应各设置1根消防给水管，在地下车站端部和车站应设环状管网相接。地面和高架车站室内设置的消火栓应超过10个，且当室外消防用水量大于15 L/s时，应设计为环状管网。室内消火栓环状管网应有两根进水管与城市自来水环状管网或消防水泵连接。地下车站（含换乘车站）消火栓技术系统用水量应为20 L/s；地下车站出入口通道、折返线及地下区间隧道的消火栓系统用水量应为10 L/s。

（三）干式消火栓系统

消火栓系统根据管道内充水、充气可分为湿式系统和干式系统。湿式消火栓系统在实际使用中存在冻结、漏水及由于保温材料破损而影响运营等问题。《建筑设计防火规范》规定：严寒和寒冷地区非采暖厂房、库房及其他建筑的室内消火栓系统可采用干式消火栓系统，进水管应设快速启闭装置，管道最高处应设自动排气阀。此规定为地铁采用干式消火栓系统提供了规范支持。干式消火栓具有以下优点：平时管道内无水，所以不存在冻结问题，因此不需要保温；因为平时管道内无水，因此即使个别管道的接口不够严密，也不会产生滴漏水而影响生产运营；还可减少运营费用，管理方式比较灵活方便；该系统适用于环境温度在4℃以下或70℃以上。

1. 系统组成

干式消火栓系统由远程控制的快速启闭装置、一定坡度的管道、快速排气装置以及必备的消火栓及组件组成。

2. 运行方式

干式消火栓系统是以手、电动快开阀为界，阀入口侧接水源，管道内充满水；阀出口侧接管网，快开阀平时处于关闭状态，该管网平时为空管。火灾发生时，可通过以下几种方式打开阀门：消火栓处报警按钮与火灾控制器联动远程启动；通过火灾探测器报警自动启动；现场手动应急开启。这样可以保证该阀门在任何情况下都能开启供水灭火。

在快速启闭装置后的管路内无水，可以确保管路在外界气温较低时不被冻结。在发生火灾时，车站或控制中心的火灾自动报警系统接到报警信号，开启快速启闭阀，同时向中控室发出开泵和报警信号。消防水泵启动后管道内空气迅速排除，管道在短时间内由干式迅速转变为湿式系统。在消火栓口处接消防水带和水枪即可达到灭火目的。

二、自动喷水灭火系统

根据《建筑设计防火规范》规定：地下车站设置的商铺总面积超过 500 m² 时，应设自动喷水灭火系统。并应符合现行国家标准《自动喷水灭火系统设计规范》的有关规定。

（一）系统类型

自动喷水灭火系统，根据被保护建筑物的性质和火灾发生、发展特性的不同，可以有不同的系统形式。通常根据系统中所使用的喷头形式的不同，分为闭式（包括湿式系统、干式系统、预作用系统、重复启闭预作用系统和自动喷水 – 泡沫联用系统）系统和开式（包括雨淋系统和水幕系统）系统两大类。

1. 湿式系统

湿式自动喷水灭火系统一般包括：闭式喷头、管网、湿式报警阀组和供水设备等。湿式报警阀的上下管网内均充以压力水。当火灾发生时，火源周围环境温度上升，导致水源上方的喷头开启、出水、管网压力下降，报警阀阀后压力下降致使阀板开启，接通管网和水源，供水灭火。与此同时，部分水由阀座上的凹形槽经报警阀的信号管，带动水力警铃发出报警信号。管网中设有水流指示器，水流指示器感应到水流流动，发出电信号。管网中还设有压力开关，当管网水压下降到一定值时，发出电信号，消防控制室接到信号，启动消防水泵向系统加压供水，达到持续自动喷水灭火的目的。

湿式自动喷水灭火系统广泛应用于环境温度不低于4℃且不高于70℃的建筑物或场所。

2. 干式系统

干式系统主要由闭式喷头、管网、干式报警阀、充气设备、报警装置和供水设备等组成。平时报警阀后管网充以有压气体，水源至报警阀前端的管段内充以有压水。火灾发生时，火源处温度上升，使火源上方喷头开启，首先排出管网中的压缩空气，于是报警阀后管网压力下降，干式报警阀阀前压力大于阀后压力，干式报警阀开启，水流向配水管网,并通过已开启的喷头喷水灭火。干式系统平时报警阀上下阀板压力保持平衡,当系统管网有轻微漏气时,由空压机进行补气,安装在供气管道上的压力开关监视系统管网的气压变化状况。

干式自动喷水灭火系统适用于环境温度低于4℃或高于70℃的建筑物和场所,如不采暖的地下停车场、冷库等。

3. 预作用系统

预作用自动喷水灭火系统主要由闭式喷头、管网、预作用阀组、充气设备、供水设备、火灾自动报警系统等组成。预作用系统平时预作用阀后管网充以低压压缩空气或氮气(也可以是空管),火灾时,由火灾自动报警系统自动开启雨淋报警阀或预作用报警阀组后,转换为湿式系统。该系统在报警阀后的管道内平时无水,充以有压或无压气体,呈干式。发生火灾时,保护区内的火灾探测器首先发出火灾报警信号,火灾报警控制器在接到报警信号后,做声光显示的同时即启动电磁阀排气,报警阀随即打开,使压力水迅速充满管道。这样原来呈干式的系统迅速自动转变为湿式系统,完成了预作用过程。待火灾现场温度升高,闭式喷头开启,便即刻喷水灭火。对于充气式预作用系统,发生火灾时,即使由于火灾探测器发生故障,导致火灾探测系统未能发出报警信号启动预作用阀,使配水管道充水,也能够因喷头在高温作用下自行开启,使配水管道内气压迅速下降,引起压力开关报警,并启动预作用阀供水灭火。因此,对于充气式预作用系统,即使火灾探测器发生故障,预作用系统仍能正常工作。

预作用系统同时具备了干式自动喷水灭火系统和湿式自动喷水灭火系统的特点,适用于具有下列要求之一的场所:系统处于准工作状态时,严禁管道漏水;严禁系统勿喷;替代干式系统。

4. 自动喷水 – 泡沫联用系统

自动喷水 – 泡沫联用系统是将低倍数比例混合装置(有隔膜)与自动喷水灭火系统进行有机的结合,并选用泡沫和水喷淋两用喷头的一种新型的高效灭火系统。它主要由消防泵组、供液装置、压力式比例混合器、雨淋阀装置、压力信号发生器、水流指示器、泡沫和水两用喷头、各种阀、管道及附件组成。其工作原理是:当闭式喷头的玻璃球因火灾而爆破后,系统侧管网内的水向爆破的喷头流动(湿式报警阀同时被打开,从报警口流出的水经延时后驱动水力警铃报警),安装于配水支管上的水流指示器将水流信号传输到灭火控制器,延时器计时。延时期满后,控制器向电磁阀发出开启指令,打开电磁阀,两用控制阀打开,释放泡沫储罐内处于受压状态的泡沫灭火剂。泡沫灭火剂经管道流向比例混合器,形成一定比例的泡沫混合液流向喷头,并通过已爆破的喷头(或开式喷头)实施灭火。系统配有应急启动球阀,当电磁阀失效时,可用应急开启方式释放泡沫灭火剂。自动喷水 – 泡沫联用系统具有能迅速扑灭油类(易燃液体)火灾、灭火效率高、节约用水、设备投入与维护、保养费用低等优点。

5.雨淋系统

雨淋自动喷水灭火系统由开式洒水喷头、雨淋报警阀组以及管道和供水设施等组成。该系统由火灾自动报警系统或传动管控制,自动开启雨淋报警阀和启动供水泵后,向开式洒水喷头自动供水。

具有下列条件之一的场所应采用雨淋系统:火灾的水平蔓延速度快、闭式喷头的开放不能及时使喷水有效覆盖着火区域;室内净高度较高,且必须迅速扑救初期火灾;严重危险级Ⅱ级的场所。

6.水幕系统

水幕系统是开式自动喷水灭火系统的一种。水幕系统喷头呈 1~3 排排列,将水喷洒成水幕状,具有阻火、隔火作用。能阻火焰穿过开口部位,防止火势蔓延,冷却防火隔绝物,增强其耐火性能,并能扑灭局部火灾。水幕系统的作用方式和工作原理与雨淋系统相同,当发生火灾时,由火灾探测器或人发现火灾,电动或手动开启控制阀,然后通过水幕喷头喷水,进行阻火、隔火或冷却防火分隔物。

在下列建筑物中应设水幕系统:超过 1500 个座位的剧院和超过 2000 个座位的会堂、礼堂的舞台口,以及与舞台相连的侧台、后台的门窗洞口;防火卷帘上部;应设防火墙、防火门等隔断物,而又无法设置的开口部位;相邻建筑之间的防火间距不能满足要求时,面向相邻建筑物的门、窗、孔洞口处,以及可燃的屋檐下。

(二)设置场所

换乘的地下车站以及地下三层及以上的车站站厅、站台公共区、车站结合的商业开发区域均应按照中危险Ⅱ级设计自动喷水灭火系统;两线以上(含两线)控制中心的调度大厅应设置预作用式自动喷水灭火系统;车辆基地内可燃、难燃物品的高架仓库和高层仓库应设置自动喷水灭火系统;车站轨行区与站台公共区域之间部位可设置高压细水雾系统,以起到抑烟降温作用。

三、气体灭火系统

为保护地铁设施安全,通常在地铁范围内重要电气、电子用房设置气体灭火系统。

(一)设置部位

地下车站的车站综合控制室、警用通信机械室、弱电综合机械室、弱电电源室、专用通信机械室、信号机械室、公众通信机械室、环控电控室、AFC 票务机房、高压开关室、变配电室、屏蔽门控制室、跟随变电所等。区间跟随所。车辆段的信号指挥中心等设备用房。主变电所。

（二）设置类型及标准

这些重要设备用房中所安装设备不但价值昂贵，而且直接影响整个地铁的运营。如果发生火灾将造成重大的经济损失和不良社会影响。结合地铁建筑特点，目前应用较多的气体灭火系统主要有七氟丙烷和IG541混合气体灭火系统。

1. 七氟丙烷气体灭火系统

七氟丙烷是一种无色、无味、不导电、无二次污染的气体，具有清洁、低毒、电绝缘性好、灭火效率高的特点。特别是它对臭氧层无破坏，在大气中的残留时间比较短，是目前为止研究开发比较成功的一种洁净气体灭火剂。

七氟丙烷气体灭火系统主要灭火原理是化学抑制作用，同时兼具冷却作用。目前，此类系统在国内地铁工程中已被应用多年。上海、北京、广东等省市都有相关的设计，验收规范可循，技术上较为成熟。其沸点低、汽化快、分布均匀、灭火主动性强、灭火浓度低且时间短。但七氟丙烷受热分解会产生氢氟酸，会对电气设备造成一定程度的腐蚀。

七氟丙烷灭火系统的灭火设计浓度不应小于灭火浓度的1.3倍，惰化设计浓度不应小于惰化浓度的1.1倍；油浸变压器室、带油开关的配电室和自备发电机房等防护区，灭火设计浓度宜采用9%。通信机房和电子计算机房等防护区，灭火设计浓度宜采用8%；防护区实际应用的浓度不应大于灭火设计浓度的1.1倍；在通信机房和电子计算机房等防护区，设计喷放时间不应大于8 s；在其他防护区，设计喷放时间不应大于10 s；灭火浸渍时间应符合下列规定：①木材、纸张、织物等固体表面火灾，宜采用20 min；②通信机房、电子计算机房内的电气设备火灾，应采用5 min；③其他固体表面火灾，宜采用10 min；气体和液体火灾，不应小于1 min。七氟丙烷灭火系统应采用氮气增压输送。氮气的含水量不应大于0.006%；储存容器的增压压力宜分为三级，并应符合下列规定：①一级 2.5+0.1 MPa（表压）；②二级 4.2+0.1 MPa（表压）；③三级 5.6+0.1 MPa（表压）。

七氟丙烷单位容积的充装量应符合下列规定：①一级增压储存容器，不应大于 1120 kg/m³；②二级增压焊接结构储存容器，不应大于 950 kg/m³；③二级增压无缝结构储存容器，不应大于 1120 kg/m³；④三级增压储存容器，不应大于 1080 kg/m³。管网的管道内容积，不应大于流经该管网的七氟丙烷储存量体积的80%。

七氟丙烷气体灭火系统是一种灭火效率高，工程投资较低的气体灭火系统。该系统存储压力相对较低，气体输送距离短，对管网布置有一定的限制。对于防护区相对集中、气体输送距离较短的地铁车站，可优先选用七氟丙烷气体灭火系统。

2. IG541混合气体灭火系统

IG541气体灭火系统所采用的灭火剂是由大气层中的氮气（N_2）、氩气（Ar）和二氧化碳（CO_2）三种气体以52%、40%、8%的比例混合而成的一种灭火剂。以窒息方式灭火，灭火效果好，灭火时间较长。IG541气体灭火剂成分均为惰性气体，对设备完全安全。

IG541混合气体灭火系统的灭火设计浓度不应小于灭火浓度的1.3倍,惰化设计浓度不应小于灭火浓度的1.1倍;当IG541混合气体灭火剂喷放至设计用量的95%时,喷放时间不应大于60 s且不应小于48 s;灭火浸渍时间应符合下列规定:①木材、纸张、织物等固体表面火灾,宜采用20 min;②通信机房、电子计算机房内的电气设备火灾,宜采用10 min;③其他固体表面火灾,宜采用10 min。

储存容器充装量应符合下列规定:①一级充压,20℃,充装压力为15.0 MPa(表压)时,其充装量应为211.15 kg/m³。②二级充压,20℃,充装压力为20.0 MPa(表压)时,其充装量应为281.06 kg/m³。

储存容器或容器阀以及组合分配系统集流管上的安全泄压装置的动作压力,应符合下列规定:①一级充压(15.0MPa)系统,应为20.7±1.0MPa(表压)。②二级充压(20.0MPa)系统,应为27.6±1.4MPa(表压)。

储存容器应采用无缝容器,IG541混合气体灭火系统工作压力高,对系统部件的生产、安装工艺有较高的要求。因此在使用中的安全防范要求也较高。该系统气体输送距离长,适合防护区数量多且较分散的建筑;其系统布置简单灵活,能适应建筑布局的多样性,节省气瓶间数量和相应的控制系统;该系统对环境无污染,对人员和设备的安全保障较可靠,可应用于经常有人停留的防护区;该系统前期工程投资相对较高,但后期运营维护费用较低。对于防护区数量多并且较分散的双层或多层地下车站,应优先选用IG541混合气体灭火系统。

3. 共性要求

(1)储存装置

其设置要求如下:①管网系统的储存装置应由储存容器、容器阀和集流管等组成;七氟丙烷和IG541预制灭火系统的储存装置,应由储存容器、容器阀等组成;②容器阀和集流管之间应采用挠性连接。储存容器和集流管应采用支架固定;③储存装置上应设耐久的固定铭牌,并应标明每个容器的编号、容积、皮重、灭火剂名称、充装量、充装日期和充压压力等;④管网灭火系统的储存装置宜设在专用储瓶间内。储瓶间宜靠近防护区,并应符合建筑物耐火等级不低于二级的有关规定及有关压力容器存放的规定,且应有直接通向室外或疏散走道的出口。储瓶间和设置预制灭火系统的防护区的环境温度应为 –10~50℃;⑤储存装置的布置,应便于操作、维修及避免阳光照射。操作面距墙面或两操作面之间的距离,不宜小于1.0 m,且不应小于储存容器外径的1.5倍;⑥组合分配系统的灭火剂储存量,应按储存量最大的防护区确定;⑦灭火系统的灭火剂储存量,应为防护区设计用量与储存容器的剩余量和管网内的剩余量之和;⑧灭火系统的储存装置72小时内不能重新充装恢复工作的,应按系统原储存量的100%设置备用量。

(2)防护区设置

①防护区宜以单个封闭空间划分;同一区间的吊顶层和地板下需同时保护时,可合

为一个防护区。②采用管网灭火系统时，一个防护区的面积不宜大于 800 m²，且容积不宜大于 3600 m³。③采用预制灭火系统时，一个防护区的面积不宜大于 500 m²，且容积不宜大于 1600 m³。④防护区围护结构及门窗的耐火极限均不宜低于 0.50h；吊顶的耐火极限不宜低于 0.25 h。⑤防护区围护结构承受内压的允许压强，不宜低于 1200 Pa；⑥防护区应设置泄压口，七氟丙烷灭火系统的泄压口应位于防护区净高的 2/3 以上。⑦防护区设置的泄压口，宜设在外墙上。泄压口面积按相应气体灭火系统设计规定计算。⑧喷放灭火剂前，防护区内除泄压口外的开口应能自行关闭。⑨防护区的最低环境温度不应低于 -10℃。⑩两个或两个以上的防护区采用组合分配系统时，一个组合分配系统所保护的防护区不应超过 8 个。

（3）安全要求

①防护区应有保证人员在 30 s 内疏散完毕的通道和出口。②防护区内的疏散通道及出口，应设应急照明与疏散指示标志。防护区内应设火灾声报警器，必要时，可增设闪光报警器。防护区的入口处应设火灾声、光报警器和灭火剂喷放指示灯，以及防护区采用的相应气体灭火系统的永久性标志牌。灭火剂喷放指示灯信号，应保持到防护区通风换气后，以手动方式解除。③防护区的门应向疏散方向开启，并能自行关闭；用于疏散的门必须能从防护区内打开。④灭火后的防护区应通风换气，地下防护区和无窗或设固定窗扇的地上防护区，应设置机械排风装置，排风口宜设在防护区的下部并应直通室外。⑤储瓶间的门应向外开启，储瓶间内应设应急照明；储瓶间应有良好的通风条件，地下储瓶间应设机械排风装置，排风口应设在下部，可通过排风管排出室外。⑥经过有爆炸危险及变电、配电室等场所的管网、壳体等金属件应设防静电接地。⑦有人工作防护区的灭火设计浓度或实际使用浓度，不应大于有毒性反应浓度（LOAEL 浓度）。⑧防护区内设置的预制灭火系统的充压压力不应大于 2.5 MPa。⑨灭火系统的手动控制与应急操作应有防止误操作的警示显示与措施。⑩设有气体灭火系统的场所，宜配置空气呼吸器。

四、高压细水雾系统

高压细水雾灭火设备利用符合国家生活用水标准的淡水作为灭火介质，采用特殊的喷头在特定的工作压力下（通常为 10 MPa）将水流分解成细小水滴进行灭火的一种固定式灭火设备。

（一）设置部位

地下车站设备区、公共区域、轨行区，主变电所，控制中心，区间隧道，列车车辆段，微型消防站。地下车站的车控室、信号设备室、通信设备室、降压变电所牵引降压所的变压器室、交直流开关柜室、整流变压器室、35 KV 及 0.4 KV 开关柜室、环控电控室、蓄电池室（EPS）、AFC 机房等重要电气设备房。地下车站公共区域可设置高压细水雾自动灭火系统。地下车站轨行区可设置高压细水雾雾幕系统。车站微型消防站可配备移动式细水雾推车灭火装置。超长区间隧道在无法设置联络通道时可设置高压细水雾雾环系统。控制中心、主变电所、车辆段可参照地铁车站进行设置。

（二）系统类型

高压细水雾系统设备由高压细水雾泵组（含高压主泵、高压备泵、稳压泵、进水电磁阀、进水过滤器、泵组控制柜、调节水箱等）、补水增压装置、供水管网、区域控制阀组（由分区控制阀与其他辅助阀门管件组成）、高压细水雾喷头（包括开式、闭式喷头及微型喷嘴）、高压细水雾喷枪装置以及火灾报警联动系统等组成。

高压细水雾灭火系统分为开式系统和闭式系统。其中闭式系统又可分为湿式和预作用系统。高压细水雾灭火系统在准工作状况下，从泵组出口至区域阀前或喷枪箱的管网内（闭式湿式系统从泵组出口至喷头的管网）维持一定压力。当压力低于稳压泵的设定启动压力 1.0 MPa 时，稳压泵启动，使系统管网维持在稳定压力 1.0~1.2 MPa。发生火灾时，区域控制阀被火灾探测报警系统联动打开（闭式喷头玻璃球破裂或喷枪箱手动阀打开），管网压力开始降低，其压力低于稳压泵的设定启动压力 1.0 MPa 时稳压泵启动，稳压泵运行时间超过 10 s 后压力仍达不到 1.2 MPa 时，主泵启动同时稳压泵停止运行，细水雾喷头喷放灭火。

（三）应用方式

1. 地下车站高压细水雾应用方式

序号	防护区名称	应用方式
1	整流变压器室	闭式（预作用）系统或开式系统
2	高压/直流开关柜室	闭式（预作用）系统或开式系统
3	控制室	开式系统
4	400V 低压室	闭式（预作用）系统或开式系统
5	环控电控室	闭式（预作用）系统或开式系统
6	通信设备室	开式系统
7	通信机械室	开式系统
8	信号机械室	开式系统
9	弱电综合设备管理室	开式系统
10	屏蔽门管理室	开式系统
11	轨行区	开式系统（雾幕）
12	站厅公共区	闭式（湿式）系统

车站内的中、高压开关柜室、1500 V 直流开关柜室、整流变压器室、整流器室等强电设备间宜采用高压细水雾闭式（预作用）灭火系统。当系统主用和备用设备分开独立保护时，也可采用高压细水雾开式灭火系统。

车站内的通信、信号、控制等弱电设备间、400 V 的低压电气设备间宜采用高压细水雾开式灭火系统。

高压细水雾开式灭火系统保护区域体积超过 3000 m³ 时宜采用分区应用灭火系统。

主变电所的油浸主变压器室宜采用高压细水雾开式局部应用灭火系统。其他油浸电气设备间宜采用开式全淹没灭火系统。电缆室及电缆井道宜采用高压细水雾开式全淹没灭火系统。

控制中心、主变电所等场所的高压细水雾灭火系统参照车站进行设置。

2. 超长区间隧道雾环应用方式

本系统利用高压细水雾的特性，通过高压细水雾雾环喷雾隔断，在区间隧道内建立逃生"临时安全区"，将隧道分为 3~n 个相同长度的部分，分段设置 2 组雾环喷雾隔断，每组雾环独立控制。其中每组隔断由两道交错布置的密实喷雾环组成。其优势在于：环行布置的高压细水雾喷雾隔断不仅可以把火灾烟雾有效控制在喷雾隔断内部，同时对强制穿越的烟雾，大幅度消减有毒浓度，降低温度，更有效地保护疏散人员，同时保护隧道结构。

适用类型：区间联络通道间距超过 600 m，且在建设过程中存在区间联络通道施工困难、施工风险和难度大的切实问题时。

3. 推车式移动细水雾灭火装置应用方式

移动式高压细水雾灭火装置将水箱、泵组、发电机组、软管、喷枪等设备小型化、集成化，用水可外接保证持续供水能力，其装置即开即用，灵活移动，灭火功能依靠喷枪在火源一定范围内喷放细水雾，在对燃烧区覆盖的过程中实现冷却降温，同时隔绝氧气，使燃烧因缺氧而窒息。

车站消防系统对于小型火灾的扑灭多采用手提式和推车式灭火器扑灭，移动式高压细水雾装置可用于扑灭中、小型火灾，在消防队员到来开启消火栓系统前，由工作人员操作使用，作为灭火器和消火栓系统间的补充措施。

对于站厅、站台公共区、进站列车车厢内部等人员密集区域不定点发生的火情，可由车站专门人员操作移动式细水雾装置，机动性地进行灭火或火情控制，且所喷放的水雾环保安全，避免人员伤害。同时喷枪由软管接至细水雾装置，实现较大的控制范围，可以此作为现在地铁消防设施的技术补强使用。

4. 车载泵组式细水雾装置应用方式

目前车辆内配备灭火设施仅为手提式灭火器，车厢内人员密集，发生火灾时由于乘客恐慌，灭火器难以得到有效应用，同时车站安检漏检存在携带危险品乘车的隐患，车载细水雾系统可作为轨道交通安检的补充，对车厢内乘客夹带危险品造成的火情进行初期控制。

车载高压细水雾采用开式系统，由司机确认后操作启动，系统可靠性和针对性强，可在火灾初期有效控制火情。

五、火灾自动报警系统

（一）设置部位

车站、区间隧道、区间变电所及系统设备用房、主变电所、空调机房、控制中心、车辆基地应设置火灾自动报警系统。地下车站的站厅层公共区、站台层公共区、换乘公共区、各种设备机房、库房、值班室、办公室、走廊、配电室、电缆隧道或夹层，以及长度超过 60 m 的出入口通道，应设置火灾探测器。

（二）设置标准

地下车站、区间隧道和控制中心，按火灾报警一级保护对象设计。设有集中空调系统或每层封闭的建筑面积大于 2000 m^2，但不大于 3000 m^2 的地面车站、高架车站，保护等级应为二级，面积大于 3000 m^2 的保护等级应为一级。

（三）探测器选型

由于地铁隧道环境特殊，所以安装火灾自动探测装置受到多种因素的制约。

1. 普通传统点型火灾探测器

（1）粉尘多

地铁隧道运营时风速大、地铁工程车排放的废气含尘量大，会造成较严重扬尘。粉尘对普通传统点型火灾探测器（特别是感烟火灾探测器）具有致命的危害。过多的粉尘停留在探测器的光学元件上，会导致探测器的灵敏度下降或造成失效；过多的粉尘停留在采样室中会造成光线的大量散射，使感光元件接收太多的光线导致探测器误报警；具有腐蚀性的粉尘停留在探测器的电路板上，会腐蚀电路板，隧道内空气潮湿会使腐蚀情况变得更加严重。

（2）潮气重

地铁隧道潮湿的环境不利于普通传统点型感烟、感温火灾探测器的使用。潮气会对探测器的电子板件及探测元件造成很大的影响。首先，会造成电子板件受潮短路而损坏，或是使绝缘性降低而产生系统接地；其次，当潮气进入探测器的探测室时，会对探测元件造成干扰。对于感烟探测器，当潮气进入探测室后，大量散射探测器光源发出的光线会导致探测器误报警。

（3）电磁场干扰强

在地铁隧道运行的多为电力牵引车辆，它能产生很强的电磁低频干扰信号。而供电系统的不平衡、线路短路也会产生强电磁干扰。普通传统点型火灾探测器电路或通信线路受其干扰时会造成误报警。

（4）风速大

地铁运营时，列车高速行驶会产生高速气流。当普通传统点型火灾探测器安装在有高速气流的位置时，一方面高速气流会将烟雾吹离探测器，使探测器报警缓慢；另一方面高速气流进入普通传统点型感烟探测器的采样室后，会形成气流旋，使停留在采样室的粉尘扬起造成误报警。

综上所述，环境特点决定了地铁隧道不适宜采用普通传统点式火灾探测器。

2. 空气采样（吸气式）烟雾探测报警系统

空气采样（吸气式）烟雾探测报警系统是一种基于激光散射探测原理和微处理器控制技术的烟雾探测系统。该系统的工作原理是通过分布在被保护区域内的采样管网采集空气样品，经过一个特殊的两级过滤装置滤掉灰尘后送至一个特制的激光探测腔内进行分析，将空气中由于燃烧产生的烟雾微粒加以测定，由此给出准确的烟雾浓度值，并根据系统事先设定的烟雾报警阈值发出多级火灾警报。

空气采样（吸气式）烟雾探测报警系统由采样管网、烟雾探测报警器、专用电源、过滤器、管道吹洗阀门和三通组件等组成。

空气采样（吸气式）烟雾探测报警系统的设计理念是在火灾发生初期（过热、闷烧或气溶胶初步生成等无可见烟雾生成阶段）即发出火灾预警，报警时间比传统的点型感烟火灾探测器要早好几个小时。因而可以做到及早探测、及早处置，将火灾造成的损失降到最低。

（1）系统特点

①探测灵敏度高，报警阈值调节范围广

空气采样（吸气式）烟雾探测报警系统的激光源运行稳定，误报率极低，灵敏度比传统的点型感烟探测器高1000倍左右，不但可以在火灾发生初期发现车站内部产生的常规火情，还可发现由于线路过载造成的电缆绝缘皮软化所产生的微小烟雾颗粒。从而做到及早报警、及早处置，并为乘客有序疏散争取宝贵时间。

②多级报警，提高火灾报警系统性能

空气采样（吸气式）烟雾探测报警系统可提供四级烟雾报警（报警、行动、火警1、火警2）模式和四级气流报警（紧急低气流、低气流、高气流、紧急高气流）模式，可以对低烟雾浓度的火灾初级阶段（如开关柜中发生的电气火灾）和烟雾快速增长的火灾（如蓄意纵火）都能够提供早期预警。各级烟雾和气流的报警阈值可以根据不同的要求和环境进行手动或自动设定。通过对系统报警阈值的设定和设定不同级别报警模式下的防灾救灾预案，可大大提高火灾自动报警系统的性能，真正做到火灾及早报警、及早处置。

③自动分析功能

空气采样（吸气式）烟雾探测报警系统具有烟雾和气流自动分析功能，可以根据用户所设定的分析时间不断取样分析，最终将最适合本部位烟雾和气流的报警阈值设定好。

在提高灵敏度的同时,尽可能地避免系统的误报警。

④故障自诊断功能

空气采样(吸气式)烟雾探测器的故障自诊功能不需要使用专业设备或电脑就可以实时、快速地将系统发生的故障诊断出来,便于及时维护和快速响应。

(2)设置部位

在地铁中的某些区域,以空气采样(吸气式)烟雾探测报警系统替代传统感烟探测报警系统是完全可行的。它是一种更有效、更可靠的技术选择。根据空气采样(吸气式)烟雾探测报警系统的特点,在地铁项目中,适宜采用空气采样早期烟雾探测报警系统的区域有:

①车辆段、停车场

采用空气采样(吸气式)烟雾探测系统能克服传统对射式感烟探测器灵敏度低、受建筑变形和车辆震动需要经常进行调节、校准的缺点。

②站台、站厅公共区和设备走廊

采用空气采样(吸气式)烟雾探测系统不仅能克服传统探测器安装、维护困难,影响吊顶装修效果的缺点,还能避免地铁活塞风对传统探测器灵敏度的影响。做到早报警,早疏散。

③全线变电所和电缆夹层

采用空气采样(吸气式)烟雾探测系统能克服传统的感温电缆报警迟缓、易误报、不便维护的问题。

④设有自动灭火系统的重要设备间和管理用房

在这些房间内采用空气采样(吸气式)烟雾探测系统,能做到火灾的早期预警,避免自动灭火系统的不必要启动。

3. 缆式线型感温火灾探测器

对电线电缆火灾进行防范,一般点型火灾探测器难以胜任,故宜采用缆式线型感温火灾探测器。

(1)优势

缆式线型感温火灾探测器是一种性能先进的火灾探测器。它所具有的功能可满足易燃区的任何防火要求。缆式线型感温火灾探测器的任一点都具有温感报警性能,且报警温度不受环境影响,也不随使用时间的长短而变化,尤其在潮湿、粉尘等其他火灾探测器不能适应的恶劣环境下,优势更加明显。

(2)安装注意事项

缆式线型感温火灾探测器不同的安装方式可能会取得不同的火灾探测效果。缆式线型感温火灾探测器安装时必须充分考虑被保护物的高度和结构、障碍物、气流运动等因素的影响,避免由于不正确安装影响缆式线型感温火灾探测器的正常使用。

地铁隧道内应将感温电缆直接固定在隧道顶部。在隧道内的电缆托架、设备间也可以安装感温电缆。虽然缆式线型感温火灾探测器有很强的抗机械损伤能力，但安装时还应尽量避免机械损伤：①避免在感温电缆上压敷重物。②避免将感温电缆锐折。③避免感温电缆腐蚀。④避免使用感温电缆不规范夹具或卡具，以免损伤感温电缆。

六、防排烟系统

由于地铁站和区间隧道基本都深埋于地下，受空间封闭、通道狭长、通风不良的影响，一旦发生火灾，地铁站内的氧气会被快速消耗。且会聚集大量高温烟气，很难自然排除。上述问题将严重影响人员疏散和火灾扑救。科学设计防排烟系统是地铁防灾系统的重要组成部分。

（一）设置部位

地下车站及区间隧道内必须设置防烟、排烟和事故通风系统；地下车站的站厅和站台、连续长度大于300 m的区间隧道和全封闭车道、防烟楼梯间及前室应设置机械排烟设施。同一防火分区内的地下车站设备与管理用房的总面积超过200 m²，或面积超过50 m²且经常有人停留的单独房间，最远点到车站公共区的直线距离超过20m的内走道，连续长度大于60 m的地下通道和出入口通道，应设置机械排烟设施。

（二）设置标准

连续长度大于60 m，但不大于300 m的区间隧道和全封闭车道宜采用自然排烟。当无条件采用自然排烟时，应设置机械排烟设施。地面和高架车站应采用自然排烟，当确有困难时，应设置机械排烟设施。当防烟、排烟和事故通风系统与正常通风空调系统合用时，通风空调系统应采取防火措施，且应符合防排烟系统的要求，并具备事故工况下的快速转换功能。

（三）系统优化

地铁车站的机械排烟系统通常与通风排气系统兼用，系统复杂、操作不便，事故时难以及时有效排烟。因此，应优化地铁车站的防排烟系统。

1. 合理划分防烟分区

在车行隧道与站台之间设置挡烟垂壁或屏蔽门系统实现防烟分区；在站台与站厅相通的开口部位设置挡烟垂壁进行防烟分隔，站台和站厅层平面分别划分防烟分区。防烟分区面积不宜大于2000 m²。

2. 明确防排烟方式

机械排烟系统与通风排气系统兼用时应进一步简化操作程序，确保通风排气系统在火灾时能及时转换为排烟方式。

3. 提高排烟设备耐热能力

地面及高架车站的公共区及设备管理用房排烟设备应在280℃条件下能够连续运行0.50 h，区间隧道、地下车站公共区及设备管理用房的排烟设备应在250℃条件下连续运行1.00 h。

七、消防通信系统

地铁客运环境封闭，客流集中，在出现火灾等意外灾害事故情况下，极易出现空间氧含量不足、照明设备关闭等现象。一方面，导致遇险人员出现恐慌心理，加剧人员伤亡情况；另一方面，严重阻碍了消防灭火救援力量开展高效精准的灭火与生命搜救工作。世界各国发生的多次地铁火灾中，因通信系统失灵而导致伤亡加剧现象时有发生。因此，建立完善的专用消防通信系统对地铁安全至关重要。

专用消防通信设备应按下列标准设置：车站车控室（兼消防控制室）、控制中心大楼消防值班室、车辆段（停车场）信号楼控制室（兼消防控制室）应设消防专用电话总机，宜选择共电式电话总机或对讲通信电话设备。在车站、控制中心大楼、车辆段（停车场）的消防水泵房、气体灭火钢瓶间及环控电控室、通信设备室、信号设备室、开关柜室、整流变压器室、公网引入室、屏蔽门设备室等所有气体灭火系统保护的设备用房，宜设置固定消防专用电话分机。在手动火灾报警按钮、消火栓按钮等处设置电话插孔。电话插孔可分区域采用共线方式接入消防专用电话总机。地铁安保、消防等专业管理人员配备无线通信设备非常重要，是指挥调度、治安维护、处置突发事件及消防救灾抢险必不可少的辅助工具。

八、消防配电

地铁用电设备多、用电量大，极易发生电气火灾。特别是发生火灾等灾害事故时，人员疏散和火灾扑救都需要可靠的供电保障。因此，必须保证地铁消防配电的安全。

（一）负荷分级

地铁消防用电设备应按一级负荷供电，采用双电源双回路，并在最末一级配电箱处设置自动转换装置。一级负荷中特别重要的负荷，应增设应急电源，并严禁其他负荷接入。在地下使用的主要材料应选用无卤、低烟的阻燃或耐火的产品。接触网应满足限界要求。车辆基地内架空接触网应设置限界门。

（二）电缆选型及敷设

地铁隧道内用电设备较多，导致电线电缆的大量使用，也由此给地铁隧道带来了极大的安全隐患。

消防用电设备的配电线路应满足在外部火势作用下，保持线路完整性并维持正常通电的要求。根据地铁发生火灾的危险性以及人员疏散和火灾扑救的难度，其电线电缆的选型与敷设方式应满足下述要求：地下线路应采用无卤、低烟的阻燃电线电缆；火灾时需要保证供电的配电线路应采用耐火铜芯电缆或矿物绝缘耐火铜芯电缆。直流牵引供电系统应为不接地系统。牵引变电所中的直流牵引供电设备必须绝缘安装。电线电缆选用时，应按使用场所和敷设条件选择阻燃级别。但同一建筑物内选用的阻燃和阻燃耐火电线电缆，其阻燃级别宜相同。由变配电所（或总配电室）引至消防设备的电源主干线应采用无卤、低烟、阻燃耐火电缆或矿物绝缘电缆。但在地下车站宜采用矿物绝缘电缆。刚性矿物绝缘电缆可直接明敷。其他电缆采用穿管或沿桥架、支架敷设。

第五章 消防安全检查

单位消防安全检查是指单位内部结合自身情况，适时组织的督促、查看、了解本单位内部消防安全工作情况以及存在的问题和隐患的一项消防安全管理活动。单位消防安全检查是依据消防法和《机关、团体、企业、事业单位消防安全管理规定》等有关法律法规对单位提出的具体要求实施的日常工作，并应作为一项制度确定下来。

第一节 消防安全检查的目的和形式

一、消防安全检查的目的

单位消防安全检查的目的就是通过对本单位消防安全管理和消防设施的检查了解单位消防安全制度、安全操作规程的落实和遵守情况以及消防设施、设备的配置和运行情况，以督促规章制度、措施的贯彻落实，提高和警示员工的安全防范意识和发现火灾隐患并督促落实整改，减少火灾的发生和最大限度减少人员伤亡及其财产损失。这既是单位自我管理、自我约束的一种重要手段，也是及时发现和消除火灾隐患、预防火灾发生的重要措施。

二、消防安全检查的形式

消防安全检查是一项长期的、经常性的工作，在组织形式上应采取经常性检查和定期性检查相结合、重点检查和普遍检查相结合的方式。具体检查形式主要有以下几种：

（一）一般日常性检查

这种检查是按照岗位消防责任制的要求，以班组长、安全员、义务消防员为主对所处的岗位和环境的消防安全情况进行检查，通常以人员在岗在位情况、火源电源气源等危险源管理、灭火器配置、疏散通道和交接班情况为检查的重点。

一般日常性检查能及时发现不安全因素，及时消除安全隐患，它是消防安全检查的重要形式之一。

（二）定期防火检查

这种检查是按规定的频次进行，或者按照不同的季节特点，或者结合重大节日进行检查的。这种检查通常由单位领导组织，或由有关职能部门组织，除了对所有部位进行检查外，还要对重点部位进行重点检查。这种检查的频次对企事业单位应当至少每季度检查一次，对重点部位至少每月检查一次。

（三）专项检查

根据单位实际情况以及当前主要任务和消防安全薄弱环节开展的检查，如用电检查、用火检查、疏散设施检查、消防设施检查、危险品储存与使用检查等。专项检查应有专业技术人员参加。

（四）夜间检查

夜间检查是预防夜间发生大火的有效措施，检查主要依靠夜间值班干部、警卫和专、兼职消防管理人员。重点是检查火源电源的管理、白天的动火部位、重要仓库以及其他有可能发生异常情况的部位，及时堵塞漏洞，消除隐患。

（五）防火巡查

防火巡查是消防安全重点单位的一种必要的消防安全检查形式，也是消防法赋予消防安全重点单位必须履行的一项职责。消防安全重点单位应当进行每日防火巡查，并确定巡查的人员、内容、部位和频次。公共娱乐场所在营业期间的防火巡查应当至少每 2 h 一次，营业结束时应当对营业现场进行检查，消除遗留火种。宾馆、饭店、医院、养老院、寄宿制的学校、托儿所、幼儿园应当加强夜间防火巡查；重要的仓库和劳动密集型企业也应当重视日常的防火巡查，其他消防安全重点单位可以结合实际需要组织防火巡查。

防火巡查人员应当及时纠正违章行为，妥善处置火灾危险，无法当场处置的，应当立即报告。发现初起火灾应当立即报警并及时扑救。

防火巡查应当填写巡查记录，巡查人员及其主管人员应当在巡查记录上签名。单位防火巡查的内容，一般都是动态管理上的薄弱环节，而且一旦失查就可能造成重大事故的情况，包括以下内容：用火、用电有无违章情况；安全出口、疏散通道是否畅通，安全疏散指示标志、应急照明是否完好；消防设施、器材和消防安全标志是否在位、完整；常闭式防火门是否处于关闭状态，防火卷帘下是否堆放物品影响使用；消防安全重点部位的人员在岗情况；其他消防安全情况。

（六）其他形式的检查

根据需要进行的其他形式检查，如重大活动前的检查、开业前的检查、季节性检查等。

第二节 消防安全检查的方法和内容

一、单位消防安全检查的方法

消防安全检查的方法是指单位为达到实施消防安全检查的目的所采取的技术措施和手段。消防安全检查手段直接影响检查的质量，单位消防安全管理人员在进行自身消防安全检查时应根据检查对象的情况，灵活运用以下各种手段，了解检查对象的消防安全管理情况。简单地说就是查、问、看、测。

（一）查阅消防档案

消防档案是单位履行消防安全职责、反映单位消防工作基本情况和消防管理情况的载体。查阅消防档案应注意以下问题：消防安全重点单位的消防档案应包括消防安全基本情况和消防安全管理情况。其内容必须按照《机关、团体、企业、事业单位消防安全管理规定》中第四十二条、第四十三条的规定，全面翔实地反映单位消防工作的实际状况。制定的消防安全制度和操作规程是否符合相关法规和技术规程。灭火和应急救援预案是否可靠，演练是否按计划进行。查阅公安机关消防机构填发的各种法律文书，尤其要注意责令改正或重大火灾隐患限期整改的相关内容是否得到落实。防火检查、防火巡查记录是否完善。消防安全教育、培训内容是否完整。

（二）询问员工

询问员工是消防安全管理人员实施消防安全检查时最常用的方法。为在有限的时间之内获得对检查对象的大致了解，并通过这种了解掌握被检查对象的消防安全知识和能力状况，消防管理人员可以通过询问或测试的方法直接而快速地获得相关的信息。

询问各部门、各岗位的消防安全管理人员，了解其实施和组织落实消防安全管理工作的概况以及对消防安全工作的熟悉程度。询问消防安全重点部位的人员，了解单位对其培训的概况。询问消防控制室的值班、操作人员，了解其是否具备岗位资格。公众聚集场所应随机抽询数名员工，了解其组织引导在场群众疏散的知识和技能以及报火警和扑救初起火灾的知识和技能。

（三）查看消防通道、安全出口、防火间距、防火防烟分区设置、灭火器材、消防设施、建筑及装修材料等情况

消防通道、安全出口、消防设施、灭火器材、防火间距、防火防烟分区等是建筑物或场所消防安全的重要保障，国家的相关法律与技术规范对此都做了相应的规定。查看消防通道、消防设施、灭火器材、防火间距、防火分隔等，主要是通过眼看、耳听、手摸等方法，判断消防通道是否畅通，防火间距是否被占用，灭火器材是否配置得当并完好有效，消防设施各组件是否完整齐全无损、各组件阀门及开关等是否置于规定启闭状态、各种仪表显示位置是否处于正常允许范围，建筑装修材料是否符合耐火等级和燃烧性能要求，必要时再辅以仪器检测、鉴定等手段等，确保检查效果。

（四）测试消防设施

按照消防法的要求，单位应对消防设施至少每年检测一次。这种检测一般由专业的检测公司进行。使用专用检测设备测试消防设施设备的工况，要求检测员具备相应的专业技术基础知识，熟悉各类消防设施的组成和工作原理，掌握检查测试方法以及操作中应注意的事项。对一些常规消防设施的测试，利用专用检测设备对火灾报警器报警、消防电梯强制性停靠、室内外消火栓压力、消火栓远程启泵、压力开关和水力警铃、末端试水装置、防火卷帘升降、防火阀启闭、防排烟设施启动等项目进行测试。

二、单位消防安全检查的内容

单位进行消防安全检查应当包括以下内容：火灾隐患的整改情况以及防范措施的落实情况；安全疏散通道、疏散指示标志、应急照明和安全出口情况；消防车通道、消防水源情况；灭火器材配置及有效情况；用火、用电有无违章情况；重点工种人员以及其他员工消防知识的掌握情况；消防安全重点部位的管理情况；易燃易爆危险物品和场所防火防爆措施的落实情况以及其他重要物资的防火安全情况；消防（控制室）值班情况和设施运行、记录情况；防火巡查情况；消防安全标志的设置情况和完好、有效情况；其他需要检查的内容。

第三节 消防安全检查的实施

一、一般单位内部的日常管理检查要点

（一）消防安全组织机构及管理制度的检查

1. 检查方法

查看消防安全组织机构及管理制度的相关档案及文件。

2. 要求

消防安全责任人及消防安全管理人的设置及职责明确；消防安全管理制度健全；相关火灾危险性较大岗位的操作规程和操作人员的岗位职责明确；义务消防队组成和灭火及疏散预案完善；消防档案包括单位基本情况、建筑消防审批验收资料、安全检查、巡查、隐患整改、教育培训、预案演练等日常消防管理记录在案。

（二）单位员工消防安全能力的检查

1. 检查方法

任意选择几名员工，询问其消防基本知识掌握的情况，对于疏散通道和安全出口的位置及数量的了解情况、疏散程序和逃生技能的掌握情况；模拟一起火灾，检查现场疏散引导员的数量和位置；检查疏散引导员引导现场人员疏散逃生的基本技能；常用灭火器的选用和操作方法等。

2. 要求

员工熟练掌握报警方法，发现起火能立即呼救、触发火灾报警按钮或使用消防专用电话通知消防控制室值班人员，并拨打"119"电话报警。熟悉自己在初起火灾处置中的岗位职责、疏散程序和逃生技能，以及引导人员疏散的方法要领。熟悉疏散通道和安全出口的位置及数量，按照灭火和应急疏散预案要求，通过喊话和广播等方式，引导火场人员通过疏散通道和安全出口正确逃生。宾馆、饭店的员工还应掌握逃生器械的操作方法，指导逃生人员正确使用缓降器、缓降袋、呼吸器等逃生器械。员工掌握室内消火栓和灭火器材的位置与使用的操作要领，能根据起火物类型选用对应的灭火器并按操作要领正确扑救初起火灾。员工掌握基本的防火知识，熟悉本岗位火灾危险性、工艺流程、操作规程，能紧急处理一般的事故苗头。电、气焊等特殊工种相关操作人员具备电、气焊等特殊工种上岗资格，动火作业许可证完备有效；动火监护人员到场并配备相应的灭

火器材；员工掌握可燃物清理等火灾预防措施，掌握灭火器操作等火灾扑救技能。

（三）重点火灾危险源的检查

1. 检查方法

查看厨房、配电室、锅炉房及柴油发电机房等火灾危险性较大的部位和使用明火部位的管理情况。

2. 要求

厨房排油烟机及管道的油污定期清洗；电气设备的除尘及检查等消防安全管理措施落实；燃油燃气设施消防安全管理等制度完备，燃油储量符合规定（不大于一天的使用量）；电气设备及其线路未超负荷装设，无乱拉乱接；隐蔽线路应当穿管保护；电气连接应当可靠；电气设备的保险丝未加粗或以其他金属代替；电气线路具有足够的绝缘强度和机械强度；未擅自架设临时线路；电气设备与周围可燃物保持一定的安全距离。使用明火的部位有专人管理，人员密集场所未使用明火取暖。

（四）建筑内、外保温材料及防火措施的检查

1. 检查方法

现场观察和抽样做材料燃烧性能鉴定。

2. 要求

一类高层公共建筑和高度超过 100 m 的住宅建筑，保温材料的燃烧性能应为 A 级；二类高层公共建筑和高度大于 27 m 但小于 100 m 的住宅建筑，保温材料应采用低烟、低毒且燃烧性能不应低于 B1 级；其他建筑保温材料的燃烧性能不应低于 B2 级；保温系统应采用不燃材料做防护层，当采用 B1 级材料时，防护层厚度不低于 10 mm；建筑外墙的外保温系统与基层墙体、装饰层之间的空腔，应在每层楼板处采用防火封堵材料封堵。

（五）消防控制室的检查

1. 检查方法

查看消防控制室设置是否合理，内部设备布置是否符合规定，功能是否完善；查看值班员数量及上岗资格证书；任选火灾报警探测器，用专用测试工具向其发出模拟火灾报警信号，待火灾报警探测器确认灯启动后，检查消防控制室值班人员火灾信号确认情况；模拟火灾确认之后，检查消防控制室值班人员火灾应急处置情况。检查其他操作如开机、关机、自检、消音、屏蔽、复位、信息记录查询、启动方式设置等要领的掌握情况。

2. 要求

消防控制室的耐火等级应为一、二级，且应独立设置或设在一层或负一层并有直通

室外的出口，内部设备布置合理，能满足受理火警、操控消防设施和检修的基本要求；同一时段值班员数量不少于两人，且持有消防控制室值班员（消防设施操作员）上岗资格证书；接到模拟火灾报警信号后，消防控制室值班人员以最快的方式确认是否发生火灾；模拟火灾确认之后，消防控制室值班人员立即将火灾报警联动控制开关转至自动状态（平时已处于自动状态的除外），启动单位内部应急灭火疏散预案，并按预案操作相关消防设施。如切换电源至消防电源、启动备用发电机、启动水泵、防排烟风机，关闭防火卷帘和常开式防火门，打开应急广播引导人员疏散，同时拨打"119"火警电话报警并报告单位负责人，然后观察各个设备动作后的信号反馈情况，确认各项预案步骤落实到位。消防控制室内不应堆放杂物和无关物品。

（六）防火分区及建筑防火分隔措施的检查

1. 防火分区的检查

（1）检查方法

实际观察和测量。

（2）要求

防火分区应按功能划分且分区面积符合规范要求；无擅自加盖增加建筑面积或拆除防火隔断、破坏防火分区的情况；无擅自改变建筑使用功能使原防火分区不能满足现功能要求的情况。

2. 防火卷帘的检查

（1）外观检查

组件应齐全完好，紧固件无松动现象；门帘各接缝处、导轨、卷筒等缝隙应有防火密封措施，防止烟火蹿入；防火卷帘上部、周围的缝隙应采用相同耐火极限的不燃材料填充、封堵。

（2）功能检查

分别操作机械手动、触发手动按钮、消防控制室手动输出遥控信号、分别触发两个相关的火灾探测器，查看卷帘的手动和自动控制运行情况及信号反馈情况。

（3）要求

防火卷帘应运行平稳，无卡涩。远程信号控制，防火卷帘应按固定的程序自动下降。设置在非疏散通道位置的仅用于防火分隔用途的防火卷帘，在火灾报警探测器报警之后能一步直接下降至地面。当防火卷帘既用于防火分隔又作为疏散的补充通道时，防火卷帘应具有二步降的功能，即在感烟探测器报警之后下降至距地面1.8m的位置停止，待感温探测器报警之后继续下降至地面。对设在通道位置和消防电梯前室设置的卷帘，还应有内外两侧手动控制按钮，保证消防员出入时和卷帘降落后尚有人员逃生时启动升降。防火卷帘还应有易熔片熔断降落功能。

3. 防火门的检查

（1）外观检查

防火门设置合理，组件齐全完好，启闭灵活、关闭严密。

（2）功能检查

将常闭式防火门从任意一侧手动开启至最大开度之后放开，观察防火门的动作状态；对常开式防火门将消防控制室防火门控制按钮设置于自动状态，用专用测试工具向常开式防火门任意一侧的火灾报警探测器发出模拟火灾报警信号，观察防火门的动作状态。

（3）要求

防火门应为向疏散方向开启的平开门，并在关闭后应能从任何一侧手动开启。常闭式防火门应能自行关闭，双扇防火门应能按顺序关闭；电动常开式防火门应能在火灾报警后按控制模块设定顺序关闭并将关闭信号反馈至消防控制室。设置在疏散通道上并设有出入口控制系统的防火门，应能自动和手动解除出入口控制系统。防火门的耐火极限符合设计要求，和安装位置的分隔作用要求相一致。防火门与墙体间的缝隙应用相同耐火等级的材料进行填充封堵。防火门不得跨越变形缝，并不得在变形缝两侧任意安装，应统一安装在楼层较多的一侧。

4. 防火阀和排烟防火阀等管道分隔设施的检查

（1）检查方法

检查阀体安装是否合理、可靠，分别手动、电动和远程信号控制开启和关闭阀门，观察其灵活性和信号反馈情况。

（2）要求

阀门应当紧贴防火墙安装，且安装牢固、可靠，铭牌清晰，品名与管道对应。阀门启闭应当灵活，无卡涩。电动启闭应当有信号反馈，且信号反馈正确。阀体无裂缝和明显锈蚀，管道保温符合特定要求。易熔片的熔断温度和火灾温度自动控制是否符合阀门动作温度要求。必要时，应打开防火阀检查内部焊缝是否平整密实，有无虚焊漏焊；油漆涂层是否均匀，有无锈蚀剥落；弹簧弹力有无松弛，阀片轴润滑是否正常，电气连接是否可靠；有无异物堵塞，特别是防火阀在经历火灾后应立即检查并更换易熔片和其他因火灾损坏的部件。

5. 电梯井、管道井等横、竖向管道孔洞分隔的检查

（1）检查方法

查看电缆井、管道井等竖向井道以及管道穿越楼板和隔墙的孔洞的分隔及封堵情况。

（2）要求

电缆井、管道井、排烟道、通风道等竖向井道，应分别独立设置。井壁的耐火极限不应低于1 h，检查门应采用丙级防火门。电缆井、管道井等竖向井道在每层楼板处采用不低于楼板耐火极限的不燃烧体或防火封堵材料封堵；与房间相连通的孔洞采用防火封

堵材料封堵；特别是电缆井桥架内电缆空隙也应在每层封堵，且应满足耐火极限要求。电梯井应独立设置，井内严禁敷设可燃气体和甲、乙、丙类液体管道，不应敷设与电梯无关的电缆、电线等。电梯井的井壁除设置电梯门洞和通气孔洞外，不应设置其他洞口。电梯层门的耐火极限不应低于1 h。现代建筑一般不设垃圾井道，对老建筑的垃圾道应封死，防止有人随意丢弃垃圾或其他引火物。垃圾应实行袋装化管理。玻璃幕墙应在每层楼板处用一定耐火等级的材料进行封堵。

（七）安全疏散设施的检查

1. 疏散走道和安全出口的检查

（1）检查方法

查看疏散走道和安全出口的通行情况。

（2）要求

疏散走道和安全出口畅通，无堵塞、占用、锁闭及分隔现象，未安装栅栏门、卷帘门等影响安全疏散的设施；平时需要控制人员出入或设有门禁系统的疏散门具有保证火灾时人员疏散畅通的可靠措施；人员密集的公共建筑不宜在窗口、阳台等部位设置栅栏，当必须设置时，应设有易于从内部开启的装置；窗口、阳台等部位宜设置辅助疏散逃生设施。疏散走道、楼梯间应无可燃装修和堆放杂物。进入楼梯间和前室的门应为乙级防火门，平时应处于关闭状态。楼梯间的门除通向屋顶平台和一楼大厅的门外，其他各层进入楼梯间的门都应向楼梯间开启。楼梯间内一楼与地下室的连接梯段处应有分隔措施，防止人员疏散时误入地下层。

2. 应急照明和疏散指示标志的检查

（1）检查方法

查看外观、附件是否齐全、完整。应急照明灯的设置位置是否符合要求；疏散指示标志方向是否正确。断开非消防用电，用秒表测量应急工作状态的转换时间和持续时间。使用照度计测量两个应急照明灯之间地面中心的照度是否达到要求。

（2）要求

应急照明灯能正常启动；电源转换时间应不大于5 s。应急照明灯和疏散指示灯的供电持续时间应符合相关要求，照度应符合设置场所的照度要求。消防应急灯具的应急工作时间应不小于灯具本身标称的应急工作时间。安装在走廊和大厅的应急照明灯应置于顶棚下或接近顶棚的墙面上，楼梯间应置于休息平台下，且正对楼梯梯段。消防疏散标志灯应安装在疏散走道1 m以下的墙面上，间距不应大于20 m；供电应连接于消防电源上，当用蓄电池作应急电源时，其连续供电时间应满足持续时间的要求。对安装在疏散通道高处的消防疏散指示标志，应使指示标志正对疏散方向，标志牌前不得有遮挡物；消防疏散指示标志灯安装在安全出口时应置于出口的顶部，安装在走道侧面墙壁上和转角处时应符合相关要求。商场、展览等人员密集场所除在墙面设置灯光疏散指示灯外，还应在疏散通道地面上设置灯光疏散指示标志灯或蓄光型疏散指示标志，且亮度符合要求。

3. 避难层（间）的检查

（1）检查方法

查看避难层（间）的设置和内部设施情况。

（2）要求

保证避难层（间）的有效面积能满足疏散人员的要求（每平方米少于5人），不得设置办公场所和其他与疏散无关的用房。避难层（间）的通风系统应独立设置，建筑内的排烟管道和甲、乙类燃气管道不得穿越避难层（间），避难层（间）内不得有任何可燃装修和堆放可燃物品，通过避难层的楼梯间应错开设置。避难层（间）应设应急照明，地面照度不低于3 lx；医院避难层（间）地面的照度不低于10 lx。应急照明、应急广播和消防专用电话及其他消防设施的供电电源应连接至消防电源。

（八）火灾自动报警系统的检查

1. 火灾报警功能的检查

（1）检查方法

观察各类探测器的型号选择、保护面积、安装位置是否符合规范（《火灾自动报警设计规范》）的要求，并任选一只火灾报警探测器，用专用测试工具向其发出模拟火灾报警信号，观察其动作状态。

（2）要求

探测器选型准确，保护面积适当，安装位置正确。发出模拟火灾信号后，火灾报警确认灯启动，并将报警信号反馈至消防控制室，编码位置准确。

2. 故障报警功能的检查

（1）检查方法

任选一只火灾报警探测器，将其从底座上取下，观察其动作状态。

（2）要求

故障报警确认灯启动，并将报警信号反馈至消防控制室。

3. 火警优先功能的检查

（1）检查方法

任选一只火灾报警探测器，将其从底座上取下；同时，任选另外一只火灾报警探测器，用专用测试工具向其发出模拟火灾报警信号，观察其动作状态。

（2）要求

故障报警状态下，火灾报警控制器首先发出故障报警信号；火灾报警信号输出后，火灾报警控制器优先发出火灾报警信号。故障报警状态暂时中止，当处理完火灾报警信号（消音）后，故障信号还会出现，可以滞后处理，以保证火警优先。

4.手报按钮和探测器安装位置的检查

（1）检查方法

目测或工具测量。

（2）要求

手报按钮应安装在楼梯口或疏散走廊的墙壁上，高度为 1.3~1.5 m，间隔距离不大于 20 m。感烟探测器应安装在楼板下，进烟口与楼板距离不大于 10 cm，斜坡屋面应安装在屋脊上，倾斜度不大于 45°；安装在走廊时，两个感烟探测器间距不大于 15 m，对袋型走道间距不大于 8 m 且应居中布置；两个感温探测器的安装间距不大于 10 m；探测器的工作显示灯闪亮并面向出入口。探测器与侧墙或梁的距离不应小于 0.5 m，距送风口不小于 1.5 m；当梁的高度大于 0.6 m 时，两梁之间应作为独立探测区域。

（九）消防给水灭火设施的检查

1.室内、室外消火栓系统的检查

（1）室内消火栓组件的检查

1）检查方法

任选一个综合层和一个标准层，查看室内消火栓的数量和安装要求；任选几个消火栓箱，查看箱内组件，用带压力表的枪头测试消火栓的静压。

2）要求

室内消火栓竖管直径不小于 100 mm，消火栓间距对多层建筑不大于 50 m，对于高层建筑不大于 30 m。室内消火栓箱内的水枪、水带等配件齐全，水带长度不小于 20 m，水带与接口绑扎牢固。出水口应与墙面垂直。消火栓出水口静压大于 0.3 MPa，但不宜大于 0.7 MPa。消火栓箱的手扳按钮按下后既能发出报警信号还能启动消防水泵。

（2）室内消火栓启泵和出水功能的检查

1）检查方法

按照设计出水量的要求，开启相应数量的室内消火栓；将消防控制室联动控制设备设置在自动位置，按下消火栓箱内的启泵按钮，查看消火栓及消防水泵的动作情况，并目测充实水柱长度。

2）要求

消火栓泵启动正常并将启泵信号反馈至消防控制室；水枪出水正常；充实水柱一般长度不应小于 10 m，体积大于 25000 m^3 的商店、体育馆、影剧院、会堂、展览建筑及车站、码头、机场建筑等，充实水柱长度不应小于 13 m。

（3）室外消火栓的检查

1）检查方法

任选一个室外消火栓，检查出水情况。

2）要求

室外消火栓不应被埋压、圈占、遮挡，标志明显；安装位置距建筑外墙不宜小于 5 m，距消防车道不宜大于 2 m，两个消火栓之间的间距不应大于 60 m；有专用开启工具，阀门开启灵活、方便，消火栓出水正常；在冬季冻结区域还应有防冻措施。设置室外消火栓箱的，箱内水带、枪头等备件齐全。

（4）水泵接合器的检查

1）检查方法

任选一个水泵接合器，检查供水范围。

2）要求

水泵接合器不应被埋压、圈占、遮挡，标志明显，并标明供水系统的类型及供水范围，安装在墙壁的水泵接合器的安装高度距地面宜为 0.7 m，距建筑物外墙的门窗洞口不小于 2 m，且不应设置在玻璃幕墙下。设置在室外的水泵接合器应便于消防车取水，且距室外消火栓或消防水池不宜小于 15 m。

2. 消防水泵房、消防水池、消防水箱的检查

（1）检查方法

消防水泵房设置是否合理，是否有直通室外地面的出口。储水池是否变形、损伤、漏水、严重腐蚀，水位标志是否清楚，储水量是否满足要求。寒冷地区消防水池（水箱）应有保温防冻措施。操作控制柜，检查水泵能否启动。水管是否锈蚀、损伤、漏水。管道上各阀门开闭位置是否正确，利用手动或减水检查浮球式补水装置动作状况。利用压力表测定屋顶高位水箱最远阀或试验阀的进水压力和出水压力是否在规定值以内。水质是否腐败、有无浮游物和沉淀。

（2）要求

消防水泵房不应设置在地下三层及以下或埋深 10 m 以下，并有直通室外出口，单独建造耐火等级不应低于二级。配电柜上的消火栓泵、喷淋泵、稳压（增压）泵的开关设置在自动（接通）位置。消火栓泵和喷淋泵进、出水管阀门，高位消防水箱出水管上的阀门，以及自动喷水灭火系统、消火栓系统管道上的阀门保持常开。高位消防水箱、消防水池、气压水罐等消防储水设施的水量达到规定的水位。北方寒冷地区，高位消防水箱和室内外消防管道有防冻措施。

（十）自动灭火系统的检查（系统的功能检验一般应在消防专业人员指导下进行）

1. 湿式喷水系统功能的检查

（1）检查方法

观察喷头安装的距离、位置、保护面积是否符合规范要求；将消防控制室的消防联动控制设备设置在自动位置，开启最不利点处的末端试水装置观察报警、各类控制器动作、信号反馈、测试压力等。

（2）要求

闭式喷头易熔玻璃球的融化温度选择应符合场所的环境温度要求，两个喷头之间距离应为 3~4.5 m，火灾荷载大的取大值，荷载小的取小值，一个喷头的最大保护面积不大于 20 m，下垂式喷头的溅水盘与楼板的距离不大于 0.10 m，直立式喷头溅水盘与楼板的距离不大于 0.15 m 但不小于 0.075 m，喷头与梁的间距不小于 0.6 m，溅水盘与梁底面的高度差不大于 0.1 m 不小于 0.025 m。宽度大于 1.2 m 的通风管道下应设喷头，走廊的喷头应居中布置。末端试水装置应设在消防给水管网的最不利点，出水压力不低于 0.05 MPa；报警阀、压力开关、水流指示器动作；末端试水装置出水 5 min 内，消防水泵自动启动；水力警铃发出警报信号，且距水力警铃 3 m 远处的声压级不低于 70 dB；水流指示器、压力开关和消防水泵的动作信号反馈至消防控制室。

其他自动喷水灭火系统如干式灭火系统、预作用灭火系统的检查可参照湿式灭火系统的检查方法进行。

2. 水幕、雨淋系统的检查

（1）检查方法

将消防控制室的消防联动控制设备设置在自动位置（不宜进行实际喷水的场所，应在实验前关闭雨淋阀出口控制阀）。先后触发防护区内部两个火灾探测器或触发传动管泄压，查看火灾探测器或传动管的动作情况。

（2）要求

火灾报警控制器确认火灾后，自动启动雨淋阀、压力开关及消防水泵；水力警铃发出警报信号，且距水力警铃 3 m 远处的声压级不低于 70 dB；水流指示器、压力开关，电动阀及消防水泵的动作信号反馈至消防控制室。

3. 泡沫灭火系统的检查

泡沫灭火设备的检查除应参照上述供水系统的检查外，还应注意以下几点：

（1）灭火剂储罐的检查

灭火剂储罐各部分有无变形、损伤、泄漏，透气阀或通气管是否堵塞，外部有无锈蚀；通过液面计或计量杆检查储存量是否在规定量以上。

（2）泡沫灭火剂的检查

打开储罐排液口阀门，用烧杯或量筒从上、中、下三个位置采取泡沫液，目视检查有无变质和沉淀物；判定时注意，判断灭火剂的种类（蛋白、合成表面、轻水泡沫）及稀释容量浓度，最好与预先准备的试剂相比较。当难以判定能否使用时应同厂商联系。

（3）泡沫灭火剂混合装置检查

灭火剂混合方式有数种，按照有关说明资料，检查比例混合器、压力送液装置、比例混合调整机构及其连接的配管部分是否符合规定要求。

（4）泡沫出口的检查

检查泡沫喷头安装角度，喷头、喷头网有无变形、损伤、零件脱落，泡沫喷射部分或空气吸入部分等是否堵塞。高倍泡沫出口，检查泡沫网是否破损、变形，网孔是否堵塞。用手转检查风扇的旋转及轴、轴承等部位有无影响性能的故障。检查周围有无影响泡沫喷射的障碍。全淹没方式防护区开口部设自动关闭装置时，应检查有无影响自动关闭装置性能（如泡沫严重泄漏）的变形损伤等。

4. 气体灭火设备的检查

（1）外观检查

储气瓶周围温度、湿度是否过高（温度应低于40℃），日光是否直射和雨淋，是否设于防护区外且不通过防护区可以进出的场所。是否有照明设备，操作和检查空间是否足够。目视检查储气瓶、固定架、附件有无变形、锈蚀，储气瓶固定是否牢靠，固定螺栓是否紧固；储气瓶数目是否符合规定，压力是否处于安全区域；驱动气瓶压力是否符合要求，电气连接是否可靠；瓶头阀启动头是否牢固地固定在瓶头阀体上；电动式的导线是否老化、断线、松动；气动式的与驱动气瓶输气管连接部是否松脱；手动操作机构是否锈蚀，安全销是否损伤、脱落；气瓶连接管及集合管有无变形、损伤，连接部是否松动；单向阀是否变形、损伤，连接部是否松动；管网中的阀门、管道之间的连接是否可靠。气瓶间是否有气瓶设置及高压容器警示、说明标志。无管网装置的气瓶箱是否变形、损伤、锈蚀，安装是否牢靠，门的开关是否灵活，箱面是否有防护区名称和防护对象名称及使用说明。选择阀及启动头是否有变形损伤，连接部是否松动；手动操作处有无盖子或锁销；选择阀是否设在防护区外的场所，有无使用方法的标志说明牌（板）。手动启动装置操作箱是否设于易观察防护区的进出口附近，设置高度是否合适（应离地0.8~1.5 m），操作箱是否固定牢靠，周围有无影响操作的障碍物。在手动装置或其附近有无相应的防护区名称或防护对象名称、使用方法、安全注意问题等标志；启动装置处有无明显的"手动启动装置"的标牌。在防护区进出口门头上是否设置声光报警装置和"施放灭火剂禁止入内"显示灯，防止灭火剂施放中或灭火后灭火剂未清除期间人员误入。控制柜周围有无影响操作的障碍物，操作是否方便，设于室外时有无防止雨淋和无关人员胡乱触摸的措施；电源指示灯是否常亮；具有手动、自动切换开关的控制柜，自动、手动位置显示灯是否常亮;转换开关或其附件有无明显的使用方法说明标牌,转换状态的标志是否明显。防护区的进出口所设的"施放灭火剂禁止入内"显示灯是否破损、脏污、脱落。

(2)功能检查

将消防控制室的消防联动控制开关设置在自动位置,关断有关灭火剂存储器上的驱动器,安上相适应的指示灯具、压力表和试验气瓶及其他相应装置,在实验防护区模拟两个独立的火灾信号进行施放功能测试。

(3)要求

检查试验保护分区的启动装置及选择阀动作应正常;压力表测定的气压足以驱动容器阀和选择阀。声光报警装置应设于防护区门口且能发出符合设计要求的正常信号。有关的开口部位、通风空调设备以及有关的阀门等联动设备应关闭;换气装置应停止。延时阶段触发停止按钮,可终止气体灭火系统的自动控制。试验的防护分区的启动装置及选择阀应准确动作、喷射出试验气体,且管道无泄漏。检查结束后,把试验用气瓶卸下,重新安装好气瓶,其他均恢复到原状。喷射分区门口应有喷射正在进行的提示标志,未完全换气前不得进入,必须进入时应佩戴空气呼吸器。无管网气体灭火装置的气体喷放口不得有任何影响气体施放的遮挡物。

(十一)通风、防排烟系统的检查

1. 外观检查

风机管道安装牢固,附件齐全,排烟管道符合耐火极限要求,无变形、开裂和杂物堵塞;通风口、排烟口无堵塞,启闭灵活;管道设置合理,排烟管道的保温层符合耐火要求。防火阀、排烟防火阀标志清晰,表面不应有变形及明显的凹凸,不应有裂纹等缺陷,焊接应光滑平整,不允许有虚焊、气孔夹杂等缺陷。

2. 功能检查

采用自然排烟的走道的开窗面积分别不小于走道面积的2%,防烟楼梯间及其前室的开窗面积不小于$2m^2$,与电梯间合用前室的开窗面积不小于$3m^2$,且在火灾发生时能自动开启或便于人工开启。机械排烟风机能正常启动,无不正常噪声;各送风、排烟口能正常开启;挡烟垂壁能自动降落。防火阀、排烟防火阀的手动开启与复位应灵活可靠,关闭时应严密。对电动防火阀应分别触发两个相关的火灾探测器或由控制室发出信号查看动作情况,防火阀和排烟防火阀在关闭后应向控制室反馈信号,确认阀门已关闭。将消防控制室防排烟系统联动控制设备设置在自动位置,任选一只火灾报警探测器,向其发出模拟火灾报警信号,其报警区域内的排烟设施应能正常启动。

3. 要求

当系统接到火灾报警信号后,相应区域的空调送风系统停止运行;相应区域的挡烟垂壁降落，排烟口开启并同时联动启动排烟风机，排烟口风速不宜大于 10 m/s；设有补风系统的防排烟系统，相应区域的补风机启动；相应区域的正压送风机启动，送风口的风速不宜大于 7 m/s；相应区域的防烟楼梯间及其前室和合用前室的余压值符合要求，保证楼梯间风压大于前室，前室风压大于疏散走道。

（十二）灭火器设置的检查

1. 检查方法

查看灭火器的选型、数量、设置点；查看压力指示器、喷射软管、保险销、喷头或阀嘴、喷射枪等组件；查看压力指示器和灭火器的生产或维修日期。

2. 要求

灭火器选型符合配置场所的火灾类别和配置规定；组件完好；压力指针位于绿色区域，灭火器处于使用有效期内。

（十三）其他防火安全措施的检查

1. 消防电源的检查

（1）检查方法

查看消防电源指示灯显示；切换消防主、备电源。

（2）要求

对一类高层建筑、建筑高度大于 50 m 的乙、丙类厂房和丙类仓库，以及室外消防用水量 30 L/s 的厂房或仓库、二类高层民用建筑等要求一、二级负荷供电的建筑、罐区、堆场的消防用电应设置双回路供电。当采用自备发电机做备用电源时，自备发电设备应设置自动和手动启动装置，当采用自动方式启动时，应能保证在 30 s 内供电。从变压器端引出的消防电源与非消防电源相互独立；消防主、备电源供电正常，自动切换功能正常；备用消防电源的供电时间和容量应满足该建筑火灾延续时间内各消防用电设备的要求。消防控制室、消防水泵房、防烟和排烟风机房及消防电梯等的供电应在其配电线路的最末一级配电箱处设置自动切换装置。消防控制室应设置 UPS 备用电源，并能保证消防控制室、应急照明灯、疏散指示标志灯和消防电梯等消防设备运行不少于 30 min，以满足极端条件下人员安全疏散的需要。所有消防用电的电气线路除采用矿物绝缘类不燃电缆，都应当穿金属管或用封闭式金属槽盒保护。配电室的消防用电配电线路应有明显标志。

2. 防火间距、消防车道及应急救援场地的检查

（1）检查方法

实地查看防火间距、消防车道及应急救援场地的管理。

（2）要求

防火间距、消防车道及消防救援场地符合设计规范；防火间距未被侵占（无违章搭建或堆放杂物）；消防车道畅通，消防车道、回车场地及消防车作业场地未被堵塞、占用、设置临时停车位或开挖管沟未及时回填、覆盖以及设置影响消防车通行及展开应急救援的障碍物；扑救面设置的消防员出入口不得设置栅栏、广告牌等障碍物；通行重型消防车的管沟盖板承重能力符合要求。

二、其他重点场所的检查要点

（一）公共娱乐场所的检查

由于公共娱乐场所人员比较密集，一旦发生火灾，极易造成群死群伤的火灾事故。因此，此类场所的检查应抓住设置部位、安全疏散、消防设施等重点内容。

1. 设置部位

不应设在古建筑、博物馆、图书馆建筑内，不宜设置在砖木结构、木结构或未经防火处理的钢结构等耐火等级低于二级的建筑内；不应设置在袋形走道的两侧或尽头端（保龄球馆、旱冰场除外）。不应在居民住宅楼内改建公共娱乐场所，不得毗连重要仓库或危险物品仓库。

2. 安全疏散

安全出口处不得设门槛，紧靠门口1.4 m以内不应设踏步；疏散门应采用平开门并向疏散方向开启，不得采用卷帘门、转门、吊门和侧拉门、屏风等影响疏散的遮挡物；走道不应设台阶。营业时必须确保安全出口和疏散通道畅通无阻，严禁将门上锁、阻塞或用其他物品缠绕，影响开启；场所内容纳的最多人数不应超过公安机关核定的最多人数。营业时，安全出口、疏散通道上应设置符合标准的灯光疏散指示标志（间距20 m）。疏散走道、营业场所内应设应急照明灯，照明供电时间不得少于30 min，当营业场所设置在超高层建筑内时，照明供电时间不得少于1.5 h。

3. 疏散逃生措施

每间包房内应配备应急照明灯或应急手电筒，每个顾客配备一块湿手（毛）巾，在每间包房门的背后或靠近门口的醒目位置及公共走道交叉处设置疏散导向图。

4. 消防安全管理

严禁带入和存放易燃、易爆物品。在地下公共娱乐场所，严禁使用液化石油气。使用燃气的场所应按规范要求安装可燃气体浓度报警装置，规模较大的场所应安装气源自动切断装置。严禁在营业时进行设备检修、电气焊、油漆粉刷等施工、维修作业。不得封闭或封堵建筑物的外窗。因噪声污染影响居民等特殊原因确需封堵的应采用可开启窗，并安装自动喷水灭火装置、机械排烟设施等予以弥补。电气线路不得乱拉乱接，严禁超负荷使用。演出、放映场所的观众厅内禁止吸烟和演出时使用明火。建立烟蒂与普通生活垃圾分开清理的制度，垃圾篓不得采用塑料制品，应采用不燃材料制品。清理收集的垃圾必须放置在建筑主体外。营业与非营业期间都应当落实防火巡查，及时发现和处理事故苗头。

5. 内部装修防火措施的检查

（1）疏散通道、人员密集场所的房间、走道的顶棚、墙面和地面的装修材料的检查

1）检查方法

查看装修材料的燃烧性能。

2）要求

防烟楼梯间、封闭楼梯间、无自然采光的楼梯间的顶棚、墙面和门厅的顶棚装修材料的燃烧性能等级为 A 级；房间墙面、地面的装修材料的燃烧性能等级不低于 B1 级；当墙面、吊顶确需使用部分可燃材料时，可燃材料的占用面积不得超过装修面积的 10%；严禁使用泡沫塑料、海绵等易燃软包材料；地下建筑的疏散走道、安全出口和有人员活动的房间的顶棚、墙面和地面装修材料都应采用 A 级。

（2）电气安装防火措施的检查

1）检查方法

查看电气连接、线路保护、隔热措施、电器性能等。

2）要求

电气连接应当可靠，不许搭接、虚接、铜铝线混接。设置在顶棚内和墙体内等隐蔽处的电线必须穿管保护，且管头要封堵；所有穿过或安装在可燃物上的电气产品如开关、插座、镇流器和照明灯具等要有隔热散热措施；卤钨灯和功率大于 100 W 的白炽灯其引入线应采用瓷管、矿棉做隔热保护；同一支线上连接的灯具不得超过 20 个。不许使用不符合有关安全标准规定的电气产品。

（二）建筑工地的检查

由于建筑工地内施工单位数量较多，规模参差不齐，外来务工人员的消防意识薄弱，人员流动性强，危险品数量、品种较多，各种建筑物资混放和缺少消防设施、器材，一旦发生火灾会很快蔓延，容易造成人员伤亡和经济损失，因此，也是消防检查的重点场所之一。此类场所的消防检查，要以明火管理、危险品管理、电气线路及住宿场所、消防水源、车道和灭火器材等作为检查重点。

1. 明火管理

施工现场动火作业必须严格执行动火审批制度。动火（电焊、气割等）作业人员必须经专业培训后持证上岗。动火场地应配备灭火器材，落实消防监护人员。施工现场内

禁止吸烟，危险品仓库、可燃材料堆场、废品集中站及施工作业区等应设置明显的禁烟警告标志。内装修施工中使用油漆等带有挥发性的易燃、易爆材料时，应有良好的通风条件，并严禁在现场吸烟或动火作业。

2. 危险品管理

工地内应按规范设置专用的危险品仓库（室），严禁乱堆、乱放。危险品仓库内应有良好的通风设施，仓库内电线应穿金属管保护并按相关规定采用防爆型电器。在建建筑内禁止设置易燃、易爆危险品仓库，禁止使用液化石油气。危险品仓库应派专人管理，危险品出库、入库应有记录。施工单位对施工中产生的刨花、木屑以及油毡、木料等易燃、可燃材料应当当天清理，严禁在施工现场堆积或焚烧。施工剩余的油漆、稀释料应集中临时存放，统一处理并远离火源。

3. 电气线路和设备

施工现场采用的电气设备应符合现行国家标准的规定，动力线与照明线必须分开设置，并分别选择相应功率的保险装置，严禁乱接乱拉电气线路，严禁采用不符合规定要求的熔体代替保险丝。使用中的电气设备应保持完好，严禁带故障运行；电气设备不得超负荷运行；配电箱、开关箱内安装的接触器、刀闸、开关等电气设备应动作灵活，接触良好可靠，触头没有氧化烧蚀现象。

4. 住宿场所

在建工程的地下室、半地下室禁止设置施工和其他人员的住宿场所；禁止在库房内设置员工集体宿舍。在建工地内设置临时住宿、办公场所时，应在住宿、办公场所与施工作业区之间采取有效的防火分隔，落实安全疏散、应急照明等消防安全措施。住宿、办公场所的耐火等级不应低于三级，严禁搭建木板房和使用泡沫塑料板做夹层的彩钢板房作为住宿、办公场所。住宿场所内严禁乱接乱拉电线，严禁使用大功率电气设备（包括取暖设备、电加热设备），严禁存放、使用易燃、易爆物品。

5. 其他安全措施

施工现场应设有消防车道，宽度不应小于 3.5 m，保证临警时消防车能停靠施救。建筑物的施工高度超过 24 m 时，施工单位必须落实临时消防水源和供水设备。住宿、办公场所、施工现场要根据实际情况，配备足够的灭火器材，并安置在醒目和便于取用的地方。灭火器材应保养完好。

（三）仓库的检查

仓库是集中储存和中转物资的场所，一旦发生火灾，经济损失比较惨重，所以仓库是消防安全的重点。消防安全检查要抓住人员培训、堆存物品、建筑防火、制度管理和消防设施等要素。

1. 一般物品的储存

库内物品应当分类、分垛储存，每垛占地面积不宜大于 100 m²。仓库内货物的堆放间距要符合有关仓库管理规定要求，仓库内货物进出通道宽度应不小于 1.5 m；垛与垛不小于 1 m，垛与墙、垛与顶、垛与柱梁、垛与灯之间，各种水平间距要保证不小于 0.5 m，灯具下方不宜堆放可燃物品，以利于通风和方便人员通行并能进行安全巡查。物品堆垛应避开门、窗和消防器材等，以便于通行、通风和消防救援。库房内或危险品堆垛附近不得进行实验、分装、打包、易燃液体灌装或其他可能引起火灾的任何不安全操作。库房内不得乱堆、乱放包装残留物，特别是易自燃的油污包装箱、袋。露天堆场物品也应分类、分堆、分组、分垛堆放，并留出足够的防火间距。

2. 易燃易爆物品的储存

易燃易爆化学物品已超过存储期或因其他原因发生变质的要及时进行处理，防止变质物品因分解和氧化反应发生泄漏或产生热量引发火灾。凡包装、标志不符合国家标准，或破坏、残缺、渗漏、变形及变质、分解的货品，严禁入库。例如，压缩气体瓶没有戴安全帽；野蛮装卸造成阀门损坏；金属钾、钠容器破裂，致使液体渗漏；盛装易燃液体的玻璃容器瓶盖不严，瓶身上有气泡、疵点等。严禁将化学性质抵触、消防施救方法不同的易燃、易爆危险物品违章混存。

3. 仓库建筑

经过消防审核（验收）的仓库建筑不得随意改变使用性质。确须改变使用性质的，应重新报批。存放易燃、易爆化学物品的库房不得设置在高层建筑、地下室或半地下室，库房地面应采用防火花或防静电材料，高温季节应有通风降温措施。存放甲、乙类物品库房的泄爆面不得开向库区内的主要道路，库房内不准设办公室、休息室。存放丙类以下物品的库房须设置办公室时，可以贴邻库房一角设置无孔洞的一级、二级耐火等级的建筑，其门窗应能直通室外。钢结构仓库顶棚必须设置由易熔材料制成的可熔采光带。易熔材料指能在高温条件（一般大于 80℃）自行熔化且不产生熔滴的材料。可熔采光带的面积不应小于顶棚总面积的 25%。或在建筑两个长边的外墙上方设置面积不小于仓库面积 5% 的外窗，以利于火灾情况下的排烟、排热和灭火行动。存放压缩气体和液化气体的仓库，应根据气体密度等性质，采取防止气体泄漏后积聚的措施。存放遇湿易燃物品的仓库应采取防火、防潮措施。库区内不得随意搭建影响防火间距的临时设施。

4. 电气设备

所有库房内的电气设备都应为符合国家现行标准的产品。电气设计、安装、验收必须符合国家现行标准的有关规定。

存放甲、乙类物品库区内的电气设备及铲车、电瓶车等提升、堆垛设备均应为防爆型。存放丙类物品的库房内应在上述机械设备易产生火花的部位设防护罩。库房内不准设置移动式照明灯具，不得随意拉接临时电线。库房内电气线路应穿管敷设或采用电缆，插座装在库房外，并避免被碰砸、撞击和车轮碾压。库房内不准使用电炉等电热器具和家用电器。存放丙类以上物品的库房内不得使用碘钨灯和超过 60 W 的白炽灯等高温照明灯具；库房内使用低温照明灯具和其他防燃型照明灯具时，应当对镇流器采取隔热、散热等防火保护措施。库区电源应设总闸，每个库房单独设分电闸。开关箱设在库房外，并设置防雨设施，人员离开即拉闸断电。

5. 从业人员

存放易燃、易爆化学物品仓库的保管员、装卸人员应参加消防安全知识、技能培训，并持证上岗，仓库管理人员同时也是义务消防队员。应建立 24 h 值班、定时巡逻制度，并做好记录。

6. 火源

库区内应设最醒目的禁火标志。进入存放甲、乙类物品库区的人员，必须交出随身携带的火柴、打火机等。进入甲、乙类液体储罐区的人员，还应交出手机。进入库区的机动车辆的排气管应加装火星熄灭装置。库区内动火须经单位防火负责人批准，办理动火手续。库区周围禁止燃放烟花爆竹。防雷、防静电设施必须定期维护保养，保持正常、好用。

7. 消防设施

仓库的消防设施应按照建筑消防设施的检查要求，对其完好有效情况实施检查。

（四）宾馆、饭店的检查

宾馆、饭店是人员聚集场所。在对宾馆、饭店进行检查时，应突出安全疏散、危险源控制、烟气控制、火种管理及消防设施等内容。

1. 安全疏散

疏散走道、楼梯间及其前室应保持畅通，严禁被占用、阻塞和堆物。疏散出口门应向疏散方向开启，不得设置门槛、台阶，营业期间严禁上锁。公共部位疏散指示、安全出口标志清楚，位置合理。疏散走道的指示标志灯应设在走道及其转角处距地面 1 m 以下的墙面上，间距不应大于 20 m。安全出口标志应设在出口的顶部。楼梯间和疏散走道设置的应急照明灯位置合理，照度应符合要求。走道的应急照明灯应设在墙面或顶棚上，楼梯间的应急照明灯应设置在楼梯休息平台下，其走廊地面、厅堂地面、楼梯间的最低照度分别不应低于 1.0 lx、3.0 lx、50 lx，并满足持续供电时间的要求。客房内应配备应急疏散指示图、防烟面具和应急手电筒。高层建筑还要配置缓降绳，有条件的还应配置缓降袋等逃生避难器材。消防应急广播的强制切换功能完好，涉外宾馆、饭店应当事先准备好引导客人疏散的英语等外国语言广播。应按规定组织灭火、疏散应急预案的演练。

2. 危险源控制

（1）管道燃气的使用

应检查进户管总阀门的完好情况，竖向主管道进入各层面分管处的阀门完好情况，厨房管道总阀门、各灶具阀门的完好情况，以及使用管理责任人的落实情况。

（2）液化石油气的使用

应符合有关液化气使用安全的要求。应检查使用和储存液化气消防安全管理制度及责任人落实情况，以及禁止使用气体燃料的车辆停放地下车库的措施落实情况。

（3）厨房管道油污、洗衣房管道尘埃清洗

应检查厨房油烟管道内的油污以及洗衣房通风管道内的纤维等尘埃清理情况，每半年至少清理一次制度的落实情况。

（4）易燃、可燃液体（固体）的使用

应检查易燃、可燃液体（香蕉水、酒精、汽油、油漆、割草机油等）和固体（樟脑丸、火柴等）的安全管理状况及管理措施、责任人落实情况。

3. 烟气控制

各竖向管道井内应进行防火封堵，防止火灾蔓延。玻璃幕墙建筑在每层楼板与玻璃的连接处的防火封堵应符合规范要求，应采用与楼板相同耐火等级的材料。客房设置吊顶的，应注意吊顶内横向孔洞缝隙的检查，防止烟气水平蔓延。建筑的防排烟设施应保持完好。进入楼梯间及其前室的防火门应处于常闭状态。

4. 明火管理

客房内应配有禁止卧床吸烟的标志。禁烟区域内应合理设置禁烟标志，严禁吸烟。清洁餐厅、客房等时，应将烟蒂与其他垃圾分开。餐厅使用蜡烛时，应将蜡烛固定在不燃材料制作的基座上；使用酒精等加热炉时，应与可燃物保持安全距离，切不可在未关闭火源时添加燃料。厨房应落实油锅、气源管理制度和明确管理责任，工作结束应及时切断油、气源。厨房使用柴油、液化石油气、酒精做燃料时，应设置专用储存间（气化间），并和厨房内实墙分隔，且储存量不大于当时用量。

5. 消防设施、器材

消防设施是否完善，运行是否正常，故障是否及时修复。消防器材配备是否到位、型号准确、数量充足、设置合理、维修及时。

（五）地下建筑的检查

地下空间由于通风不良、疏散逃生和施救困难，易发生群死群伤的火灾事故，也是消防检查的重点场所。

1. 地下建筑内应当禁止的行为

内部存放液化石油气钢瓶、使用液化石油气和闪点小于60℃的液体做燃料的。内部设置哺乳室、托儿所、幼儿园、游乐厅等儿童活动场所和残疾人员活动场所的。在地下二层及以下层面设置影院、礼堂等人员密集的公共场所和医院病房的。经营和储存火灾危险性为甲、乙类储存属性的物品的。营业厅设置在地下三层及三层以下的。歌舞、娱乐、放映、游艺场所设置在地下二层及以下的。内部设置油浸电力变压器和其他油浸电气设备的。每个防火分区的安全出口数量少于两个的（仓库除外）。

检查中一旦发现上述行为，应立即责令停止使用。

2. 防火分区设置的检查

每个防火分区允许的最大建筑面积应不大于500 m²（设自动喷水灭火系统时为1000 m²）。存放丙类可燃液体的仓库内，每个防火分区允许的最大建筑面积应不大于150 m²。存放丙类可燃物品的仓库内，每个防火分区允许的最大建筑面积应不大于300 m²。商业营业厅、展览厅等防火分区面积应不大于2000 m²。电影院、礼堂的观众厅防火分区面积应不大于1000 m²。歌舞、娱乐、放映、游艺场所内一个厅、室的建筑面积应不大于200 m²。

3. 消防设施的检查

防火分区面积超过允许的最大建筑面积的地下歌舞、娱乐、放映、游艺场所，建筑面积大于500 m²的地下商店都应当设置自动喷水灭火系统和防、排烟设施。建筑面积大于500 m²的地下商店，建筑面积大于1000 m²的地下丙、丁类物品生产车间和存放丙、丁类物品的库房，以及地下歌舞、娱乐、放映、游艺场所除应设置自动喷水灭火系统外，还应设置火灾自动报警系统。长时间有人员活动的地下建筑，按规定设置足够的火灾应急照明灯具和疏散指示标志。

4. 防火措施的检查

地下公共娱乐场所或中小旅馆、招待所应分别根据公安机关核定的场所最大允许容纳人数或床位数，按1∶1的比例配置防烟面具，合理放置在每间客房内和公共走道上。每个放置点应采用表面为玻璃等透明物的箱体，做到醒目和便于取用。地下公共娱乐场所或中小旅馆、招待所的每间包房或客房内应配置一支应急手电筒；每间房门的背后或靠近门口的醒目位置应设置疏散导向图；公共走道交叉处墙壁上应设置疏散指示标志。烟蒂与普通生活垃圾应分开清理，并将烟蒂倒入专门的铁质或其他金属垃圾桶内。废纸篓应采用不燃材料制品。疏散通道、安全出口必须保持畅通无阻。营业期间，严禁将安全出口上锁、阻塞或用其他物品缠绕，影响开启。一层与地下室的连通楼梯应用防火门可靠分隔，并向一楼平推开启。严禁在同一房间和防火分区内存在人员住宿、生产加工、储存货物的"三合一"现象。地下建筑内不得使用可燃材料装修。

(六)易燃、易爆化工单位的检查

易爆化工单位容易引发恶性火灾爆炸事故,历来是消防安全管理的重点。因此检查时应充分了解检查以下情况:

1. 危险化学品生产或存储的基本情况

生产过程中涉及的危险化学品的种类、性质,如原料、中间体、产品的闪点、燃点、熔点、相对密度、腐蚀性、氧化性、沸点、爆炸极限、饱和蒸汽压等基础信息。火灾危险性级别高的重点部位、危险性较大的工序等。

2. 建筑情况

易燃、易爆化工厂房、仓库的耐火等级、层数、占地面积、工艺布置、泄压面积、储罐设置、事故罐(池)容积、围堰体积等均应符合国家现行规范要求。新建、改建、扩建的建筑工程均应上报公安消防机构进行审核、验收;未经批准,不得擅自施工、使用。

3. 重点部位情况

管道、阀门、泵、阻火器、防爆泄压等装置和附件应处于正常状态。生产、使用中涉及闪点、自燃点低,爆炸极限下限低、范围宽的易燃、易爆化学物品的工艺装置,应设置与工艺相配套的自动连锁、泄漏消除、紧急救护、自动灭火等设施。电气设备应采用符合国家现行标准的产品,危险区域应采用防爆型产品。防雷、防静电、可燃气体浓度报警等安全设施应保持正常、好用。作业人员应经过消防安全知识培训,熟悉掌握生产使用的易燃、易爆化学物品的火灾危险性,岗位的操作规程等消防安全知识和安全操作技能。健全和落实安全管理制度,并结合工艺流程制定危险岗位的安全操作规程和事故状态下的处置程序。重点装置的温度、压力、流量、流速、液位等参数处于正常范围。

4. 检修施工场所

单位应制订检修施工消防安全方案。动火施工时必须办理动火手续,进行电焊、气焊和其他具有火灾危险作业的人员应持证上岗。合理划定现场警戒区域,并清除周围杂草和可燃物质包括油污等,落实封堵地沟、水封井等安全措施。输油管线、储罐检修前应按相关规定要求进行蒸洗和自然通风。在可能产生可燃气体的场所,动火前应进行可燃气体检测,符合规定方可动火作业,该封堵的端口应采取有效的封堵措施。第一次与第二次动火的时间间隔超过规定有效安全时间的,必须重新进行检测。施工现场应落实消防安全监护措施,现场应配置足够的灭火器具。

5. 消防设施的配置

按照有关要求对单位内火灾自动报警系统、水灭火系统、泡沫灭火系统、气体灭火系统、建筑灭火器配置等进行检查。检查方法参见本节前述内容。

第四节 火灾隐患的认定和整改

火灾隐患通常是指单位、场所、设备以及人们的行为违反消防法律、法规，有引起火灾或爆炸事故、危及生命财产安全、阻碍火灾扑救等潜在的危险因素和条件。及时发现和消除火灾隐患，保障人民生命和社会财产的安全，是单位进行防火检查的主要目的之一。企事业单位保卫人员在实施防火检查时，对单位存在的火灾隐患，应采取相应的处理措施，及时消除火灾隐患，纠正违法行为。

一、火灾隐患的分级

根据不安全因素引发火灾的可能性大小和可能造成的危害程度的不同，火灾隐患可分为一般火灾隐患和重大火灾隐患。

二、一般火灾隐患的认定

一般火灾隐患是指存在的不安全因素有引发火灾的可能，且发生火灾会造成一定的危害后果，但危害后果不严重的情形。

具有下列情形之一的，应当确定为一般火灾隐患：影响人员安全疏散或者灭火救援行动，不能立即改正的。消防设施未保持完好有效，影响防火灭火功能的。擅自改变防火分区，容易导致火势蔓延、扩大的。在人员密集场所违反消防安全规定，使用、储存易燃易爆危险品，不能立即改正的。不符合城市消防安全布局要求，影响公共安全的。其他可能增加火灾实质危险性或者危害性的情形。

三、重大火灾隐患的判定

重大火灾隐患是指违反消防法律法规，可能导致火灾发生或火灾危害增大，并由此可能造成特大火灾事故后果和严重社会影响的各类潜在不安全因素。重大火灾隐患的判定一般分为直接判定和综合判定。

（一）重大火灾隐患的判定程序

进行现场检查核实，并获取相关影像、文字资料。组织集体讨论判定，且参与人数不应少于3人。对于涉及复杂疑难的技术问题，按照本标准判定重大火灾隐患有困难的，应由公安消防机构组织专家成立专家组进行技术论证。专家组应由当地政府有关行业主管、监管部门和相关消防技术的专家组成，人数不应少于7人。集体讨论或专家技术论证时，建筑业主和管理、使用单位等涉及利害关系的人员可以参加讨论，但不应进入专家组。

集体讨论或专家技术论证应形成结论性意见，作为判定重大火灾隐患的依据。判定为重大火灾隐患的结论性意见应有 2/3 以上专家同意。集体讨论和专家技术论证应当提出合理可行的整改措施和期限。

（二）重大火灾隐患的直接判定

可直接判定为重大火灾隐患的有以下情形：生产、储存和装卸易燃易爆化学物品的工厂、仓库和专用车站、码头、储罐区，未设置在城市的边缘或相对独立的安全地带。甲、乙类厂房设置在建筑的地下、半地下室。甲、乙类厂房、库房或丙类厂房与人员密集场所、住宅或宿舍混合设置在同一建筑内。公共娱乐场所、商店、地下人员密集场所的安全出口、楼梯间的设置形式及数量不符合规定。旅馆、公共娱乐场所、商店、地下人员密集场所未按规定设置自动喷水灭火系统或火灾自动报警系统。易燃可燃液体、可燃气体储罐（区）未按规定设置固定灭火、冷却设施。

（三）重大火灾隐患的综合判定

适用于重大隐患综合判定的因素主要有隐患存在的门类多，而某一项具体隐患又不够重大隐患的界定标准，因此需要考虑多方面的因素综合判定。需要综合判定的要素如下：

1. 总平面布置

未按规定设置消防车道或消防车道被堵塞、占用。建筑之间的既有防火间距被占用。城市建成区内的液化石油气加气站、加油加气合建站的储量达到或超过对相应级别储量的规定。丙类厂房或丙类仓库与集体宿舍混合设置在同一建筑内。托儿所、幼儿园的儿童用房及儿童游乐厅等儿童活动场所，老年人建筑，医院、疗养院的住院部分等与其他建筑合建时，所在楼层位置不符合规定。地下车站的站厅乘客疏散区、站台及疏散通道内设置商业经营活动场所。

2. 防火分隔

擅自改变原有防火分区，造成防火分区面积超过规定的 50%。防火门、防火卷帘等防火分隔设施损坏的数量超过该防火分区防火分隔设施数量的 50%。丙、丁、戊类厂房内有火灾爆炸危险的部位未采取防火防爆措施，或现有措施不能满足防止火灾蔓延的要求。

3. 安全疏散及灭火救援

避难间、避难层被占用、堵塞而无法正常使用。建筑物的安全出口数量不符合规定或被封堵。按规定应设置独立的安全出口、疏散楼梯而未设置。商店营业厅内的疏散距离超过规定距离的 25%。高层建筑和地下建筑未按规定设置疏散指示标志、应急照明，或损坏率超过 30%；其他建筑未按规定设置疏散指示标志、应急照明，或损坏率超过 50%。设有人员密集场所的高层建筑的封闭楼梯间、防烟楼梯间门的损坏率超过 20%，其他建筑的封闭楼梯间、防烟楼梯间门的损坏率超过 50%。民用建筑内疏散走道、疏散楼梯间、前室室内的装修材料燃烧性能低于 B1 级。人员密集场所的疏散走道、楼梯间、疏散门或安全出口设置栅栏、卷帘门及其安全出口、楼梯间的设置形式及数量不符合规定。人员密集场所的建筑外窗被封堵或被广告牌等遮挡，影响逃生和灭火救援。高层建筑的举高消防车作业场地被占用，影响消防扑救作业。

4. 消防给水及灭火设施

未按规定设置消防水池或无其他解决消防水源的设施。未按规定设置室外消防给水设施，或已设置但不能正常使用。未按规定设置室内消火栓系统或已设置但不能正常使用。已设置的自动喷水灭火系统或其他固定灭火设施不能正常使用或运行。

5. 防烟排烟设施

人员密集场所未按规定设置防烟排烟设施，或防烟分区设置不当，或已设置但不能正常使用或运行。

6. 消防电源

消防用电设备未按规定采用专用的供电回路或不能实现双回路供电。未按规定设置消防用电设备末端自动切换装置，或已设置但不能正常工作。

7. 火灾自动报警系统

火灾自动报警系统处于故障状态，不能恢复正常运行。自动消防设施不能正常联动控制。

8. 其他

违反规定在可燃材料或可燃构件上直接敷设电气线路或安装电气设备。易燃易爆化学物品场所未按规定设置防雷、防静电设施，或防雷、防静电设施失效。易燃易爆化学物品或有粉尘爆炸危险的场所未按规定设置防爆电气设备，或防爆电气设备失效。违反规定在公共场所使用可燃材料装修。

四、火灾隐患的整改

单位对存在的火灾隐患应当及时予以消除，消除的方式可以视隐患的大小、整改难易程度等情况灵活处置。可以立即改正的，保卫人员应当责令当场改正；对一时改正不了的，保卫人员应责令限期整改。特别重大的情况，保卫人员应及时向有关领导汇报，必要时可以向当地公安消防部门请求协助。

（一）火灾隐患当场改正

对下列违反消防安全规定的行为，单位应当责成有关人员当场改正并督促落实：违章进入生产、储存易燃易爆危险物品场所的；违章使用明火作业或者在具有火灾、爆炸危险的场所吸烟、使用明火等违反禁令的；将安全出口上锁、遮挡，或者占用、堆放物品影响疏散通道畅通的；消火栓、灭火器材被遮挡影响使用或者被挪作他用的；常闭式防火门处于开启状态，防火卷帘下堆放物品影响使用的；消防设施管理、值班人员和防火巡查人员脱岗的；违章关闭消防设施、切断消防电源的；其他可以当场改正的行为。

违反前款规定的情况以及改正情况应当有记录并存档备查。

（二）火灾隐患限期整改

对不能当场改正的火灾隐患，消防工作归口管理职能部门或者专、兼职消防管理人员应根据本单位的管理分工，及时将存在的火灾隐患向单位的消防安全管理人或者消防安全责任人报告，提出整改方案。消防安全管理人或者消防安全责任人应当确定整改的措施、期限以及负责整改的部门、人员，并落实整改资金。

在火灾隐患消除之前，单位应当落实防范措施，保障消防安全。对不能确保消防安全，随时可能引发火灾或者一旦发生火灾将严重危及人身安全的，应当将危险部位停产停业整改。火灾隐患整改完毕，负责整改的部门或者人员应当将整改情况记录报送消防安全责任人或者消防安全管理人签字确认后存档备查。

对于涉及城市规划布局而不能自身解决的重大火灾隐患，以及机关、团体、事业单位确无能力解决的重大火灾隐患，单位应当提出解决方案并及时向其上级主管部门或者当地人民政府报告。

对于对当地经济和社会生活影响较大的单位存在重大火灾隐患，需要停产、停业进行整改的，由公安机关消防机构提出意见，并由公安机关报请当地人民政府依法决定，由公安机关消防机构监督实施。

对公安机关消防机构责令限期改正的火灾隐患，应当及时提出整改方案报公安消防机构审查备案，单位应当在规定的期限内改正并写出火灾隐患整改复函，报送公安机关消防机构，由公安消防机构验收。对于政府挂牌的重大火灾隐患，公安消防机构验收后应确认隐患整改是否完成，验收不合格的应当责令隐患单位继续整改，对验收合格的应将验收情况报当地人民政府，以确定是否摘牌，恢复单位正常的生产经营。

第六章 地铁运营消防安全管理

安全运营是地铁运输的首要目标和基本原则。地铁运营安全是一个庞大复杂的系统工程。大量的火灾事实证明，影响地铁安全运营的因素主要在于人的不规范行为，加上物的不安全状态就可能导致火灾的发生。因此，地铁运营管理单位应制定科学、严格的管理制度和规范的安全防范措施。

第一节 消防安全管理职责

一、一般规定

地铁运营单位为消防安全重点单位，应建立消防安全责任体系，明确逐级和岗位消防安全职责。地铁运营单位消防设计应有保障消防安全疏散的设施及通道，运营单位应保障消防安全疏散通道及设施完好、可用，落实消防安全措施。地铁运营单位应向有关部门及时反映单位消防安全管理工作情况。

二、消防安全责任人

地铁运营单位的法人代表或主要负责人是单位的消防安全责任人，对本单位的消防安全工作全面负责，并应履行下列职责：贯彻执行消防法规，保证单位消防安全条例规定，掌握本单位消防安全情况。组织编制和审定本单位消防应急预案。组织审定与落实年度消防安全工作计划和消防安全资金预算方案。确定本单位逐级消防安全责任，任命消防安全管理人，批准实施消防安全制度和保证消防安全的操作规程。组织建立消防安全例会制度，每月至少召开一次消防安全工作会议。每月至少参加一次防火检查。组织火灾隐患整改工作，负责筹措整改资金。消防安全责任人应当报当地公安消防机构备案。

三、消防安全管理人

城市轨道交通运营单位的消防安全管理人应由消防安全责任人任命,并应履行下列职责:拟订年度消防工作计划和消防资金预算方案。协助组织编制和审定本单位消防应急预案。组织制定消防安全制度和保障消防安全的操作规程。组织实施防火检查,每月至少一次。组织整改火灾隐患。组织建立消防组织,每半年至少组织一次消防宣传教育、灭火和应急疏散演练。消防安全责任人委托的其他消防安全管理工作。向消防安全责任人报告的消防安全工作情况,每月至少一次。消防安全管理人应当报当地公安消防机构备案。

四、部门主管人员

(一)车站站长(值班站长)

上岗前应经运营单位培训合格,并应履行下列消防职责:贯彻执行有关消防法规,保障车站安全符合规定,及时掌握车站消防安全情况。制订车站年度消防工作计划和消防资金预算方案并组织实施。协助组织制订、修改和完善车站消防应急预案。每月至少组织一次车站防火检查,及时消除能够整改的火灾隐患,对不能整改的,提出整改意见。每半年至少组织一次车站消防宣传教育、灭火和应急疏散演练。发生火灾时能够按照车站消防应急预案及时组织疏散乘客、扑救火灾并向有关部门报告火灾情况,协助灾后调查火灾原因。每月至少一次向消防安全责任人或消防安全管理人报告消防安全工作情况。

(二)控制中心主任(值班主任)

上岗前应经消防专业培训合格,并履行下列消防职责:贯彻执行有关消防法规,保障调度系统安全符合规定,及时掌握车站消防安全情况。制订调度系统年度消防工作计划和消防资金预算方案并组织实施。协助组织制订、修改和完善控制中心消防应急预案。每月至少组织一次调度系统防火检查,消除火灾隐患。每半年至少组织一次调度系统消防宣传教育、灭火和应急疏散演练。发生火灾时能够按照控制中心消防应急预案及时组织各调度处理火灾事故、疏散乘客、扑救火灾并向有关部门报告火灾情况。每月至少一次向消防安全责任人或消防安全管理人报告消防安全工作情况。

五、消防安全员

(一)一般规定

地铁运营单位应确定专、兼职消防安全员。消防安全员包括消防安全归口部分工作人员、环控调度人员、行车调度人员、电网调度人员、维修调度人员、自动消防系统操作人员以及地铁列车司机等。消防安全员应履行下列职责：分析研究本部门、岗位的消防安全工作，及时向上级报告。确定本部门、岗位的消防安全重点部位，实施日常防火检查、巡查。接受安排落实火灾隐患整改措施。管理、维护消防设施、灭火器材和消防安全标志。协助开展消防宣传和消防安全教育培训。协助编制消防应急疏散预案，组织演练。记录消防工作落实情况，完善消防档案。完成其他消防安全管理工作。

（二）环控调度人员

负责对全线各车站消防等机电设备的全面监控，及时掌握各车站消防设备的运行状况。对火灾事故的报警，应认真确认、分析现场情况，及时通报行调、电调和值班主任。在发生火灾事故时，能够按照控制中心消防应急预案，通过调动环控设备执行合理的通风模式，引导乘客和工作人员进行安全疏散。

（三）行车调度人员

负责对列车安全运行状况的监控。发生火灾时，能够按照控制中心消防应急预案及时指挥着火列车运行、灭火和乘客的安全疏散，并调整后续列车的运行。与车站值班站长和列车司机保持联系，随时掌握列车运行、灭火和乘客疏散情况。引导乘客和工作人员进行安全疏散，并尽量减少财产损失。

（四）电网调度人员

负责轨道交通安全运行的电网保障。发生火灾时，能够按照控制中心消防应急预案及时切断相关电网的牵引电流和设备电流。通知变电所值班人员注意设备运行，保证排烟系统的电源供应。通知接触网专业工作人员配合灭火，检查设备和电缆情况，防止乘客触电。

（五）维修调度人员

负责轨道交通安全运行的设备和通信保障。发生火灾时，能够按照控制中心消防应急预案及时通知相关车间轮值工程师，必要时启动抢修程序，尽可能保障轨道交通设备和通信系统的正常运行。

（六）自动消防系统操作人员

自动消防系统的操作人员应经消防专业培训合格后持证上岗，并履行下列职责：掌握自动消防系统的工作原理和操作规程，能够熟悉使用和操作各种系统。负责对消防设施的每日检查，并认真填写各种消防设施值班和运行记录，定期对各种消防设施进行检查，保证自动消防设施的完好有效。发现故障应及时排除，不能排除的应报告消防安全管理人。核实、确认报警信息。熟练掌握火灾和其他灾害事故紧急处理程序，发生火灾时，根据消防应急预案启动相关消防设施。

（七）地铁列车司机

地铁列车司机除熟练掌握列车驾驶知识外，还应经消防专业培训合格后持证上岗，并履行下列职责：掌握列车火灾应急预案和应急处理办法。每日检查列车消防设施和报警通信设施功能，发现故障应及时排除，不能排除的应报告消防安全管理人、消防安全责任人。发生火灾时，用标准用语进行广播宣传和疏散引导，稳定乘客情绪，引导乘客使用车内灭火器灭火和进行紧急疏散。将列车着火情况及时报告控制中心域值班站长。

（八）其他人员

其他人员应严格执行消防安全制度和操作规程，参加消防安全培训及灭火和应急疏散演练，熟知本岗位火灾危险性和消防安全常识，发生火灾时及时引导乘客安全疏散。

第二节　消防档案与消防安全重点部位

一、消防档案

地铁运营单位应建立健全消防档案，并制定消防档案保管制度。

（一）消防档案作用

建立消防档案是保障单位消防安全管理以及各项消防安全措施落实的基础工作，是本单位进行消防安全管理的重要措施。通过建立消防档案，可以检查单位相关人员履行消防安全职责的实施情况、本单位建筑消防设施运行情况、消防安全制度与措施落实情况，强化单位消防安全管理工作的责任意识，有利于推动单位的消防安全管理工作朝着规范化、制度化、科学化的方向发展。

（二）消防档案主要内容

消防档案应当包括消防安全基本情况和消防安全管理情况。

1. 消防安全基本情况应至少包括以下内容

单位基本概况和消防安全重点部位情况。建筑物或者场所施工、使用前的消防设计审核、消防验收以及消防安全检查的文件、资料。消防安全管理组织机构和各级消防安全责任人。消防安全制度和消防安全操作规程。消防设施、灭火器材情况。专职消防队、义务消防队人员及其消防装备配备情况。与消防安全有关的重点工种人员情况。新增消防产品、防火材料的合格证明材料。消防安全疏散图示、灭火和应急疏散预案。

2. 消防安全管理情况应至少包括以下内容

公安消防机构填发的各种法律文书。消防设施定期检查记录、自动消防设施全面检查测试报告以及维修保养记录。火灾隐患及其整改情况记录。防火检查、巡查记录。有关燃气、电气设备检测（包括防雷、防静电）等记录资料。消防安全教育、培训记录。对乘客进行消防宣传内容记录。灭火和应急疏散预案的演练记录。火灾情况记录。消防奖惩情况记录。

（三）消防档案建立要求

地铁运营单位属于消防安全重点单位，首先应当建立健全消防档案。消防档案应当翔实、准确，全面反映单位消防工作的基本情况，并附有必要的图表，不应漏填、涂改，并根据情况变化及时更新。单位应当对消防档案统一保管、备查。消防安全归口部门应当熟悉掌握本单位防火档案情况，并将每次消防安全检查情况和发生火灾的情况记入档案。

二、消防安全重点部位

（一）部位界定

各车站（车站各区域、各房间）、主变电所、机场风井、区间（区间各类房间、风井）；各设备间、停车场、公共区、地下场所；各段场车库、仓库、锅炉房、食堂、集体宿舍、变电所、机房、对外租赁的场所、档案房间等部位均属消防安全重点部位。

（二）管理要求

消防安全重点部位应确定消防安全负责人，组织实施重点部位的消防管理工作。重点部位管理须建立由消防安全责任人、消防安全管理人、消防管理人员以及下属各级消防安全责任人员、岗位员工构成的消防安全管理网络。重点部位应服从消防安全管理部门的消防安全管理，落实防火安全制度和必要的防火措施，做到明确职责，层层落实，各司其职，实行消防管理制度化。消防重点部位实行挂牌管理。重点部位必须设立"消防重点部位"指示牌、"禁止烟火"警告牌和消防安全管理牌，做到消防重点部位明确、禁止烟火明确、防火责任人落实、义务消防员落实、防火安全制度落实、消防器材落实、灭火预案落实。重点部位严禁堆放杂物、可燃物品。进入重点部位严禁携带火种，重点部位要进行防火巡查。应加强消防安全重点部位职工的消防教育，提高职工自防自救的能力。应重点加强消防重点部位火灾隐患检查工作。重点部位人员应结合实际开展灭火演练，做到"四熟练"（会熟练使用灭火器材、会熟练报告火警、会熟练扑灭初期火灾、会熟练疏散人员）。

第三节 防火巡查及消防宣传教育、培训

一、防火巡查

地铁车站应当进行每日防火巡查，并确定巡查的人员、内容、部位和频次。

（一）防火巡查内容

用火、用电有无违章情况。安全出口、疏散通道是否畅通，安全疏散指示标志、应急照明是否完好。消防设施、器材和消防安全标志是否在位、完整。常闭式防火门是否处于关闭状态，防火卷帘下是否堆放物品影响使用。消防安全重点部位人员在岗情况。其他消防安全情况。

（二）防火巡查要求

防火巡查人员应当及时纠正违章行为，妥善处置火灾危险；无法当场处置的，应当立即报告。发现初起火灾应当立即报警并及时扑救。防火巡查应当填写巡查记录，巡查人员及其主管人员应当在巡查记录上签名。

二、消防安全教育、培训

（一）一般规定

地铁运营单位应明确消防安全教育、培训的责任部门、责任人和职责、频次、培训对象（包括特殊工种及新员工）、培训形式、培训内容、考核办法、情况记录等要点。地铁运营单位的消防安全责任人应将消防安全教育、培训工作列入年度消防工作计划，为消防安全教育、培训提供经费和组织保障。地铁运营单位的消防安全管理人应制订本单位年度消防安全教育、培训计划，确定培训内容及授课人，并严格按照年度消防安全教育、培训计划，组织全体员工参加消防教育、培训。对每名员工的集中消防培训至少

每半年组织一次;新上岗员工或有关从业人员必须进行上岗前的消防培训,并将组织开展宣传教育培训的情况做好记录。通过张贴图画、消防刊物、视频、网络等多种方式宣传消防知识;春、冬季防火期间和重大节日、活动期间应开展有针对性的消防宣传、教育活动。

(二)宣传教育、培训内容

有关消防法规、消防安全制度和保障消防安全的操作规程。本单位消防应急预案。本单位和本岗位火灾危险性及防火措施。有关消防设施的性能和使用、检查及维护方法。报告火警、扑救初起火灾及逃生自救的知识和技能。组织、引导乘客疏散的知识和技能。其他消防安全宣传教育内容。

(三)专门培训

下列人员每年应接受一次消防安全专门培训。消防控制室的值班、操作人员应持证上岗。单位的消防安全责任人(法人代表或主要负责人)。消防安全管理人。车辆、设备设施维修部门经理(车间主任)。专职消防安全员。消防控制室的值班、操作人员。控制中心主任(值班主任)、调度人员。车站站长(值班站长)。列车司机。特种作业人员。其他应当接受消防安全专门培训的人员。

第四节 隐患排查与危险品管理

地铁火灾不仅会造成巨大人员伤亡、财产损失和严重的负面社会影响,地铁运营公司还会面对灾后地铁停运、车站与隧道结构修复、协助分析调查原因等一系列繁杂问题。排查与整改火灾隐患,加强对易燃易爆化学危险品管理,对于有效预防地铁火灾的发生至关重要。

一、火灾隐患排查及整改

(一)火灾隐患界定

火灾隐患具体是指影响人员疏散或灭火救援行动,不能立即改正的;消防设施未保持完好有效,影响防火灭火功能的;擅自改变防火分区,容易导致火势蔓延和扩大的;在车站管理范围内违反消防安全规定,使用、储存易燃易爆危险品,不能立即改正的;

违章进行明火作业，或者在车站内吸烟、使用明火等违反禁令的；将安全出口上锁、遮挡，门禁系统失效，或者占用、堆放物品影响疏散通道畅通的；消火栓、灭火器材被遮挡影响使用或被挪作他用的；消防设施管理、值班人员和防火巡查人员脱岗的；违章关闭消防设施，切断消防电源的；不符合消防法安全布局、影响公共安全的；以及其他可能增加火灾实质危险性或危害性的情形。

（二）火灾隐患排查内容

应通过以下几个方面的检查逐一排查火灾隐患：消防法律、法规、规章、制度的贯彻执行情况。消防安全责任制、消防安全制度、消防安全操作规程建立及落实情况。单位员工消防安全教育培训情况。单位灭火和应急疏散预案制定及演练情况。防火间距、消防车通道、建筑安全出口、疏散通道、防火分区设置情况。消火栓、火灾自动报警、自动灭火和防排烟系统等消防设施运行及灭火器材配置情况。电气线路敷设以及电气设备运行情况。人员办公与生产、储存、运营部分实行防火分隔，安全出口、疏散通道设置等情况。列车上的安全设施设置情况，各门禁系统的状态情况。新、改、扩建工程消防设计审核与验收情况。单位范围内的消防产品质量情况。

（三）火灾隐患整改

发现的火灾隐患应现场立即整改。对于不能当场整改的火灾隐患，应由隐患责任部门向消防安全管理人或消防安全责任人报告，提出整改方案，明确整改具体人员和整改时限。责任部门对不能现场整改的火灾隐患，应进行登记管理，明确隐患情况、危害影响、防范措施、处置方案，并确定责任人员，保障消防安全。火灾隐患影响到现场防火和灭火救援的，责任部门应告知属地部门，并将防范措施对属地人员进行培训，确保应急处置完好。治理完成的隐患，及时进行销号。

二、危险物品管理

危险品是指具有毒害、腐蚀、爆炸、燃烧、助燃等性质，在运输、储存和使用过程中，对人体、设施、环境具有危害的有毒化学品和易燃易爆品。地铁人流巨大，必须在各个环节强化对易燃易爆危险物品的管理。

（一）管理组织与职责

采购部门保障采购质量和运输安全，仓储部门保障接收质量和出库质量以及在库期间的存储安全，使用部门对危险品的使用负责，安全监督部门对使用、存储进行监督。危险品采购、存储、使用等部门应指定不少于一名危险品兼职安全管理人员，负责本部门危险品管理制度建立，并根据部门职责落实采购、运输、仓储、领用、使用、存放、处置等环节的监管。危险品采购、存储、使用部门应建立危险品清单台账，及时更新，落实安全防护措施，消除隐患。应急管理部门应组织对危险品危害因素进行识别，根据危害结果制定火灾、爆炸等类别的专项应急预案，做好应急准备管理，定期组织演练。要制定具体的危险源管理制度，并严格监管。各部门组织开展安全教育培训工作应增加危险品管理知识，按照公司物资管理制度和危险源管理要求开展管控工作。危险品使用、存储部门应对蓄电池、燃油、燃气、液化气、瓶装乙炔、瓶装氧气、化工用品、聚氨酯、鼠药等危险品重点管理，建立专项制度，并严格落实。要强化对安检人员的教育培训，严明工作纪律，落实工作责任，定期对安检设备进行检定，对安检质量进行抽查，坚决把好危险品入站关。

（二）采购

应根据采购物品包装标志、危险化学品使用说明书、国家现行危险品目录确定是否是危险品。

公司采购、使用的危险品必须具有相关质量证明文件，是合格产品，具有危险品安全技术说明书和完好的安全标签。尽量选用无毒、低毒的化学替代品。国家明令禁止的化学危险品不得采购、使用。危险品的灌装容器、包装及标志等必须符合国家标准或行业标准。危险品采购合同中必须明确生产经营资质、运输资质、产品质量等方面要求以及各方的安全职责，确保符合国家相关规定。各部门对本部门所属的外来危险品各环节进行管理，并留书面记录。

（三）运输

危险品运输车辆必须持有《准运证》，运输过程中不得载客。销售单位负责运送易燃易爆化学物品，采购人员必须对物品严格检查，对包装不牢、破损、品名标签、标志不明显的易燃易爆化学物品和不符合安全要求的罐体、没有瓶帽的气体钢瓶不得装运。化学性质、安全防护、灭火方法互相抵触的易燃易爆化学物品不得混合装运。接收人员应在场院出入口严格检查运输车辆，不符合运输标准的车辆不得接收，不得进入地铁管理范围。公司内部运送危险品必须设置必要的防护设施。电客车、轨道车严禁运送危险品，严禁人员携带危险品乘车。

（四）存储

危险品必须统一存储于专用仓库或器皿，入库前应当有专人负责检查，确定无火种等隐患后，方准存储。专用仓库应安装监控设施，危险品作业区有条件安装监控设施的应安装，无条件的现场应"一人作业一人监护"。现场放置工作上使用的危险品时，包装应完好，不超过一个单位量，放置时应单独划定区域，做好标志、做好通风，严格控制存放量，保持现场洁净、整齐，保持安全距离，严格按照危险品存放要求进行放置。

使用部门和班组定期检查放置情况。负责存储危险品的部门必须制定专门的安全防火管理制度和操作规程并报安全品质部备案。储存危险品的仓库必须按国家法规要求由专人管理。管理人员必须掌握有关危险品业务知识，持证上岗。储存使用危险品的场所必须配备足够的灭火器材，采取通风、防火、防爆、防静电等措施，使用的工具、器皿、防护用品应符合防火防爆要求。危险品必须进行分类分区存放，专人管理。严禁混存、混放。严格执行《常用化学危险品储存通则》等国家标准。储存于专用仓库内的危险品必须有完整的标签，贴于醒目位置，并有相应的安全提示标志。一经启用的危险品储存容器，使用后必须按要求严格密封，防止挥发泄漏。随设备配备的危险品，属于公司的，并作为备件使用的，进入公司范围内必须储存于专用仓库内。仓库管理部门和使用单位应建立台账。储存危险品的专用仓库，应通过验收，不达标的不得投入使用，严禁携带火种，禁止无关人员进入。其他操作细则参考仓库安全管理相关规定。车站安检工作中发现的危险品应按照安检要求做好处理。

（五）使用

作业现场须设置必要的安全救护设施，严格按照作业规程作业。划定指定危险品作业区域，固定作业区应经部门领导书面审批同意，做好安全标志和安全操作规程，并张贴上墙。临时作业区应做好安全防护和安全提示。作业人员必须按照危险品管理条例持证上岗，掌握危险品相关知识和必要的急救措施，掌握作业规程，并按照规程要求作业。作业现场危险品使用完后，必须对现场进行清理，消除火灾隐患。

三、动火管理

根据地铁运营单位火灾危险性大小，将动火作业分为特级动火作业、一级动火作业、二级动火作业三个级别。动火证的有效期根据动火级别确定，特级动火和一级动火其动火证的有效期为1天（24小时），二级动火的动火证有效期为6天（144小时）。

（一）动火作业分级及范围

1. 特级动火及范围

油罐、油箱、油槽车以及储存过可燃气体、易燃液体的容器及其连接在一起的辅助设备。密闭容器内、管井内其他受限空间（变压器内、水箱内、车站污废水坑内及其他易产生有毒有害易燃腐蚀性气体空间）。现场堆有大量可燃和易燃物质的场所。与焊、割作业有明显抵触的场所。危险性较大的登高焊、割。各种压力容器和设备。

2. 一级动火及范围

在具有一定危险因素禁火区进行的临时焊、割作业。地下场所、设备机房内。登高焊、割作业。小型油箱、油桶。

3. 二级动火及范围

凡属非固定的、没有明显危险因素的场所，必须进行临时动火焊割的，都属于二级动火范围。

（二）审批程序

特级动火的申请由专业室负责人填写动火申请表，并作为动火管理人。动火部门负责人签字盖章审核，公司主管安全副经理进行审批。一级动火的申请由专业室工程师填写动火申请表，并作为动火管理人。室主任审核，部门负责人进行审批。二级动火的申请由动火人填写动火申请表，专业室工程师作为动火管理人。部门安全管理员审核，专业室负责人进行审批。安全管理部门将根据审批通过的动火申请表，对施工负责人（或动火负责人）发放特级动火证，部门专职安全管理人员根据审批通过的动火申请表，对施工负责人发放一级动火证，专业室专（兼）职安全管理人员根据审批通过的动火申请表，对施工负责人发放二级动火证。公司各项施工作业如须进行动火作业，在施工申请及行车通告中说明该项作业需要进行动火作业，并在施工前24小时办理动火证，施工作业现场负责部门根据行车通告审查动火证及动火人证件，符合要求后方可进行动火作业。动火负责人应按照动火级别进行安全防护。特级动火和一级动火作业需要提前制订动火作业安全防护方案。至少应包括风险分析、预防应对措施和应急处置措施等。并按照施工作业申报流程进行申报，在施工协调会上进行讨论，确定最终方案。动火现场必须由动火管理人或指派人员进行全过程监督。批准现场作业计划的属地部门要检查方案、检查现场防护情况，并对动火进行全过程监控。二级动火属地部门应进行过程监控。

（三）具体要求

动火作业由动火作业归口管理部门全权负责，在动火前必须明确动火负责人、监护人、动火人。动火作业人员必须具备动火作业职业资格，电气焊工必须持证上岗。禁止非职业人员操作。作业中严格执行安全操作规程。公司所管辖区域内严禁擅自进行动火作业，严禁擅自焚烧任何物品。运营期间，人员聚集区域均禁止动火作业，可能对运营产生影响的动火作业不应在运营期间进行，动火区域负责人应指派人员对动火作业进行监管。动火证上应注明动火管理人、动火人、动火监护人名单，动火时间，固定动火区域等相关信息。办理动火申请时，动火管理人应对动火人、动火监护人的安全意识和安全技能进行评估。动火证不准转让、涂改，不准异地使用或扩大使用范围。一份动火证只准在一个动火区域内使用。动火作业现场必须设有专人监护，配备足够的灭火器材，灭火器材由动火作业单位自行配备，不可挪用动火作业现场的灭火器材，通排风必须良好。动火前应主动向现场管理部门人员出示动火证，并经其同意后方可进行动火作业，服从区域安排和指挥。动火区域人员和动火人若发现不具备动火条件时，应制止和拒绝动火。动火人和动火监护人在作业中不准离开现场，当发现异常情况时应立即停止作业，并向现场区域管理人员报告。动火监护人、动火人、作业人员必须熟练掌握灭火器的使用方法，加强防火意识，严禁违规操作。一旦发生火灾应及时扑救，并迅速通知现场区域管理人员。动火前必须确认动火区域 8m 范围内无易燃易爆危险物品及易燃杂物，在确认安全的情况下方可作业。动火作业结束后或工作暂时中止，作业人员需要离开动火现场时，必须切断工具电源、熄灭火源，清理作业现场，确认火种完全熄灭并无残留火种后方准离开。

第五节　灭火和应急疏散预案与演练

制定灭火和应急疏散预案，是为了在本单位面临突发火灾事故时，能够统一指挥，及时有效地整合资源，迅速针对假想的火情实施有组织的控制和扑救，避免火灾来临之时慌乱无序，防止贻误战机和漏管失控，最大限度地减少人员伤亡和财产损失。因此，应结合本单位实际情况，有针对性地制定灭火和应急疏散预案与演练，熟练掌握应急处置的程序和措施，才能最大限度地减少或降低火灾危害，提高单位防范自救、抗御火灾事故的能力。

一、编制目的

为了在发生火灾事故时能够采取及时、有效的措施，将火灾事故的影响范围减少到最小，损失降到最低，最大限度地减少人员伤亡。

二、编制基本原则

（一）集中领导、统一指挥原则

火灾事故发生后，应急指挥部全权负责对事故组织指挥，所有部门必须无条件服从应急指挥部的统一调动指挥。

（二）协同作战、统一行动原则

扑救地铁火灾，各部门既要各司其职又要加强协同，做到整个灭火救援现场一盘棋，相互之间要密切配合、协调一致，提高灭火救援效能。

（三）加强第一时间出动原则

发生火灾事故时，各岗位迅速行动，积极抢险，力争将火灾事故损失降到最低限度。

（四）坚持"救人第一"原则

开展灭火救援行动，必须坚持以人为本，正确处理救人和其他灭火救援行动的关系，把保障乘客、人员的生命安全放在首位。

（五）坚持自救和外援相结合原则

要充分利用内部固定消防设施，积极疏散抢救人员，有效控制火势，消灭火灾。并在第一时间向公安消防队报警。

三、预案主要内容

（一）灾情设定

在制定地铁火灾应急预案时，首先要进行灾情设定。灾情的设定应根据可能发生的实际情况进行设定，要具有代表性、典型性和可行性。在地铁火灾预案的灾情设定时应考虑到地铁火灾的可能着火点，如地铁车厢内、站台上、站厅内、设备房等部位。着火点在列车上时，又分为列车的前部、中部和后部。地铁火灾着火时间的设置也要进行全面考虑，因为不同的时间涉及的客流量大为不同。

（二）组织机构

应结合地铁工程特点，建立以项目经理为首的"一员五组"组织体系。
"一员五组"职责如下：
指挥员：发生火灾后，全面负责现场的灭火工作；
报警组：火灾发生后立即拨打119报警电话，同时通知有关部门领导；
扑救组：接到报警后，迅速奔赴火灾现场，关闭、切断电源和燃气，控制火势蔓延；
疏散组：及时组织人员疏散，打开安全通道，迅速撤离火场；
隔离组：迅速将离火源较近的易燃易爆和其他物品转移到安全地点；
抢救组：在开展一般治疗的同时，迅速将伤员送至医院进行抢救。

（三）报警处置程序

1. 人工报警

现场人员发现火情时，应立即报警并引起周围人员注意。现场人员向单位内部报警时,应说明起火部位、起火物资、火势大小、有无人员被困、报警人姓名和电话。

2. 内部接警

单位接到火灾自动报警信号或人工报警后,应派人员核实火情。确认火情后,应按预案的要求,报告单位内部有关部门、人员,并同时向消防部门报警。

(四)应急疏散组织程序和措施

疏散组应分析火灾现场情况,确定疏散路线。疏散路线应以楼梯为主,也可利用避难层、避难间或其他救生设施疏散。第一梯队疏散组负责组织着火层人员疏散。第二梯队疏散组负责组织其他楼层的人员疏散。疏散组应检查各房间,并做明显标记。人员疏散至安全地点后,应清点人数,发现有未疏散人员,应组织二次疏散。

(五)扑救初起火灾的程序和措施

第一梯队扑救组赶赴灭火现场,查明火情、着火部位、着火点、有无人员被困;利用最近的灭火器、室内消火栓和固定消防设施灭火。第二梯队扑救组负责集结灭火器材,增援灭火,转移贵重物资。在专业灭火救援队伍到场后,将火场情况及时汇报并协助专业灭火救援队伍灭火。如无法控制火势,应在指挥部或专业灭火救援队伍发出撤离命令后迅速撤离。火灾扑灭后,检查火场,防止复燃。

(六)通信联络程序和措施

报警组负责通信联络工作。应及时向119消防指挥中心和消防控制室报警,并同消防控制室或指挥部保持不间断联系,对火场情况进行即时汇报。同时派人到主要路口迎接消防车,确保消防车及时准确到达火灾现场。

(七)安全防护救护程序和措施

安防组负责现场的安全防护救护工作。主要负责划定安全警戒区,维护火灾现场秩序,禁止无关人员入内;看护脱离火场人员,防止其重返火场;清除和疏散现场周围及消防车道上的车辆和人员,接应引导消防车辆停靠水源地;负责保护伤员安全撤离火场;通知120急救中心并协助工作;根据需要破拆门、窗,开辟疏散通道或进行排风通风;转移贵重物资和资料。

四、应急救援保障方案

(一)救援装备保障

有地铁运营的城市人民政府负责地铁应急装备的保障。领导小组与各相关部门负责指导、监督地铁应急装备保障工作。

（二）应急通信保障

使用消防移动指挥车或车载设备在火灾现场建立移动指挥中心。利用无线、有线、计算机、图像、卫星等通信技术组织现场通信，保障火场信息畅通，做到上情下达、下情上报。建立好消防三级网，保障现场指挥员之间、指挥员与战斗员之间、战斗员与战斗员之间通信联络畅通。因地铁车站埋设于地下，火灾时采用无线中继设备恢复通信可能存在的盲区，必要时，还可以组织运动通信、简易通信或临时架（铺）设有线通信线路等。同时须做好平时现场通信器材的维护、更换和电池充电准备，保证战时使用无误。

（三）交通运输保障

发生地铁火灾后，事发地人民政府有关部门负责对事发现场和相关区域进行交通管制，根据需要开设应急特别通道，确保救灾物资、器材和人员运送及时到位，满足应急处置需要。

（四）医疗卫生保障

事发地各级卫生行政部门，要按照《国家突发公共事件医疗卫生救援应急预案》落实医疗卫生应急的各项保障措施。

（五）治安秩序保障

应急响应时，事发地公安机关负责地铁火灾现场的治安秩序保障工作。

（六）物资、资金保障

省级人民政府和城市人民政府及其有关部门，应建立应急设备、救治药物和医疗器械等储备制度；城市人民政府应当做好事故灾难应急资金准备；领导小组应急处置资金按照《财政应急保障预案》的规定解决。

（七）社会动员保障

事发地人民政府根据需要动员和组织社会力量参与地铁火灾的应急处置。各领导小组协调事发地以外的社会力量参与救援。当地人民政府负责规划与建设能够基本满足地铁火灾发生时人员避难需要的场所。

（八）技术储备与保障

领导小组常设专家组对地铁火灾应急处置提供技术支持和保障；各有关部门和人民政府要组织地铁安全保障技术的研究，开发应急技术和装备。

五、灭火和应急疏散演练

（一）目的

使各级指挥人员，各行动组和有关工作人员熟悉相关应急预案，清楚各自的职责。检验各级应急预案的实用性和可操作性。检验地铁运营单位在紧急情况下的应急组织指挥、通信、灭火、疏散和救护等方面的实战能力，积累应对火灾等突发事件的实战经验。检验各类设备在紧急情况下的运行状态和可能存在的问题。

（二）一般规定

地铁运营单位应根据各级应急预案要求制订各级灭火和应急疏散演练计划并积极组织实施。地铁运营单位应至少每年组织一次全机构的灭火和应急疏散演练。地铁运营单位应组织各车站至少每年进行两次灭火和应急疏散演练。地铁运营单位应在灭火和应急疏散演练前至少15天向当地公安部门和公安消防机构上报灭火与应急疏散演练计划，获得批准后方可举行灭火和应急疏散演练。灭火和应急疏散演练应在当地公安部门和消防机构的指导与配合下进行。灭火和应急疏散演练应在地铁交通线路投入正式运营前或在投入运营后的非运营时间内进行。参加灭火和应急疏散演练的人员可以是地铁运营单位工作人员和身体健康的成年志愿者。在模拟实际火灾条件下的所有演练中，应注意对火源及烟气的控制，防止疏散队伍混乱及对演练人员的伤害。

（三）注意事项

演练时应在地铁车站入口处设置带有"正在进行消防演练"字样的标志牌。演练结束后，应总结问题，做好记录，修订预案内容，解决演练中暴露出的问题。

第六节　安全疏散

地铁火灾的特点是极易形成浓烟和热气流，并产生大量有毒气体。烟气的遮光性和毒害性对人员疏散十分不利。浓烟使疏散指示标志明亮度减弱，甚至失去指示功效。地铁工程散热排烟仅靠风井及大功率排风系统，受技术限制，不能达到理想的排烟效果。形成的高温热气流加快了烟气流动速度，给人员疏散带来困难。空气补给不足、底层烟量增大、有毒气体增多，会致使疏散迟误者中毒身亡。因此，在地铁火灾中采用科学的送排风方式，掌握灵活、科学的逃生方式就显得尤为重要。

一、列车火灾疏散

地铁车辆大部分材料采用不燃材料，隧道内设备、电缆、管道以及其他材料也基本都是低烟、阻燃或耐火的定型产品。因此，列车运行过程中发生火灾，原则上应尽快驶入前方车站，利用车站疏散预案疏散乘客。如果列车由于特殊原因不能驶入前方车站，必须停靠区间时，应紧急疏散乘客。同时同轨道的其他列车应立刻中止运行。另一轨道也应立即停止正常运行。

列车发生火灾处置程序如下：列车发生火灾，司机首先要向控制中心和下一站调度报告火灾情况。如果这时火灾不影响列车行驶，司机一方面指挥乘客利用消防器材自救，安抚并将乘客转移到非着火车厢，关闭与着火车厢连接门；另一方面使列车继续驶向前方，到达车站。利用车站疏散预案疏散乘客。当列车受到伤害，无法继续运行，必须停在区间时，首先切断相关区间的三轨供电系统。由控制中心下达疏散乘客的指令，引导乘客通过列车头部或尾部疏散。同时控制中心根据列车所在区间位置和乘客撤离方向，确定隧道防排烟系统火灾运行模式。即迎着乘客疏散方向送新风，背着乘客疏散方向排烟。

二、车站火灾疏散

车站火灾可分为站台火灾和站厅火灾。一旦发生火灾，都应立即采取紧急措施，阻止人员进入车站，开启站厅所有疏散门，将闸机设置为自由释放状态，迅速将乘客安全疏散到地面。

其工作程序如下：站行车服务员、机电值班员、客运服务员、站台服务员或其他人员发现火灾，要立即向车站控制室报告，并积极扑救初起火灾。值班站长、行车服务员报告控制中心，要求本站推迟列车运营。值班站长宣布车站执行火灾紧急疏散预案。值班站长、机电值班员指示车站执行站台、站厅火灾排烟工况。机电值班员关闭站台、站厅无关电源。值班站长指挥人员疏散和灭火，并向控制中心报告火灾情况。客运服务员、站厅服务员或其他人员打开站厅内的疏散门。行车服务员设置闸机为自由释放状态。行车服务员、客运服务员、站台、站厅服务员、售票员及其他人员指引乘客疏散出站。客运服务员、站台服务员、站厅服务员、售票员以及其他人员停止售票，拦截乘客进站。站台、站厅服务员或其他人员按分工引导消防员到达火灾现场。

三、站厅设备区火灾疏散

站厅设备区发生火灾时，车站工作人员应立即通知站台候车人员、站厅人员和设备区工作人员，通过站台楼梯、车站出入口和设备区安全出口迅速向地面疏散。值班站长、行车服务员、机电值班员、客运服务员、站台服务员、站厅服务员、售票员及其他工作人员按照疏散预案明确的职责，迅速开展工作。

设备区发生火灾要同站台、站厅发生火灾一样，必须高度重视。要严格执行站台、站厅发生火灾人员疏散的程序，确保人员安全。

第七节 微型消防站

《中华人民共和国消防法》第四十一条规定：机关、团体、企业、事业等单位以及村民委员会、居民委员会根据需要，建立志愿消防队等多种形式的消防组织，开展群众性自防自救工作。

结合新时期火灾发展规律和"单位全面负责"的消防监管模式，公安部消防局下发《关于印发〈消防安全重点单位微型消防站建设标准（试行）〉》《社区微型消防站建设标准（试行）》的通知，对志愿消防组织赋予了崭新的名称——微型消防站。并从队员组成、装备配置、职责义务做出了详细的职责明确。这是继《机关、团体、企业、事业单位消防安全管理规定》（公安部61号令）之后又一个对重点单位消防工作实践具有指导性意义的文件。

为推动落实单位主体责任，着力提高本单位自查自纠、自防自救的能力，地铁运营单位应当依法建设"有人员、有器材、有战斗力"的微型消防站，实现有效处置初起火灾的目标。

一、建设原则

除政府须按消防规划建立专业消防队伍外，设有消防控制室的地铁运营单位应建立微型消防站。合用消防控制室的地铁运营单位，可联合建立微型消防站。微型消防站应依托地铁运营单位的管理人员、安保人员、消防控制室值班人员和其他运营人员。配备必要的消防器材和装备，担负防火巡查和"3分钟到现场"处置初起火灾和人员疏散等任务。

二、工作职责

负责地铁站区范围内的火灾扑救和应急救援。熟悉本单位（场所）情况，制定完善的灭火救援预案，定期开展灭火救援演练。开展防火巡查和消防宣传教育，普及消防安全知识。落实消防安全户籍化管理和消防安全标准化管理工作。协助处置毗邻单位、场所初起火灾扑救和人员疏散。依法应当履行的其他职责。

三、岗位职责

(一) 站长职责

组织领导微型消防站贯彻落实有关部门执勤战备的规定和要求，研究制定改进和加强消防战备工作的措施。组织建立和完善微型消防站人员职责，组织制定执勤、管理制度，掌握微型消防站执勤战斗实力。组织开展消防安全培训、装备使用训练和灭火救援业务训练。组织开展防火巡查工作，每月组织一次防火检查。报告火险隐患，提出整改意见和建议，组织建立完善消防档案。组织熟悉本单位的疏散通道和消防设施设置的基本情况。组织制定灭火救援预案，掌握常见火灾及其他灾害事故的种类、特点及处置对策。指挥初起火灾扑救和其他灾害事故的处置，组织消防队员协助保护现场。

(二) 消防员职责

根据职责分工，完成初起火灾扑救和应急救援任务。掌握本单位的道路、水源、单位情况和常见火灾及其他灾害事故的处置程序及行动要求，熟悉灭火救援预案。保持个人防护装备完整好用，掌握装备性能和操作使用方法。负责防火巡查和消防宣传教育。根据值班备勤制度，班长负责监督检查值班人员的各项工作落实情况，与防护区域各消防控制中心保持信息沟通，并将有关情况及时通知到巡查、检查消防员。各站设专门的通信员，负责站内、站与站、站与各项目消防安全管理部门、消防控制中心等就消防安全情况实时联系与信息沟通；负责站内通信设备日常维护管理，保障通信正常。

(三) 消防控制室岗位职责

遵守消防控制室的各项规章制度，认真履行岗位操作责任制，对各种消防控制室设备进行实时监控和操作，不得擅离职守。消防控制室应当实行每日24小时专人值班制度，确保及时发现并准确处置火灾和故障报警。消防控制室工作人员每班不得少于两人，一名负责值班时报警部位的核实和紧急情况的处置，一名负责自动消防系统的操作。消防控制室自动消防设施操作人员，应取得相关职业资格证书，持证上岗，并存放在消防控制室备查。熟悉和掌握本单位消防设施的工作原理、功能和操作规程。熟悉各种按键的功能。熟练操作各种系统。负责对消防设施进行每日检查，认真记录各种设备的运行情况，并填写《消防控制室值班记录表》《消防设备检查记录表》，做好交接班工作。掌握和了解消防设施的运行、误报警、故障等有关情况，并填写《消防设施故障处理记录表》。对消防控制室设备及通信器材等进行经常性检查，定期做好系统功能测试。协助技术人员做好修理、维护工作。不得挪用或擅自拆除、停用消防设施，保证设备正常运行。经常向单位负责人和保安部门报告建筑自动消防设施的运行情况，协助有关领导做好防火、灭火工作。熟练掌握本单位《消防应急处理预案》。火灾情况下能按照预案程序开展灭火救援工作。积极学习贯彻消防法律法规、遵守消防安全管理制度，以高度的责任感去完成各项技术工作和日常管理工作。完成消防部门和上级领导布置的其他工作任务，积极参加消防专业培训，自觉接受消防机关的检查。

四、人员配备

微型消防站人员配备不少于6人。微型消防站应设站长、副站长、消防员、控制室值班员等岗位，配有消防车辆的微型消防站应设驾驶员岗位。站长宜由站区主任级管理人员兼任，副站长由值班站长或现场值班人员担任。微型消防站人员应当接受岗前培训；培训内容包括扑救初起火灾业务技能、防火巡查基本知识、站区内消防设备的应用方法和组织人员疏散的基本常识等。

五、站房器材配备

微型消防站应设置人员值守、器材存放等用房，可与消防控制室合用；有条件的，可单独设置。微型消防站应根据扑救初起火灾需要，配备一定数量的灭火器材、破拆器材、个人防护器材和通信器材；地铁微型消防站还应配备一定数量的氧气呼吸器、防毒面罩和背负式细水雾等专业设备。微型消防站应在建筑物内部或避难层、避难间设置消防器材存放点，可根据需要在建筑之间分区域设置消防器材存放点。有条件的微型消防站可根据实际选配消防车辆。

六、训练制度

每周开展一次消防设施、器材使用训练，熟练掌握站点内消防设施、器材的性能和使用方法。每月开展一次灭火或疏散逃生训练，掌握初起火灾扑救方法和基本火场逃生方法。每月开展一次消防站区域内道路、水源熟悉工作，掌握本区域基本情况。每季度开展一次灭火疏散预案实战演练，熟悉掌握本站点制定的灭火应急疏散预案内容。总结每次灭火疏散演练和实战演练，找出不足之处，使之更加完善。

七、值守联动

微型消防站应建立值守制度，确保值守人员24小时在岗在位，做好应急准备。接到火警信息后，控制室值班员应迅速核实火情，启动灭火处置程序。消防员应按照"3分钟到场"要求赶赴现场处置。微型消防站应纳入当地灭火救援联勤联动体系，参与周边区域灭火处置工作。

八、考评和奖惩制度

微型消防站工作应由地铁安全管理部门进行考评，根据考评成绩实施奖励和处罚。凡有下列情形之一，应根据情况给予精神和物质奖励：认真履行岗位职责，严格落实消防安全制度，为消防安全做出突出成绩者。发现火灾隐患及时报告者。发现初起火灾及时采取有效措施处置，避免重大损失者。在火灾情况中判断正确，处置果断，扑救事迹突出者。积极参加消防宣传教育培训、演练。在日常工作中有其他优异成绩和突出表现者。有下列情形之一者，尚未构成犯罪的，应根据情况予以处罚：不履行本岗位职责，不落实消防安全制度，对消防安全工作造成影响的。擅自停用自动消防设施的。遇有火灾报警，不确认真伪、不及时处置就擅自消音、复位的。自动消防设施有故障、不报警、带病运转的。不会使用灭火器材灭火和不会报火警的。无故不参加消防培训、演练的。奖励和处罚按照公司制度执行。

第八节 消防设施检查与维护

消防设施、器材的检查维护保养管理应与本单位的运营管理工作统筹安排，结合自身消防安全特点，按照国家有关建筑消防设施维护管理标准的要求，建立健全消防设施、器材的消防安全管理制度，确定消防设施使用、管理、检查、维护的职能部门和逐级岗位消防责任制，在单位消防安全责任人或管理人的领导下抓好各项工作的落实，确保消防设施的完好有效。

按照国家有关消防技术规范要求，地铁运营单位需要委托具有建筑消防自动设施资格的单位对系统进行全面检测的，应定期委托检测并要求出具检测报告。运营单位应委托有资质的单位对消防设施维修更换，保证消防设施完好有效。

室内外消防给水系统、火灾自动报警系统、自动喷水灭火系统、气体灭火系统、防烟、排烟与事故通风系统和防灾通信系统的操作、维护和管理人员上岗前应经过专业培训，并取得合格证，熟悉和掌握系统的工作原理、技术性能和操作维护规程。

一、灭火器

（一）检查与维护

灭火器材的检查、维护及保养要指定专人负责，并有检查、维护及保养记录。检查灭火器标志是否清晰，铅封锁链是否完整。检查压力表指针是否在绿区。灭火器在每次使用后，必须送到已取得维修资质的维修单位检查，更换已损件，重新充装灭火剂和驱动气体。灭火器自出厂日期算起达到规定期限，虽未经使用，仍必须送维修单位进行水压试验。检查合格后方可继续使用：手提式和推车式干粉灭火器、二氧化碳灭火器出厂期满五年，首次维修后每满二年。手提式和推车式清水灭火器出厂期满三年，首次维修后每满一年。送修灭火器时，一次送修数量不得超过计算单元配置灭火器总数量的1/4。超出时，需要选择相同类型、相同操作方法的灭火器替代，且其灭火级别不得小于原配置灭火器的灭火级别。

维护保养注意事项：灭火器的橡胶、塑料件不得使用有机溶剂洗涤。变色、变形、老化或断裂的必须更换。压力表外表面不得有变形、损伤等缺陷。压力值的显示应正常，否则，应更换压力表。喷嘴有变形、开裂、损伤等缺陷的，必须更换。防尘盖应保证灭火剂喷出时能够自行脱落或击碎。灭火器的压把、阀体等金属件不得有严重损伤、变形、锈蚀等影响使用的缺陷，顶针不得有肉眼可见的缺陷，否则必须更换。灭火器的出气管不应有弯折、堵塞和裂纹等缺陷，否则必须更换。

（二）报废条件

检查发现灭火器有下列情况之一者，必须报废：筒体、器头进行水压试验不合格的。二氧化碳灭火器的钢瓶进行残余变形率测试不合格的。筒体严重锈蚀（漆皮大面积脱落，锈蚀面积大于筒体总面积的1/3，表面产生凹坑者）或连接部位、筒底严重锈蚀的。筒体严重变形的。筒体、器头有锡焊、铜焊或补缀等修补痕迹的。筒体、器头（不含提、压把）的螺纹受损、失效的。筒体与器头非螺纹连接的灭火器。器头存在裂纹、无泄压结构等缺陷的。水基型灭火器筒体内部的防腐层失效的。没有间歇喷射机构的手提式灭火器。筒体为平底等结构不合理的灭火器。没有生产厂名称和出厂年月的（含铭牌脱落，或虽有铭牌，但已看不清生产厂名称；出厂年月钢印无法识别的）。被火烧过的灭火器。不符合消防产品市场准入制度的灭火器。按国家或有关部门规定应予报废的灭火器。

报废灭火器或贮气瓶，必须在确认内部无压力的情况下，对灭火器筒体或贮气瓶进行打孔、压扁或锯切，报废情况应有记录，并通知送修单位。

（三）报废年限

手提式、推车式灭火器出厂时间达到或者超过下列规定期限的，均予以报废处理：水基型灭火器出厂期满6年。干粉灭火器、洁净气体灭火器出厂期满10年。二氧化碳灭火器出厂期满12年。

二、火灾自动报警系统检查与维护

（一）空气采样（吸气式）感烟火灾探测器使用与维护

空气采样（吸气式）感烟火灾探测报警系统的使用和维护应符合现行国家标准《火灾自动报警系统施工及验收规范》的相关规定。吸气式感烟火灾探测报警系统竣工验收后，不应随意变动采样管网的位置、采样孔的数量及开孔大小。吸气式感烟火灾探测报警系统维护管理单位应配备专业人员负责系统的日常管理及维护。

每年应定期对空气采样（吸气式）感烟火灾探测报警系统的采样管网、采样孔进行清洁。每次清洁前后，应对每根采样管的进气量进行记录和对比。每年应定期对空气采样（吸气式）感烟火灾探测报警系统的过滤装置进行吹洗或更换。每季度应检查和测试空气采样（吸气式）感烟火灾探测报警系统的下列功能，并填写季度维护记录：测试每根采样管的最大烟雾传输时间，不应大于 120 s。测试空气采样（吸气式）感烟火灾探测报警系统的声光报警输出情况。测试空气采样（吸气式）感烟火灾探测报警系统的复位、自检、消音功能。检查空气采样（吸气式）感烟火灾探测报警系统显示的日期、时间。检查每根采样管的进气量。检查过滤器的使用情况。检查所有联动输出设备的工作状况。

（二）火灾报警控制器与消防联动控制器

报警控制器及其相关的设备如控制盘、模拟盘等应每天进行检查，做到及时发现问题，随时处理，以保证系统的正常运行。有自检巡查功能的，可通过拨动控制器的自检巡查开关，检查其功能是否正常。没有上述功能的，可采用给一只探测器加烟（温）的方法使探测器报警，来检查消音、复位、故障报警等功能是否正常。每半年对火灾自动报警系统（或弱电系统）线路进行一次相间及对地电阻测试，保证线路各绝缘电阻在规范要求范围内。每日应填写系统运行和控制器日检记录表。

（三）其他设备

下列设备应每季度进行检查：火灾报警装置声光显示试验。试验要求实际操作，一次可进行全部试验，试验前要做好安排，防止造成不必要的混乱。试验水流指示器、压力开关等报警功能、信号显示是否正常。对备用电源进行 1~2 次充放电试验，1~3 次主电源和备用电源自动切换试验。试验时要按产品说明书的要求进行实际操作。如转换及充电均正常为合格，否则应进行修理更换。用自动或手动方式检查下列消防控制设备的控制显示功能：防排烟设备；室内消火栓、自动喷水灭火系统的控制设备；火灾事故照明灯及疏散指示灯等。检查所有转换开关。包括电源转换开关、警报转换开关、灭火转换开关等所有手动、自动转换开关是否正常。消防通信设备应在消防控制室进行对讲通话试验。强制切断非消防电源功能试验。

三、自动喷水灭火系统

（一）喷头

每月应对喷头进行一次外观检查。从外观上检测喷头玻璃泡有无裂缝（环境温度忽冷忽热会造成玻璃泡破裂、漏液），如发现应及时更换。对使用年限较长的自动喷水灭火系统，应对其喷头进行抽查，已损坏的应及时更换。定期对喷头进行清洗。对轻质尘埃可用空气吹除或软布擦净；对容易结垢的尘埃如油漆、水泥粉等，应予以拆换，集中处理。对于二次装修的场合，必须对喷头做适当保护，避免装修涂料对喷头的污染。

（二）管道

检查管道主要是防止其堵塞，造成供水不畅，以至无法正常供水。应每日检查管道，防止供水阀门关闭。应定期对管网进行清洗，以免管道因锈蚀或水源内杂质造成管道不畅、喷头堵塞、报警阀关闭不严等影响灭火。每季度进行放水试验时观察水质或有无异物流出，防止管道堵塞。检查管道的法兰接口处有无渗水。每年应至少检查一次管道有无机械损伤、渗漏、腐蚀、偏移等。管道不应承受外加荷载。

（三）报警阀

报警阀是自动喷水灭火系统中非常重要的灵敏部件，应每月检查一次。

检查阀门的开启与密闭性能。如发现阀门开启不畅或密闭不严，应视情况拆开阀门，调换阀瓣密封件。检查报警阀前后压力表工作是否正常。压力表应每年校验一次，校验时当压力表误差大于3%满刻度时应予撤换。检查报警阀组上各种阀门的启闭状态。

（四）水力警铃

应检查通向水力警铃的过滤器是否有水垢、泥沙及污物。如发现杂物堵塞，应加以清除，确保水流流动畅通，防止报警失灵。

（五）消防水泵

每季度检查消防水泵工作状态和性能。对离心泵同时检查引水设施。试验消防水泵时打开排水阀，保持水源的流通，以防止压力增高，超压损坏管网。每季度检查停电应急措施是否正常，检查各运行部位的润滑状态，及时上润滑油（膏），保持消防水泵运行正常。以内燃机为动力的消防水泵，应检查内燃机的工作状态和燃油储存情况，燃油是否具有保证 3 h 运转所需的储备量。

（六）末端试水装置

应每月对末端试水装置进行一次测试，具体方法如下：开启末端试水装置，出水压力不应低于 0.05 Mpa。水流指示器、报警阀、压力开关应动作。开启湿式系统的末端试水装置后 5 min 内，消防水泵自动启动。

四、消火栓系统

地铁中通常采用干式消火栓系统。应每年进行一次全面检查。

（一）室内消火栓

每季度对消防水泵启动运转一次，进行主备泵转换并手动、自动控制试验，确保消防水泵能正常启动并运行，并把工作情况反馈到消防控制室值班人员。检查消火栓是否生锈，有无渗漏，进行放水检查转动机构是否灵活。水枪、水带是否完好无损。箱门玻璃及玻璃按钮有无破损。水带挂架或消防软管卷盘能转动 90°。检查消火栓箱内手动报警按钮是否完好。

（二）水泵接合器

转动操作机构，检查其灵活性。在螺纹处涂上润滑油脂，以免锈死。老化、损坏的密封件及时更换。检查闷盖是否齐全，本体接口处是否漏水。检查水泵接合器周围有无影响操作的障碍物。

（三）快速排气阀

快速排气阀的作用是在发生火灾时迅速排除消防管道气体，使水充满管道，灭火后泄水时能够补充气体。由于地铁设计线路基本是高车站低区间，区间隧道两头与车站相连，中间低、两头高。火灾时，区间管道的系统从两端车站进水，排气阀主要依靠系统水压力驱除管道中的气体。因此，必须确保快速排气阀的畅通。应定期对快速排气阀进行检查，防止异物堵塞。

（四）电动快开阀

分别利用自动、远程启动、机械应急启动几种方式，打开快开阀，检查其可靠性。

（五）消防水池、高位水箱、气压罐检查

核对其消防储备用水位及气压罐的气体压力，保证消防储备水不被他用。所有阀门应处于全开状态，发现故障应及时沟通，及时维修。

（六）每月对管道进行检查，确保管道通畅，不渗漏

如有渗漏，应及时处理，同时检查管道上所有阀门应处于全开启工作状态。

（七）每季度分批对消火栓进行放水试验

五、气体灭火系统

每月对气体灭火系统进行两次检查。检查内容及要求应符合下列规定：对灭火剂贮存容器、选择阀、单向阀、高压软管、集流管、阀驱动装置、管网与喷嘴等全部系统组件进行外观检查，应无碰撞变形及其他机械性损伤，表面应无锈蚀，保护涂层应完好，铭牌应清晰，手动操作装置的防护罩、铅封和安全标志应完整。七氟丙烷、IG541灭火剂贮存容器内的压力，不应小于设计贮存压力的90%（且压力指针指向绿区内）。气动驱动装置的气动源的压力，不应小于设计压力的90%（且压力指针指向绿区内）。

每年对气体灭火系统进行两次全面检查，检查内容和要求除按月检规定检查外，尚应符合下列规定：防护区的开口情况、防护区的用途及可燃物的种类、数量、分布情况，应符合设计规定。灭火剂贮瓶间设备、灭火剂输送管道和支、吊架的固定，应无松动。高压软管应无变形、裂缝及老化。必要时，应按规范规定，对每根高压软管进行水压强度试验和气压严密性试验。各喷嘴孔口应无堵塞。对二氧化碳灭火剂贮存容器逐个进行称重检查，灭火剂净重不应小于设计量的95%。灭火剂的输送管道有损伤与堵塞现象，则应按相关规范规定，对其进行严密性试验和吹扫。按相关规范规定，对每个防护区进行一次模拟自动启动试验。有不合格项目，则应对相关防护区进行一次模拟喷气试验。

六、防排烟系统

（一）排烟阀（口）、防火阀、送风阀（口）

排烟阀（口）、送风阀（口）有无变形、损伤，周围有无影响使用的障碍物。风管与排烟阀（口）连接部位的法兰有无损伤，螺栓是否松动。阀件是否完整，易熔片是否脱落，动作是否正常。旋转机构是否灵活，每年对机械传送机构加适量润滑剂。制动机构、限位器是否符合要求。进行手动、远程启闭操作，检查是否可以完全打开。

（二）送风机、排烟风机

机房周围有无可燃物；安装螺栓是否松动、损伤。传动机构是否变形、损伤；叶轮是否与外壳接触。电动机的接线是否松动；电动机的外壳有无腐蚀现象。电源供电是否正常（检查电压表或电源指示灯）。检查轴承部分润滑油状态是否异常（脏污、混入泥沙、

尘等）。检查电动机的轴承部位润滑油液位是否正常。检查传动皮带是否松动，联轴器是否牢固。启动电动机，检查旋转时有无异常振动、杂音。操作手动或自动启动装置，进行每个防烟分区（或正压送风）的动作试验。每年应对送风机、排烟风机的风量进行测定。

（三）风机电柜

控制柜是否设置在易于操作、检查、方便维修的位置。控制柜有无变形、损伤、腐蚀。线路图及操作说明是否齐全。电压、电流表的指针是否在规定的范围内。开关是否有变形、损伤、标志脱落，是否处于正常状态。检查操作开关性能，检查指示灯显示状态是否正常。检查继电器是否脱落、松动，接点是否烧损，转换开关能否正常切换。

（四）正压送风阀

检查其是否完好，能否完成送风功能。

七、消防疏散系统

（一）应急照明

每月应查看应急照明外观是否有损坏、电源插头是否插在电源插座上、灯管是否工作正常。每季度对应急照明进行一次功能性测试，按下列方法切断正常供电电源，用秒表测量应急工作状态的持续时间：自动电源型和子母电源型切断其主供电电源。集中电源型切断其控制器主电源。接在消防配电线路上的应急照明灯具，切断非消防电源。

使用照度计，测量两个应急照明灯之间地面中心的照度。应符合相关规范疏散照明灯具照度要求。达到规定的应急工作状态持续时间时，重复测量上述测点的照度。配电室、消防控制室、消防水泵房、供消防用电的蓄电池室、自备发电机房、电话总机房，以及发生火灾时仍需坚持工作的其他房间，使用照度计测量正常照明时的工作面照度。切断正常照明后，测量应急照明时工作面的最低照度；系统复位。

（二）疏散指示标志

每月查看外观，核对位置及完好情况。每季度对疏散指示标志进行一次功能性测试。关闭正常照明，查看发光疏散指示标志的自发光情况。切断正常供电电源，在灯光疏散指示标志前通道中心处，用照度计测量地面照度。达到规定的应急工作状态持续时间时，重复测量上述测点的照度。系统复位。

（三）消防应急广播系统

每月在消防控制室对所选区域播音，检查音响效果。每季度在自动控制方式下，分别触发两个相关的火灾探测器或触发手动报警按钮后，核对启动消防应急广播的区域，检查音响效果。每月在公共广播扩音机处于关闭和播放状态下，自动和手动强制切换消防应急广播。每季度用声级计测试启动消防应急广播前的环境噪音。当大于60dB时，重复测量启动消防应急广播后扬声器播音范围内最远点的声压级，并与环境噪音对比。

八、防火门

防火门应具有可靠的耐火性能，且设置合理。查看外观，检查闭门器、防火贴条、双扇和多扇门顺序器是否齐全，门扇有无变形缝隙。检查防火门的关闭效果以及双扇门的关闭顺序是否正确。防火门关闭后，分别从内外两侧开启。开启常闭式防火门，查看关闭效果。分别触发两个相关的火灾探测器，查看相应区域电动常开防火门的关闭效果及反馈情况。疏散通道设有出入口控制系统的防火门，自动或者远程手动输出控制信号，查看出入口控制系统的解除情况及反馈信号。全部复位，恢复正常工作状态。

九、防火卷帘

查看外观，看门扇接缝处、导轨、卷筒等缝隙处的防火防烟密封措施是否完好。

按下列方式操作，查看防火卷帘运行情况及反馈信号：机械操作防火卷帘升降。触发手动控制按钮。消防控制室手动输出遥控信号。分别触发两个相关的火灾探测器。恢复至正常工作状态。

十、门禁系统

检查计算机的串口是否正常，有无正常连接或者被其他程序占用。检查给电锁供电的电源是否正常，每周检查一次。检查电控锁锁舌与锁扣是否发生机械性卡死，每月检查一次。检查总线是否有短路现象，每月检查一次。设备故障应急措施——如出现刷卡无法打开门或低保密设置的IC卡打开高保密设置的门禁，应立即对系统进行全面检查调试，故障应在24小时内解决，必要时对IC\ID卡进行重新设置，确保系统安全运行。

十一、消防设施使用操作规程

地铁运营单位应建立具有消防系统竣工图、消防产品设备技术资料、使用说明书、调试开通报告、竣工报告、竣工验收情况表等资料的消防设施技术档案，以及消防设施的运行、检查、测试、维修、更换等情况记录，并存档备查。

运营单位应建立日常管理和定期检查、检测、维护、维修的逐级岗位责任制和操作规程，明确有关部门和人员的职责、程序、内容、标准与要求。对存在故障和达不到国家有关消防技术规范、工程设计要求和火灾扑救要求的消防设施、器材应及时进行维修和整改，确保消防设施、器材的完好有效。

消防设施在大修、改造、更新时，应在实施前向消防机构备案，并按照单位内部审批程序向有关部门和负责人报告，经同意后方可实施，并在实施期间采取有效的安全预防措施，确保安全。消防设施需要改变的，应报经消防监督机构审核批准后，方可实施，并在实施期间采取有效的消防安全补救措施，确保安全。

第七章 消防管理

消防监督管理和单位自主消防安全管理最终目的都是及时消除火灾隐患，落实单位消防安全主体责任，提高单位防范火灾的能力水平。对于目前数量日益增多、规模越来越大的城市综合体而言，其面积大、体积大、功能多、结构复杂多样、易燃物多、人员密集、安全疏散和火灾扑救难度大等特点使其消防管理面临着巨大的挑战。

第一节 综合体消防管理现状分析

通过实地调研和详细分析，发现综合体建筑消防管理在建筑防火、消防设施管理、安全责任和安全意识方面存在较多的消防安全问题，下面将详述。

一、建筑防火

（一）相关标准规范制约

由于城市综合体其特有的建筑形式，目前现行的国家规范已不能完全涵盖或满足城市综合体的消防技术要求，特别在防火分隔措施、人员安全疏散、消防设施配置等方面均有着特殊的需求。从目前土地资源和建筑规模的发展趋势看，尤其在上海地区，将有越来越多的城市综合体应运而生，但是目前无论从国家层面还是上海本地，专门针对此类特殊建筑的防火设计标准还没有制定。

城市综合体建筑防火设计以前主要依据的已作废的《建筑设计防火规范》和《高层民用建筑设计防火规范》并没有针对性的条文，而已经颁布实施的最新版《建筑设计防火规范》也未有大型综合体防火设计的专门篇章，而是分散在各条规范条文当中，新规范中虽然明确规定了有顶棚的步行街的具体防火要求，但是与实际工程中的"步行街"又差别较大，不能起到指导和规范设计的作用。因现行国家标准对大型城市综合体防火设计所采取的措施针对性不足,有些地方又出台了地方性的设计标准作为补充,如《上海市大中型商场防火技术规定》《重庆市大型商业建筑设计防火规范》、《江苏省商业建筑设计防火规范》等,但是各规范对类似措施的做法规定也不完全一致,而且相对滞后,亟须修订。

无论是设计单位还是管理部门,都需要依据规范、法规及其精神来做好城市综合体的防火设计及审查。这就需要各地政府和消防部门依据国家规范并结合当地的特点,制定一些针对性强的技术规范和补充技术规定来指导当地的防火设计及审查。

(二)性能化设计对施工及管理的影响

由于占地面积大、体量大,建筑内部各功能区相互关联,以及标准规范相对滞后,导致大型综合体建筑消防设计时许多项目超出现有规范要求。目前大部分大型城市综合体在建筑消防设计对超出现有规范的问题按规定采取性能化设计后通过专家论证作为审核的依据。但是性能化设计往往附加了许多限制条件,而从投入使用的城市大型综合体看,由于商家利益驱使和监督员更换不熟悉项目论证内容而出现一些监管问题,这些问题往往又不易发现,但性质很严重,一旦发生火灾带来的后果不可估量。

一是改变性能化设计的限定条件。为追求商业利益最大化,单位擅自降低性能化设计所提出的标准,擅自改变原设计的限定条件,在严格限定火灾荷载和烟气区域摆放沙发、商品等易燃可燃物。在禁止火电源区域使用电气设备和明火,在扩大的门厅区域摆放柜台和经营摊位,将原本限定的非功能区变成功能区。还有就是运营管理过程中影响消防设施的使用,比如商场装饰布置影响火灾探测器的问题:综合体项目中大体量的中庭或是步行街区域一般会布置红外光束火灾探测器,其往往要求探测器光路上无固定遮挡物和移动遮挡物,但实际上,商场在节假日或促销活动时,会在中庭等区域挂上大量吊坠型装饰物,这些装饰物无疑会影响到红外光束火灾,探测器的正常运行。

二是"准安全区"无法保证安全。目前,大量综合体项目均采用室内步行街或中庭作为"准安全区"的消防设计方式。"准安全区"就是当火灾来临时,人员暂时疏散到这里是安全的。其成立的条件是将步行街周围的店铺处理成一个个独立的防火单元,用防火隔断与周围隔离开,店铺内增加火灾报警、自动灭火和机械排烟措施,严格控制步行街公共空间不放置任何固定可燃物,步行街的走道上空设有防排烟措施等,我们可以看到基于这些条件下,"准安全区"才是安全的。然而在综合体项目实际的运营过程中,"准安全区"特别是中庭区域常年用于商品促销、汽车展览、婚纱摄影等各种活动,在"准安全区"走道上设置可燃材料制作的休息座椅、装饰物及各家商铺的广告、展示区。这样的做法完全违背了设置"准安全区"的初衷,使之失去了准安全区的功能,一旦发生火灾,势必造成该区域产生大量有毒烟气,并成为火灾蔓延和烟气流动的途径。

三是将原设计并通过性能化设计论证的穿越建筑的消防车通道两侧封闭,变成经营区。审核和验收时消防车道通畅,运作一段时间后两侧安装封闭门,继而在里面摆放临时柜台，发展到最后变成固定营业区。

四是人员疏散通道不能保证。一方面，运营方出于经济利益考虑，有些会在人员疏散通道上布置商品销售柜台或是展示区，使得人员疏散通道的有效宽度变窄；另一方面，管理方出于建筑安全考虑，或是综合体不同区域运营时间不同（如商场与电影院等营业时间不一致），会人为锁住或关闭部分出口，给人员安全疏散带来极大的隐患。由于消防性能化设计时人员疏散是从综合体建筑整体来考虑的，各功能区相互关联，借用通道、共用楼梯比较普遍，但在经营运作上又各自独立，运营时间不同步，一个功能区停止使用就要关闭部分出口或通道，导致借用出口的功能区缺少一个安全出口。如商场中设置影院、KTV等娱乐场所，商场正常营业时能够确保影院或娱乐场所至少有两个安全出口。当商场下班后，为保证商场自身的防火、防盗安全就要关闭一些安全出口和对外通道。而设置在商场楼上的影院、KTV等娱乐场所往往夜间营业到很晚，与商场闭店时间不同步，这时与商场借用、共用出口无法使用，一旦发生火灾，人员疏散就成了大问题。

五是管理人员变动频繁。商业内部的消防安全工作人员变换频繁，专业知识匮乏，业务素质严重不合格，不能正常进行消防安全的检查及监督任务。往往在消防设计阶段消防管理人员比较熟悉性能化设计的各项要求，但是建成运营后消防管理人员变换，后续人员并不清楚性能化设计的具体情况，在日常消防安全管理中就忽视了大量的限制性条件。

（三）区域使用功能的调整

大型城市综合体已不再是过去简单意义上的商场，它的功能要丰富得多，经常是集娱乐、购物、餐饮于一体，定性也不再是单一的公共娱乐场所、商场或饭店。当多功能的场所集中在一起时，就需要合理布局，降低火灾风险。比如划分不同的安全区域，尽量将火灾危险性相同的单位设置在相同或者相近防火分区内，严格限制儿童活动场所和使用明火的餐饮场所的设置；对于卡拉OK厅、大型游艺厅等属于歌舞娱乐放映游艺场所范畴的场所要划分独立的防火分区；对于营业时间与其他场所不一致的场所要独立划分防火分区等。消防部门在审核设计时一般都考虑了以上问题，但是在运营过程中，管理单位经常擅自改变区域使用功能。比如将营业区调整为餐饮区、游乐区；地下车库或设备层改为丙类仓库或超市；更有甚者，将避难层改作他用等。一些招商单位在招商过程中只考虑经济利益不顾消防安全，有的餐饮休闲、百货销售、娱乐健身交叉布置；有的儿童活动场所布置在没有独立疏散出口的部位；有的不同营业时间的场所布置在一起；有的将避难层改作办公室、仓库、备品间或洗衣间，甚至改作营业性客房。这些不合理布局导致建筑的消防安全性显著下降，增加了火灾发生的概率，加大了发生火灾后的扑救和疏散难度。

二、消防设施管理

建筑消防设施是城市综合体安全保障系统的重要组成部分，是预防火灾发生、及时扑救初起火灾的有效措施。设计好、施工好、管理好综合体的消防设施，使综合体消防设施系统始终可靠运行，对保证城市综合体建筑消防安全具有举足轻重的作用。

（一）相关法律、法规、标准、规范

城市综合体消防设施的维护管理与一般建筑消防设施的管理一样，遵循国家（行业）和地方两方面相关的法律、法规、标准、规范。

（二）消防设施管理特点

城市综合体建筑不同于一般的建筑，其消防设施系统有其自身的特点：

1. 系统庞大复杂，给消防设施管理提出了更高的要求

城市综合体建筑一般体量都较大，建筑面积达几万、几十万平方米，甚至上百万平方米；功能组成复杂，包括商业、酒店、展览、餐饮、娱乐、住宿等多种业态；在建筑形式上既有高层建筑又有大面积的地下建筑；客流、物流交错，带来巨大的火灾荷载和人员荷载。城市综合体上述典型特征带来的消防设施特点体现为：一是消防设施设备种类的多样性。基本上国家标准规范所涉及的消防设施，如火灾报警系统、各种灭火系统、应急广播疏散系统等，城市综合体建筑均有配置。二是消防设施设备数量的海量性。由于综合体建筑面积巨大，带来相应的火灾报警探测器、自动灭火系统喷头、消火栓等数量均很大。消防设施设备种类、数量规模的巨大，大量电子产品的使用，对整个城市综合体消防设施系统的可靠性是巨大的挑战。

2. 大量新技术、新产品的应用，给消防设施管理提出了更高的要求

城市综合体建筑通常为了满足功能和业态设置的要求，在建筑结构上追求视觉的通透性，采用了大量的高大空间、大面积区域，对这些部分的消防安全，一般常用的消防设施，如常规的火灾探测器、自动灭火系统喷头等均无法满足其需求，为此一般会采用诸如高灵敏度吸气式火灾探测技术、智能化大空间自动灭火技术、电气火灾监控技术、智能疏散诱导技术、新型被动防火技术等新技术，洁净灭火药剂、安全逃生门控制、智能疏散、吸烟型内外墙涂料等消防新产品。这些新技术、新产品一方面由于近年来才开始应用，在使用、维护保养等方面积累的可供参考、借鉴的经验较少；另一方面涉及大量高新技术，对消防设施使用人员、维保人员素质提出了较高的要求。

3. 综合体建筑消防安全的高需求属性，给消防设施管理提出了更高的要求

城市综合体往往是一个区域的标志性建筑物，并聚集了大量的客流、物流，一旦发生火灾，将带来严重的人员、财产损失，甚至是较大的社会影响，因此社会公众对其发

生火灾的容忍度较低，城市综合体对消防安全要求较高。消防设施系统作为保障综合体建筑消防安全的重要组成部分，保证其可靠运行显得尤其重要。良好的管理是消防设施系统可靠运行的保证。

（三）消防设施管理的主要问题

1. 消防设施系统联动问题

消防设施的联动主要体现在火灾自动报警系统与其他消防设施系统的联动方面。新的火灾自动报警规范——《火灾自动报警系统设计规范》已于2014年5月1日开始执行，与老规范相比，新规范花了大量的篇幅细化了消防联动控制的工程设计要求，使规范更具有可操作性。但是由于新规范颁布实施不久，目前大量已建成投入使用的综合体项目的火灾自动报警系统仍是按原有规范设计、施工、运行。由于老规范在消防联动控制方面只强调了其应该实现的功能，但对实现联动的方式没有具体规定，对火灾报警、火灾确认没有专门的解释，造成消防设施系统联动问题不少，这些问题主要体现在：应联动的设备不联动。如《火灾自动报警系统设计规范》中明确规定："消防控制室在确认火灾后，应能切断有关部位的非消防电源……"然而综合体项目实例中常缺少对非消防电源、门禁等系统的联动控制。报警联动关系多种多样。实际上要求：火灾报警后，联动防排烟风机（口）、常开防火门等设备；火灾确认后，联动应急广播、警铃、非消防电源等设备。而在综合体项目实例中，这些设备的联动关系，有的不分火灾报警和火灾确认，一有报警信号就联动，有的所有设备都在火灾确认后才能联动，也有的联动关系张冠李戴，应该在火灾确认后联动的设备未经确认，应该在火灾报警时联动的设备编在火灾确认后。消防控制设备联动触发信号不正确。少数综合体项目仍将水流指示器反馈信号或消火栓启泵按钮的触发信号作为火灾报警联动的控制条件，导致火灾报警系统与水灭火系统相互干扰。联动关系不符合现场特性。如排烟风机反转、电动阀机械执行机构不灵活等问题较多出现，或是设备联动后无反馈信号。消防水泵、防排烟风机、消防电梯、应急照明等重要消防设施的电源不能在末端配电箱自动切换。防火卷帘可用于中庭、防火分区及疏散通道的防火分隔。应用在不同的场所，其联动控制关系是不同的。如设在疏散通道上，感烟探测器动作后，卷帘应下降至距地（楼）面1.8m的高度；感温探测器动作后，卷帘下降到底。若用作中庭、防火分区分隔时，则应在火灾确认后，下降到底。而在部分综合体项目应用中，防火卷帘的联动控制关系大都采用"感烟+感温探测器"模式，分两个阶段下降到底，与防火卷帘的现场特性不符。消防泵、喷淋泵、防排烟风机等重要消防设备，在消防控制室未设置手动直接控制装置。虽然有些火灾报警联动控制柜上设置了多线制的消防设备启动按钮，在报警控制柜与消防设备控制柜间建立了直线连接，但与消防控制室独立设置消防设备控制柜相比，可靠性不足。

2. 二次装修带来的消防设施问题

城市综合体项目投入使用后，原消防设施设计单位对消防设计行为停止。而城市综合体建筑内布局调整、装修改造活动是非常频繁的。每一次装修改造消防设施都会进行较大的调整，在调整过程中容易出现的主要问题有：

在综合体项目火灾自动报警系统设计阶段，由于报警控制器回路数或每个回路的预留报警地址不足，使得工程进入内装修阶段，敞开大面积用房被分隔布置成许多小房间，每个探测器所能保护的面积大大缩小，导致报警控制器总量不足或每个回路的地址数不能满足现场的需求。正确的技术处理方式是在报警主机能扩容的情况下，增加主机回路板，或者在主机不能扩容的情况下，就应增加报警控制器主机，工程量和工程费用相比都较大。但是一些消防设施施工安装单位采取所谓的"技术处理"，即在各回路的地址数满负荷运转的情况下，每个地址码尽可能并联多个探测器或运用子母联探测器连接方式处理。其结果是火灾自动报警系统满负荷运转，很容易造成火灾自动报警系统主机死机，消防设施停止工作。另外，探测器并联过多或者子母探测器超过规定数量容易引起探测器故障。还有，地址编码不是与房间唯一对应，出现火灾或故障无法判断正确的位置，为日后的消防设施运行带来巨大的技术障碍。

对火灾自动报警系统的地址编码重新编程和显示系统未进行重新编程调整。造成火灾自动报警系统的地址编码、显示系统与实际建筑的消防设施不相符，若遇火灾，消防设施的管理人员和值班人员无法正确判断具体部位。自动喷水灭火系统中的水喷淋头未随布局的调整而调整。反映在水喷淋头保护面积超过规范要求，水喷淋头的标高与装修吊顶相差较大，影响其正常动作。吊顶内自动喷水系统支管通过横梁时，须绕梁弯曲，施工人员为安装方便，把支管断开，横梁两边支管相互不通，导致该层有一半区域的水喷淋头无水。

这些问题的产生，给物业管理单位、维护单位、业主带来很大的烦恼和法律责任，也给建筑消防设施的正常功能带来影响。对物业管理单位、维护单位、建筑使用的业主和公安消防机构相互协调方面，从法律法规、消防设施维护规程等方面提出了更高的要求。

3. 消防设施维护保养问题

随着电子技术的快速发展，消防电子产品种类繁多，一个城市综合体项目建筑消防设施的消防电子产品种类也很多，对消防产品的后续技术支持和产品的更新换代提出更高的要求。一个消防中介服务组织维护多个城市综合体项目建筑消防设施是常有的现象，对消防中介服务组织的人员素质和内部管理提出了很高的要求。但是部分消防中介服务组织的资质管理、人员素质和内部管理存在诸多问题，迫切需要加以解决。

消防设施维护保养合同签订期限受到制约。现在普遍签订的合同都是一年期限，造成消防技术中介服务组织短期行为严重，表现在对消防设施的技术性能不愿过多地去了解，对消防设施存在的技术问题不愿下功夫认真解决，采取应付拖延时间的策略，对出现的问题治标不治本，造成维护保养合同年年签，消防中介服务组织年年换，消防设施越维护问题越多的现象。

维护技术无定式，维护技术深度不够，定期维护的报表不明确。消防设施维护是技术上的维护和责任上的落实，如何反映出来，维护报表及报告是核心。现在维护报表及报告通常用"一切正常"的语言来反映，缺乏一些技术参数来说明消防设施的运行状态。

火灾自动报警系统中的探测器的清洗问题无法正常进行。一是在每隔三年进行一次清洗，市场对清洗消防中介服务组织的管理还很不健全，部分清洗消防中介服务组织在无技术条件的情况下，仍在进行清洗工作；二是具有火灾自动报警系统的建筑物的管理单位对清洗工作始终处于被动局面，只有在公安消防机构的督促下，才能开展此项工作。

随着市场体系的不断完善，消防设施维护保养也纳入了招投标的范围。往往出现投标单位消防设施维护保养标的相差悬殊，造成招标单位无法按程序进行。少数投标单位以价格战恶意竞争，给正常的消防设施维护保养市场带来不利因素。迫切需要对消防设施维护招投标加以规范，指导消防设施维护管理市场的经济秩序。

公安消防机构对消防设施维护管理的监督力不从心，表现在公安消防机构的运行机制、消防监督人员的素质和监督检查的手段上。综合体建筑消防设施涉及建筑工程系统、自动化系统、强弱电系统、给排水系统和暖通空调系统等方面的基础知识，要融会贯通非一朝一夕的工夫，消防监督人员的个人素质是根本。在建筑消防设施维护管理的监督检查中，往往采取眼观手摸的简单手段，判断建筑消防设施正常与否，降低了公安消防机构的权威性。

三、安全责任

城市综合体建筑体量较大，功能组成复杂，包括商业、酒店、展览、餐饮、娱乐、住宿等多种业态的特点也就决定了其多产权、多物业和多用户的特征，这也对综合体的消防安全管理带来了诸多问题。

（一）单位主体责任的确定

城市综合体建筑因产权所有者情况复杂，建筑产权、使用权、管理权分离现象严重、使用性质多变等原因，导致其消防安全责任制无法全面落实，消防安全管理不到位，也缺少法定的责任主体。

首先，综合体建筑的权属关系十分复杂，管理责任不清，发生事故很难确定到责任人。综合体建筑权属关系复杂，有的建筑物本身就是多产权，建筑中部分楼层被私人买断，部分楼层又以租赁形式存在；有的同一层分成几块分别被买断或租赁；有的建筑虽有统一产权，但产权单位通过租赁将建筑物的全部或者一部分出租给其他单位，甚至租赁后又转租等，导致所有权、使用权、管理权交织，管理责任难以明确，建设方、产权方、承租方、物业方在消防管理问题上互相推诿,在经费投入上相互扯皮,致使消防安全管理责任无法落实,消防设施的维护和保养不到位,消防安全管理方面普遍存在严重问题,而且发生事故后很难确定物业方、承租方、产权方、建设方的责任。一些开发建设单位甚至切断公共疏散走道将楼层分卖给几个不同产权人,造成每部分只有一个安全出口的现象,给日后的场所入驻使用埋下了火灾隐患。

其次,火灾隐患整改难度较大。当综合体建筑存在火灾隐患时,往往需要多个单位进行配合整改,这就在一定程度上影响了某个单位的使用。涉及经济方面的利益,导致其他产权单位不配合的现象发生,使得火灾隐患一直得不到有效的整改。而且在整改的资金方面,需要多个产权单位承担,并不是每个产权人都具备较强的消防安全意识,导致有的产权单位不愿意承担整改费用。事实上,由于多产权综合建筑的特殊性,产权比较多,加上没人协调,在消防部门下发了相关的整改文书时,没有非常明确的产权主体,在处罚的时候,多个产权单位又相互推卸责任,消防执法就不能落到实处。

第三,物业管理单位未能充分履行消防管理职责。有些综合体建筑是委托统一的物业管理单位来管理,但是物业管理单位往往起不到监督管理的作用。其在委托管理过程中,往往重视环境卫生、治安防范、生活设施等方面,对消防安全管理没有明确统一的责任主体,消防安全组织网络、管理制度、日常检查和巡查、建筑自动消防设施的维护和保养、火灾隐患的发现和消除都得不到有效的落实。

第四,消防监督的管理对象都是以单位为划分依据,没有注意到建筑物这个元素本身的特性。综合体建筑内少则几个多则几十个单位,有些规模巨大的综合体内甚至包含有几个消防安全重点单位,每家单位所涉及的消防设施和消防管理职能只是涉及整个建筑的一部分,却要履行消防设施检测、制定灭火疏散预案、组织消防演练等职责,显然不切实际,也给消防监督管理带来困扰。

(二)物业管理边界的划分

大型综合体建筑包含商业、酒店、展览、餐饮、娱乐、住宿等多种功能,不同功能分区可能委托于不同物业管理公司。但是这些物业管理公司在管理过程中由于自身存在的一些问题导致管理中存在职责不明、边界不清、监管不足等现象。

首先,物业管理单位不清楚自己的消防安全职责范围,在建筑工程竣工交付使用后,不能及时与开发商进行全面有效的交接,建筑消防管理责任不明确,消防巡查检查不到位,部分建筑在投入使用后的很长一段时间内消防设施处于无人管、无人问的状态。

其次,公共部位与公共消防设施管理边界不清。综合体建筑建设初期的防火设计是立足整幢建筑来考虑,公共消防设施也是一个整体系统。但是在使用过程中,由于各个物业管理公司之间责任不清,日常管理中经常"各扫门前雪",造成一些功能区交界公共区域的消防管理不到位,公共消防设施的维护保养也处于无序管理状态。

最后,物业管理公司消防监管能力不足。物业管理公司片面节约管理成本,人力、资金的投入不够，管理措施跟不上。同时，没有有效的惩罚措施和手段，对于一些用户的违法行为不能起到阻止和监管作用，尤其是涉及两个功能区的造成火灾隐患的行为不能很好地进行协调和管理。

（三）用户管理职责的落实

综合体建筑一般体积较大，尤其是商业和办公建筑用户较多，管理和协调难度较大。

首先是内部改造频繁。综合体建筑用户多，使用功能调整也快，尤其是办公用户和商业用户改造频繁。在功能调整过程中，往往要进行楼内装饰改造，有的甚至改动建筑结构，乱搭乱建。频繁的功能改造是否同步调整建筑自动消防设施的设置，直接影响了建筑内部消防设施的稳定性和可靠性，甚至还会出现在一定时间内关闭建筑系统消防设施，影响其他正常使用部位消防安全的行为。

其次是乱改乱隔现象严重。综合体建筑原建筑设计防火在审核时其整体建筑审核符合消防要求，后来各产权单位将建筑局部出租、出让，使用单位按照自己的意愿随意分隔，破坏原有的消防格局，破坏了原有的防火分区、消防通道；同时隔墙又大多使用可燃的轻质材料，加大了火灾荷载；施工现场电线私拉乱接，违章用火用电。有的办公场所擅自改变使用性质，埋压、圈占甚至拆卸室内消防设施。

最后，占用通道现象普遍。用户在内装修过程中随意作为，将楼梯间及前室的门封堵、加锁，有的疏散楼梯要经过底层其他产权人的经营场所才可以到达室外。物业管理单位也是如此，将一些疏散通道租赁给个人以收取租金牟利的违法行为也时有发生，甚至违法将大厦裙楼的疏散通道租赁给个人，造成严重的消防安全隐患。另外，部分商铺在公共通道上堆放货物，妨碍疏散，影响公共安全。

四、消防安全意识

（一）消防安全管理人主体意识

综合体建筑的产权所有人、单位及使用人、单位为追求经济效益最大化而置消防法及相关法规的规定于不顾，违法现象丛生而产生火灾隐患。这些单位的消防安全管理人往往缺乏主体意识，对消防安全工作不够重视，责任制得不到有效落实。不少单位法人代表和企业老板对消防安全投入视为"消耗"，很少有人视为有产出的"投资"，认为防火是消防部门的事情，与企业无关，消防部门提出公共消防安全建议时很难及时落实，对事故隐患存有侥幸心理，不愿进行长远的安全规划和必要的安全投入。

通过调研发现，相当一部分单位的消防安全责任制仍然停留在表面，消防安全管理规章制度千篇一律，消防安全责任体系和应急处置预案一成不变，没有专门的火灾隐患整改机制，不能深层次地分析预判企业消防安全现状。

（二）员工消防安全管理意识

综合体建筑的消防安全问题一定程度上也取决于内部单位消防管理人员和员工的安全意识与管理水平。目前调研发现，相当一部分员工责任意识不强。

首先是消防管理人员缺乏责任意识。很多大型商业所聘用的消防安全管理人员专业知识不足及消防意识淡薄，使得单位的消防安全管理水平低下。绝大多数的单位管理人员都比较在意商业的盈利情况，不注重消防安全的管理，主观以为消防安全工作是政府消防部门处理的范围，商业自身仅仅由保卫科负责。火灾事故具有极大偶然性，消防管理工作措施没有直接效果体现，而治安管理措施则能直接体现出效果。上述的想法使单位管理人员缺乏消防安全责任意识，日常的消防安全工作和安全事故责任不能很好地进行和落实，甚至在治安安全和消防安全发生冲突时牺牲消防安全，比较典型的如在外墙门窗设置铁栅栏，将安全出口锁闭，一旦发生火灾，将极大影响人员疏散和灭火救援。

其次是消防管理人员素质不到位。综合体内部分消防安全工作人员变换频繁、专业知识匮乏、业务素质严重不合格，不能正常完成消防安全检查及监督任务。由于消防标准高，消防设施种类繁多，从而要求消防安全管理及值班操作人员具备相当高的消防业务素质，但在监督中却发现大部分人员未持证上岗，业务不熟悉，操作不熟练，甚至值班期间擅离职守的现象十分普遍，一旦发生火灾事故，极易导致蔓延扩大。

最后是部分员工的防火意识淡薄，缺乏自防自救常识和基本技能。如有的大型城市综合体经营者、员工违反规定在建筑内吸烟，违规用火、用电，有的施工人员使用电焊等产生明火的工具施工时，没有刻意避开易燃、可燃物品等，这些都是能够引发火灾的十分危险的潜在因素。

（三）群众消防安全责任意识

近年来全社会消防安全意识虽然有所提高，但公民履行消防职责和义务的意识与觉悟还普遍不强，有些人认为火灾离自己很远，吸烟、擅自用火用电、损坏挪用消防设施等违法行为还时有发生。部分群众消防法制观念淡薄，对公共消防安全漠不关心，不主动学习消防安全常识，不会防火、灭火和疏散逃生。城市综合体是城市中人员最密集的场所之一，而且结构复杂，疏散困难，如果很多人都没有安全逃生的技能，不知道火灾发生时应该如何自救，一旦发生火灾就很容易导致人员伤亡，给群众造成不必要的生命财产损失。

第二节 综合体火灾风险准则

城市综合体的火灾风险按照范畴分类,可分为个体火灾风险、社会火灾风险和消防管理风险三个方面。个体火灾风险主要从城市综合体中个体的人和建筑物本身考虑其火灾风险;多个个体的集合就形成了社会火灾风险,具体而言,诸如人员伤亡、财产损失等都是社会火灾风险的研究指标;而消防管理风险是城市综合体火灾风险研究中的一个新课题,管理风险的大小在一定程度上影响个体火灾风险和社会火灾风险。

一、个体火灾风险准则

(一)人员个体火灾风险判定准则

城市综合体建筑防火安全设计最重要的目标就是保证城市综合体建筑内人员的生命安全。设计人员必须保证城市综合体建筑内所有人员能够有足够的时间到达安全区,使他们不受到瞬间或者累积的危险状态的威胁。

保障人员安全主要保证建筑中所有人员在危险到来前能够到达安全的区域,通过采用人员疏散完毕时间 RSET 和火灾危险状态来临时间 ASET 作为判定参数。如果 ASET > RSET,则人员疏散是安全的,反之则不安全。因此保证人员安全疏散的判定准则为

$$ASET > RSET$$

火灾燃烧产生的危害主要包括毒性气体、烟气以及大量的热量。因此在计算火灾危险状态来临时间 ASET 时,涉及的人员生命安全判定标准包括毒性气体的耐受极限(CO、HCN、O_2、CO_2、HCl 等的浓度水平)、热烟气的遮光性水平和高温、人员接受的热辐射以及结构失效等。这些因素相互之间是有联系的,火灾对人员的危害往往是这些因素的综合作用。但目前国内外还没有开展多种危险因素综合作用下人员的生命极限研究。因此,性能化防火设计中通常用其中某项参数值来判定火灾危险状态的来临时间 ASET。最可靠的方法是同时联用多种危险判定标准,其中哪个因素在火灾中先达到危险状态,就采取哪一个到达临界条件的时间作为危险来临时间,用数学表达式可以表示为

$$ASET=\min\{\,t_{gas}\,,\ t_{vis}\,,\ t_{beat}\,,\ t_{beight}\,\}$$

1. 气体毒性

根据调查,因火灾死亡的人员中绝大多数是由于吸入毒性气体。从毒理学角度来看,火灾产生的毒性气体对人员的毒性作用主要有以下两类:第一类是窒息或麻醉作用,主要包括 CO、CO_2、HCN 等;第二类是刺激性作用,主要如 HBr、HF、HCl、SO_2、NO_2 等。每种毒性气体都有一个极限值,超出这些极限值,人员可能发生严重的机能丧失而导致

生命危险。对火灾产生的毒性气体的定量评价一般采取的衡量标准是 LC50，即表示 50% 的试验动物在规定暴露时间（一般为 30 min）以及暴露后的继续观察时间内产生死亡的烟气浓度。

通过测定每种窒息性气体的暴露时间和浓度来计算单一气体的 FED 值 FEDi，比较混合气体的总 FED 值（即各种气体 FEDi 之和）。一般来说，当丧失机能剂量分数 FED=1 时，即达到窒息性气体导致丧失机能的耐受极限。

对于刺激性产物，最重要的考虑是浓度，它对呼吸系统、感官和肺造成的刺激效应会延缓或阻止人员的安全逃生。当曝火时间延长及刺激性气体浓度高时，刺激性气体的累积剂量会灼烧肺部并导致机能丧失或死亡。

对于刺激性气体混合物的作用，可以通过 FEC 评价模型进行评价。FEC 模型主要针对刺激性气体的相对有效浓度概念，是各种刺激性气体浓度对能导致人员产生效应的浓度的概率之和。如果刺激性混合物的刺激作用具有可加性，则所有刺激性气体刺激效应的总 FEC 值可表示为

$$\text{FEC} = \sum_{i=1}^{n} \frac{C_i}{FC_i}$$

式中，C_i 为第 i 种刺激性气体的浓度；FC_i 为使人失能的某种气体的浓度水平。

当刺激性浓度分数 FEC 的总和达到 1 时，即视为达到混合物的最高可忍受浓度，只要浓度分数不超过 1，就不太可能发生严重的肺部灼伤。

2. 烟气的遮光性

烟气是由固体颗粒和胶质组成，这些微小颗粒的平均尺寸和可见光的波长大致相当。可见光因此被烟气散射而导致人在烟气中的能见度下降，这会对火灾中人员的安全疏散造成严重影响。人员的能见度就是光密度的倒数，和烟气浓度有关。

人员逃生可接受的最小能见度是 5 m（烟密度 0.2/m），即当刺激性烟密度达到这一点时，人员的疏散行为就如在黑暗之中而很难找到安全出口。在大房间中，为了定位和找到安全出口，人员逃生的能见度要求应该更远。在一项建筑火灾的研究中，Wood 和 Bryan 发现当平均烟密度达到 0.33/m（能见度 3 m）时，逃生人员宁可回头而不是在烟气中穿行。因此在大空间中人员安全疏散的最小能见度不应低于 10 m（烟密度 0.1/m）。

人员逃生的能见度危险判定标准决定于空间尺寸的大小和人员对疏散路线的熟悉程度。因此，对于烟气中的人员能见度水平，通常分为两种情况来考虑：一般性的小房间（长宽不超过 10 m × 10 m）及视野比较开阔的大空间。

3. 热量

绝大多数材料的燃烧是放热的化学氧化过程。这一过程产生的能量是以热量的形式释放出来，包括了对流热和辐射热。对流热是以温度作为测量参数，考察的主要是火场空气温度，而辐射热是以热流值作为测量参数，考察的主要是上层的热烟气层。

国外试验表明，人员对于充满饱和水蒸气的空气的耐受极限是60℃，这是在饱和空气中可以呼吸的最高温度。曝于热对流也会引起严重的裸露皮肤的疼痛，甚至灼伤，曝于不同温度下一段时间后还会造成机能丧失，热对流的容忍时间可得到：

$$t_m = 179\exp(-T/36.6)$$

式中，t_m 为由于皮肤灼痛造成机能丧失的时间（min），T 为温度（℃）。

人员对辐射热的忍受极限值大约是 2.5 kW/m²，低于这个极限值人员可以忍受 30 min 或者更长时间而没有严重后果。高于这个极限值人员皮肤灼伤 20 s 之后就会引起皮肤剧烈疼痛。衣服能提供一定的保护作用，提高人员的耐受时间。对于低于 2.4 kW/m² 的辐射热流，热辐射的容忍时间可得到：

$$t_m = \frac{90}{q^{1.333}}$$

式中，t_m 为由于皮肤疼痛造成机能丧失的时间（s）；q 为单位面积辐射热流（kW/m²）。火灾燃烧产生的热量对人员的伤害也可以结合烟气层的高度综合考虑。

4. 烟气层高度

火灾中的烟气层伴有一定的热量、胶质、毒性分解物等，是影响人员疏散性能与救援行动的主要障碍。烟气层高度的危险判定标准就是要确定在疏散过程中，烟气层保持在人群头部以上多少高度可避免人员在疏散时从烟气中穿过或受到热烟气流的辐射热威胁。在美国 NFPA 防火设计手册中，对烟气层的高度要求是 6 ft（约 1.83 m），认为烟气层高于 1.83 m 时，人员的安全疏散行为绝大多数不受烟气层的影响。

此外，许多研究人员也给出了各自的标准，但只适合一些特定场所。其中有：加拿大 Johnson 和 Timms 认为在大型购物中心的中庭，确保热烟气层距地面不低于 1.9 m，并且热烟气温度不超过 183℃。Morgan 和 Gardner 建议，对于单层的大空间建筑，应该以烟气层底部距离地面 2.5 m，最好是 3 m 作为性能化防火设计的安全高度；而对于多层的大空间建筑，应该以烟气层底部距离最上层地板 3m，最好为 3.5m 作为性能化防火设计的安全高度。

5. 可用安全疏散时间及其上限值

大型公共建筑防火安全设计最重要的目标就是保证城市综合体建筑内人员的生命安全，即所有人员在危险来临前能够到达安全的区域。人员安全判定准则一般可表示为可用安全疏散时间（ASET）大于必需安全疏散时间（RSET），即 ASET > RSET。

火灾危害主要包括毒性气体、烟气以及大量的热量。性能化防火设计通常用模拟软件计算出的某项参数达到危险判定标准的时间值作为 ASET，即

$$\text{ASET}=\text{ASET}_{\text{simulation}}$$

专题分析采用多种危险判定标准联用，以各种危险因素中最先达到危险判定标准的时间作为可用安全疏散时间，用数学表达式可以表示为

$$\text{ASET}=\text{ASET}_{\text{simulation}}=\min(t_{\text{gas}}, t_{\text{vis}}, t_{\text{heat}}, t_{\text{height}})$$

大型公共建筑多是人员密集型场所，火灾情况下的人员疏散往往需要较长时间，即 RSET 值很大。为防止人员长时间疏散导致的伤亡事故发生，同时避免影响消防人员进入建筑进行灭火扑救行动，有必要确定这类建筑中 ASET 的上限值，即可用安全疏散时间表示为

$$ASET=\min(ASET_{max}, ASET_{simulation})$$

在此基础上，给出着火区域和整个建筑区域的可用安全疏散时间上限值的确定方法。

对于着火区域，考虑到热危害和毒性气体对人的危险状态极限值都是在人员曝火时间为 30 min 情况下得到的，因此设定着火区域内的可用安全疏散时间上限值为

$$ASET_{max}=30 \text{ min}$$

对于整个建筑内的人员疏散，考虑到建筑结构的耐火极限，设定的可用安全疏散时间上限值为

$$ASET_{max}= \beta T_{limit}$$

式中，β 为安全系数，取值范围为（0，1）；T_{limit} 为建筑物构件耐火极限时间。

（二）建筑自身火灾风险判定准则

对于大型公共建筑来说，除了保证建筑内的人员安全疏散外，非常重要的一点就是防止火灾蔓延，以减少城市综合体建筑内财产的损失及对周围环境的破坏。火灾蔓延指的是火区扩展出原先起火房间或该建筑结构内的起始区域的状况。防止火灾蔓延就是要防止火灾在可燃物与可燃物之间、建筑与建筑之间蔓延。发生大火往往是那些席卷整个房间或蔓延到起火房间之外，或是蔓延到其他相邻建筑的火灾。避免大量可燃物连续分布是防止火灾蔓延的一个重要方面。

1. 可燃物之间的火蔓延判定标准

为减少城市综合体建筑内财产损失，就要防止火灾在可燃物之间蔓延。可燃物到可燃物的火灾蔓延所涉及的因素包括可燃物之间的接近程度、可燃物的数量和分布、可燃物的状态等。引燃某一材料必需的辐射热通量（即不同材料的阈值）通常作为可燃物之间的火蔓延判定标准。

2. 相邻建筑之间的火蔓延判定标准

判断火蔓延到城市综合体建筑周围区域的判定标准是邻近区域内的物体所接受的热辐射是否超出了该物体的临界热辐射。

火灾从初始起火房间向外部蔓延的主要途径是房间开口。设计者必须考虑所有可能的开口，包括在火灾发展过程中可能形成的开口。例如门、墙上的开口或者玻璃破碎后的窗户等，这是因为开口情况的变化会影响火灾发展过程。

对于玻璃破裂判据，目前在建筑火灾中，通常采用 300℃ 作为判断窗户玻璃破碎的温度极限值。

3. 建筑构件的失效判定标准

预测建筑构件在火灾作用下的失效是火灾安全设计的一个重要部分。建筑构件既有结构构件如梁、柱、承重墙等，也有非结构构件如内部的分隔、外墙等。结构构件的失效可能引起城市综合体建筑的坍塌，严重的会造成重大人员伤亡和财产损失；非结构构件失效则会导致火灾向外蔓延引起建筑其他部分起火。

建筑构件的防火目标包括保持结构构件的承重能力，避免火灾蔓延到城市综合体建筑其他部分（特别是不能蔓延到安全区），保护人员安全疏散及消防队员的灭火。建筑构件的破坏判定标准包括对其稳定性、完整性和隔热性的要求。

按照《建筑设计防火规范》规定，防火分区间应采用防火墙分隔，如有困难时，可采用防火卷帘和水幕分隔。作为一种有效简便的防火分隔，防火卷帘在我国大型公共建筑中得到了越来越多的应用。因此除了建筑构件的失效判定标准，还需要设定防火卷帘的失效判定标准。防火卷帘的失效判定标准应该包括完整性和隔热性。

另外，独立建筑结构的隔热性能判据的阈值一般采用平均温度140℃或者单点最高温度180℃。

二、社会火灾风险准则

（一）社会火灾风险判据

火灾是不能完全避免的。在火灾风险评估中，通常采用"可接受火灾风险"这一概念把火灾风险处理为一种限制因素。利用这一概念，并依据国家的消防规范和标准条款，事先把某种程度的火灾风险规定为可接受的。如果具备以下两个主要条件，则认为人员伤亡的火灾风险是可以接受的：相比于其他类型的风险，由于火灾而引起的风险是非常轻微的，因此可以将其忽略不计。如果由于火灾而引起的风险是不可以忽略不计的，但是由于城市综合体建筑带来的益处超过了风险可能带来的危害，从而认为风险是可以忍受的。如果是这种情况，则降低风险而带来的成本支出应该超过风险可能带来的危害。也就是说，火灾风险应该在合理的可行范围内尽可能低（ALARP）。

对于大型公共建筑，可将火灾风险分析的判据主要考虑为人员伤亡的风险判据和财产损失的风险判据。对于人员伤亡的风险判据，可分为个体火灾风险判据和社会火灾风险判据。

也有这样一种情况：无论城市综合体建筑带来的收益有多么大，但是由于火灾而造成的风险级别实在高得无法忍受，那么就应该认为火灾风险是令人无法忍受的。对于这种情况下的火灾风险级别，只有通过降低风险才是唯一可行的办法。

在英国BSI的BS7974中的火灾风险评估的标准中公布的人员伤亡的风险判据为：

在主要工业场合中，个人风险级别是：最大可忍受的个人风险（每年死亡率）是

0.01%；一般可接受的个人风险（每年死亡率）是 0.0001%。而由于建筑物火灾造成的人员社会火灾风险级别是：每年每栋建筑物内 10 人（含）以上死亡率是 0.00005%；每年每栋建筑物内的 100 人（含）以上死亡率是 0.000005%。

目前，我国还没有确立定量的人员社会火灾风险评估判据。根据我国近年城市火灾基本伤亡情况，建立了以 F-N 曲线（图 7-1）表示的人员社会火灾风险评估判据：

$$F_N \times N^a = r$$

式中，F_N 为死亡人数为 N 或者更多的概率；N 为死亡人数；a 为风险规避因子；r 为常数。

对上式进行对数变换可以得到

$$\lg F_N = -a \lg N + \lg r$$

利用火灾伤亡数据对（$\lg F_N, \lg N$）进行回归分析可以得到 a 的值，根据 ALARP 原则，假设置信水平 95% 的预测区间为人员社会火灾风险可容忍区域，可以确定人员社会火灾风险可容忍区域的上下界限，得到人员社会火灾风险的评估判据。

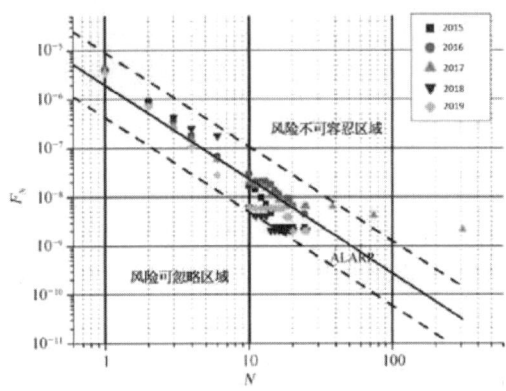

图 7-1 F-N 曲线表示的人员社会火灾风险评估判据

（二）社会火灾风险计算

大多数火灾风险概率评估都是基于统计分析，统计项包括失火频率、防火系统失败的条件概率。统计分析采用的数据取自发生火灾的城市综合体建筑，并将数据转化成相应的信息，用于预测未来发生类似火灾的可能性。

统计分析的优点在于，它基于实际发生的火灾及其结果，其分析结果通常便于实践。此外，统计分析基于历史数据的平均数，假定可以通过历史经验及通常措施来预测未来的情况，并应用于特定的城市综合体建筑。在大多数情况下，这些假定是合理的。城市综合体建筑设计如果基于历史数据进行风险评估，那么其预防火灾的失败概率就要比其他不考虑风险评估的城市综合体建筑设计小得多。

统计分析的局限性在于，对于后果严重的低频率火灾，比如多人死亡的火灾，不太可能收集有效数据进行直接的预测。统计数据对于预测高频率火灾则更为有效，比如失火概率、火灾预防的成功概率或者失败概率。可以通过事件树和其他技术，将这些较为独立的信息用于预测低频率火灾发生的频率。

1. 人员伤亡的风险值计算

对于大型公共建筑而言，多数火灾死亡发生在人员聚集场所。这些死亡案例多数归咎于几种原因，如吸烟者的粗心，电气设备老化、短路等。

火灾发生时，对附近人员的威胁主要是热辐射，而烟和有毒气体对于远离火灾的人员的危害要比热辐射大得多。为了避免在火灾中死亡或者受伤，人员应该在热、烟或者有毒气体阻挡疏散路线之前，到达安全地点。人员可用安全疏散的总时间 ASET 应该不少于从疏散路线逃离火源地点和无法生存的条件的时间 RSET。火灾中单人或者多人死亡的概率 P_d 是由每分钟死亡率 δ 和暴露在危险条件下的时间 Δt_exp 来表示的：

$$P_\mathrm{d} = \delta(\mathrm{RSET} - \mathrm{ASET}) = \delta \Delta t_\mathrm{exp}$$

P_d 值和 δ 值受城市综合体建筑类型、燃烧品和危险条件的影响。

2. 财产损失的风险值计算

基于建筑火灾动力学理论，提出了描述火蔓延的分阶段动力学模型。根据该分阶段动力学模型，建立了基于火灾动力学理论、城市综合体建筑防灭火设施可靠性和有效性相耦合的火蔓延概率估算方法。进而引入城市综合体建筑的财产因子，建立了火灾直接财产损失 E_fire 的评估模型：

$$E_\mathrm{fire} = w_\mathrm{E} A_\mathrm{F} = w_\mathrm{E} S Y_\mathrm{L} P_\mathrm{fire} A_\mathrm{FZ}$$

式中，Y_L 为城市综合体建筑的使用寿命（年）；S 为城市综合体建筑的总面积（m²）；P_fire 为城市综合体建筑发生火灾的概率 [起/(m²·年)]；w_E 为城市综合体建筑单位面积的财产密度（元/m²）；A_F 为建筑面积是 F 的城市综合体建筑在其使用年限内的可能烧损面积（m²）；A_FZ 为一旦火灾发生后起火室所在防火分区的平均烧损面积（m²）。

$$A_\mathrm{F} = S Y_\mathrm{L} P_\mathrm{fire} A_\mathrm{FZ}$$

失火频率是大多数风险概率评估的一个关键参数。统计研究显示，失火频率可以通过下式进行计算：

$$P_\mathrm{fire} = aS^b$$

a 和 b 是不变量，与对应的特定城市综合体建筑类型相关。参数 a 包括火灾次数的概率 n、一段时间内存在风险的城市综合体建筑数量 N。当 S 的数值增长时，b 会使 P_fire 的数值随之增长。

如果 b 的值为 1，则表示火灾概率与城市综合体建筑面积之间存在直接的比例关系；同时这也意味着当火灾发生时，一个城市综合体建筑的所有部分所面临的风险是相同的。然而这一论断并不符合事实，因为城市综合体建筑的各个部分的类型不同，引发火灾的火源数目不一。因此，火灾概率与城市综合体建筑的面积并不存在直接的比例关系，b 的数值应该小于 1。如果有两座城市综合体建筑，其中一座建筑物比另一座大 2 倍，那么较大建筑物的火灾概率将比较小建筑物少 2 倍以上。

三、消防管理风险准则

一般而言，风险指的是事件结果的不确定性及这种不确定性带来的损失。管理风险是指管理运作过程中因信息不对称、管理不善、判断失误等影响管理水平，导致发生事故或造成损失。按照系统安全理论，管理风险可归为第二类危险源，火灾和消防设计相关的管理风险，主要表现在如下几方面：

（一）项目不确定风险

工程设计中经济评价所采用的数据大部分来自预测和估算，具有一定程度的不确定性，估计项目可能承担的风险，应对项目进行不确定性分析与经济风险分析，提出风险预警、预报和相应的对策，为投资者决策提供参考意见。影响项目实现预期经济目标的风险因素来自法律法规及政策、市场供需、资源开发与利用、技术可靠性、工程方案、融资方案、组织管理、环境与社会、外部配套条件等几方面。

消防设计中的不确定性风险包括消防设施设备的可靠性、施工过程的误操作风险、灾害风险等。此类风险一般难以预测和评估，应从加强应急预案和日常管理来控制风险，或通过保险等方式转移风险。不确定性导致的管理风险的另外一个表现是消防安全的投入与安全效益的风险。由于不确定风险可能导致消防投入不足而降低安全等级，也可能导致消防投入过度而未明显提高安全水平。

（二）人员失误风险

每个特定的事件（事故）都是由人、事、物和环境基本因素构成的。基本因素中人是主导因素，起主导作用，故人为失误的控制，是预防事故、保证安全的关键。人为失误分为极限失误、设计失误、操作失误、记忆与注意失误、过程失误。

众所周知，任何一项工作（工程），无论是简单的还是复杂的，都要由人直接或间接地去完成。这里所讲的人包括完成任何一项工作（工程）的组织者、指挥者、策划设计者、操作者、服务者、监督者，其成为人的系列，工作完成的好坏、快慢与人的人生观、思想水平、政策水平、技术水平、工作能力有紧密关系。所以说现在的生产工程是在一定环境下，人与机配合作业构成的，在这个系统中，人是起主导作用的，通过对人的工程（技术）教育、管理措施，才能达到安全而有效的工作，否则就会出现人的不安全行为。

减小人员失误风险的措施包括人员安全化、作业标准化和作业环境安全化。

(三) 设备故障风险

设备故障风险是消防安全管理中的重要方面，关系到火灾时消防系统是否真正起到预期的作用。对于设备故障风险及其可接受准则，可以通过事故树分析得出，但不同的建筑、场景下的事故树不同，其最小割集和最小径集亦不同，因此难以确定一个统一的判定指标，需要对具体案例进行具体量化分析，确定故障风险及顶上事件发生概率，以及可接受的标准。

第三节 综合体消防管理技术方案

一、传统消防监督管理存在的问题

在传统的消防监督管理模式中，消防工作的主体是消防局、派出所等国家机关，消防主管部门监督执法任务繁重、警力有限，难以对消防设施、火灾隐患、消防施工进行充分监管。公共消防建设已和社会经济的快速发展不相适应，消防管理也和现代社会管理要求不相适应，消防安全保障能力同人民群众的安全需求不相适应。针对综合体建筑，如何加强和改进消防工作、提高监管水平、及时有效地整治火灾隐患、预防和遏制特大火灾尤其是群死群伤的火灾事故，最大限度保护公民人身安全和财产安全是一个非常值得研究的问题。

近年来，随着消防法《消防监督检查规定》《机关、团体、企业、事业单位消防安全管理规定》等法律法规的相继修订颁布、贯彻实施，消防工作社会化水平有所提高。但从整体上看，就城市综合体而言，消防安全管理水平还比较落后，在消防设备管理、消防隐患排查和火灾扑救等方面还存在以下问题：由于城市综合体相关单位人力、物力投入相对不足以及专业技术能力的欠缺，消防基础设施和消防设备，如消防应急通道、自动报警系统、消火栓、火灾报警设备等经常出现设备管理不到位、设备状态不明确、产品维护不落实等问题，严重影响了消防报警系统的正常发挥，出现火警的漏报、延误，甚至在应急过程中由于设备不能使用而造成更大的火灾损失。在消防监督管理方面，多以人工定期、定量检查或者抽查为主，各种资料、报表、图纸等以纸质资料为主，造成检查与存档成本增高，资料整理、统计分析困难，额外增加人工录入成本，而且普遍存在资料丢失的现象。消防监管部门目前多以手工加计算机的半自动化管理模式进行日常管理，形成数据孤岛、数据传输瓶颈，数据采集效率低，实时性差，给各类分析、查找、总结、收集、查询、统计等工作带来诸多不便。消防管理监督人员有限，而且随着消防技术规范相继颁布或频繁修改，新产品、新材料、新技术不断涌现，造成具备消防监督素质的人员更加难找，资料难收集，现场情况难查看，很难掌握消防设备的真实运行情况。消防设备状态信息、安全隐患等信息不能实时反映到相关消防监管部门，容易导致信息孤岛的出现。在消防演习、业务培训、政策法规学习等方面，宣传实施成本过高，效率低下，与现有自动化、网络化管理相比存在较大差距，与时代脱节。

二、消防管理新技术应用

物联网、计算机技术、云计算、智能传感探测等技术的飞速发展，为城市综合体建立消防安全数字网格化系统提供了必要的技术支持。物联网以物质识别为基础，能够采集各物质的信息，通过各种网络把这些信息传送到服务中心，然后通过服务中心根据需要提取相关信息供用户使用。智能传感探测技术则运用现代智能化的探测器监控技术，实现数据的自动、主动获取。云计算技术彻底改变了以往分散管理的模式，在云端提供集中存储、集中分析处理，信息高度共享，显著提高了应用系统的可靠性，降低了运行成本。

（一）物联网技术

20世纪末，麻省理工学院Auto-ID研究中心提出物联网概念，将它初步定义为通过射频识别（RFID）、无线数据通信技术和条码等信息传感技术设备把物品与互联网连接起来，实现智能化识别和管理功能的网络。21世纪初，国际电信联盟（ITU）在The Internet of Things的报告中对物联网概念进行了扩展：基于RFID技术、传感器技术、纳米技术、智能终端等现代化技术，利用无所不在的网络和计算实现任何时刻、任何地点、任何物体之间的互联。IBM首席执行官彭明盛首次提出"智慧地球"的概念，他提出把智能传感器嵌入和装备到电网、桥梁、铁路、建筑、隧道、公路、供水系统、油气管道、大坝等各行各业的物体中，将其连接起来，构建并形成所谓的"物联网"，然后将"物联网"与当前的互联网连接并整合起来，实现人类社会与"物物"系统的整合。同年，欧盟第七框架下RFID和物联网研究项目组发布了"物联网战略研究路线图"，将物联网定义为"是未来互联网一个组成部分，可以被定义为基于标准的和可互操作的通信协议，且具有自配置能力的、动态的全球网络基础架构。物联网中的'物'都具有标志、物理属性和实质上的个性，使用智能接口实现与信息网络的无缝整合"。物联网已成为当前世界新一轮经济和科技发展的战略制高点之一，发展物联网对于促进经济发展和社会进步具有重要的现实意义。我国对物联网发展也高度重视。

物联网作为一个系统网络，与其他网络一样，也有其内部特有的架构。从技术架构上可将物联网分为三层：感知层、网络层和应用层。感知层作为物联网架构的基础，主要利用RFID、传感器、二维码等达到对信息采集的目的。网络层则作为物联网架构的中间层面，承载着对感知层采集来的数据的网络传输，通过各种电信网络与互联网的融合，将物体的信息实时准确地传递出去。应用层是物联网的最终目的，利用云存储、云计算、数据挖掘、中间件等技术，对感知层获取的信息进行处理，实现智能化识别、定位、跟踪、监控和管理等实际应用。

1. 物联网感知层

感知层是物联网的基层，用于实现对物联世界的智能感知识别、信息采集处理和自动控制，并通过终端模块将物理实体连接到网络层和应用层。这里的感知层就是把所有物品通过一维/二维条码、RFID、传感器、红外感应器、全球定位系统等信息传感装置自动采集与物品相关的信息，并传送到上位端，完成传输到互联网前的准备工作。比如在供应链管理、工业控制、智能交通、智能家居中都得到很好的应用。例如，粘贴在设备上的 RFID 标签和用来识别采集 RFID 信息的读写器就属于物联网的感知层。人们采集到的信息是 RFID 标签里面存储的内容，需要在采集装置的本地进行处理，然后将有用的数据传输到系统控制管理中心。如高速公路不停车收费系统、超市仓储管理系统等，都是基于此类结构的物联网应用。

感知层作为物联网架构的基础层面，主要是达到信息采集并将采集到的数据上传的目的，感知层主要包括自动识别技术系统和传感器（条码、RFID、传感器等）、无线传输技术（WLAN、Bluetooth、ZigBee、UWB）、自组织网技术和中间件技术。

2. 物联网网络层

物联网的网络层可以理解为搭建物联网的网络平台。它依托现有的移动通信网、互联网和其他行业的专网，通过各种接入设备把感知层数据与上述网络相连，实现应用层与感知层的数据传输。信息通信网络是承载信息传输的网络服务平台，是信息化社会的基础设施。信息通信网络传输的信息不仅包括文字、音频、视频等多媒体信息，还包括位置数据、传感器数据等一切能够从感知层获取的信息。目前的信息通信网络主要包括面向公众的互联网、电信网、广播点式网，以及服务于各类行业应用的专用网络，如交通、电力等行业专网。

网络层的传输手段可以分为无线通信和有线通信两大类。有线通信可分为相对短距离的现场总线和相对长距离的可支持 IP 的网络等。无线通信可以分为短距离接入技术的无线网状网（Mesh、ZigBee 等）、RFID、WiFi/WiMAX 等和中长距离的 GSM、CDMA（2G/3G/4G/5G）、卫星通信技术等两大类。

3. 物联网应用层

物联网应用层主要将物联网技术与行业系统相结合，利用经过分析处理的感知数据，进行数据处理封装，为用户提供丰富的特定服务，以实现广泛的物物互联的应用解决方案和智能化识别、定位、跟踪、监控和管理。应用层是物联网发展的目的，也是整个物联网体系中最接近用户的层面。应用领域涵盖环境监测、智能电网、智能家居、智能交通、工业监控等多个领域，应用服务支持平台用于支撑跨行业、跨应用、跨系统之间的信息协同、共享、互通等，主要包括物联网的高可靠性、高稳定性、高环境适应性、高智能化中间件，如信息管理、业务分析管理、服务管理、用户管理、目录管理、终端管理、认证授权、会话交互等。

应用层主要包括应用支撑平台子层和应用服务子层。其中应用支撑平台子层用于支撑跨行业、跨应用、跨系统之间的信息协同、共享、互通的功能，主要包括公共中间件、信息开放平台、云计算平台和服务支撑平台。应用服务子层包括智能交通、供应链管理、智能家居、工业控制等行业应用。

（二）BIM 技术

BIM 技术是一种应用于工程设计建造管理的数据化工具，通过参数模型整合各种项目的相关信息，在项目策划、运行和维护的全生命周期过程中进行共享和传递，使工程技术人员对各种建筑信息做出正确理解和高效应对，为设计团队以及包括建筑运营单位在内的各方建设主体提供协同工作的基础，在提高生产效率、节约成本和缩短工期方面发挥重要作用。

BIM 的英文全称是 building information modeling，国内较为一致的中文翻译为建筑信息模型。

1.BIM 应用深度划分和对应价值

LOD 100：概念设计阶段模型，满足设计概念效果论证的要求。

LOD 200：方案设计或扩初设计阶段模型，论证各类方案和编制项目预算。

LOD 300：深化施工图阶段模型，指导施工、编制施工计划、施工方案组织和工程量清单统计等。

LOD 400：加工阶段模型，是模块化加工、订制生产的依据。

LOD 500：竣工阶段模型，为建筑运营和维护系统提供数据协同平台。

2.BIM 应用方式分类

分阶段建模：能解决的问题包括为满足某一阶段的需求，有针对性地搭建所需深度的模型，节约成本，实现项目论证、方案展示、性能效果模拟、深化设计等功能。

全过程管理：能解决的问题包括统一建模标准，使各参与单位搭建、使用模型无障碍；能够实现图纸深化设计和项目管理对接，实现 5D（3D+ 时间 + 成本）管理；竣工时，实现与物业管理、销售展示等工作对接，发挥模型在项目运营阶段的价值。

数据协同平台搭建：能解决的问题包括参与各方可以通过互联网，使用电脑、手机等终端设备，实时与模型写入、读取数据，实现项目的动态管理；公司管理层和其他部门可以通过协同平台实时了解项目情况，便于做出更为准确的决策。

（三）消防网格化管理技术

针对当前消防安全监管工作中存在的问题，为了实时、动态地监视消防设施、设备的运行情况，弥补消防监管盲区，运用智能化、数字化的技术消除消防信息孤岛，完善消防培训、消防政策法规宣传工作，提高消防监管水平和工作效率，使消防安全责任更加明确化、精细化，消防数字网格化管理系统的研究和开发得到了长足的发展。

消防数字网格化管理系统有助于提高消防管理协作水平，节省管理成本，提高工作效率，切实解决消防监管中存在的信息孤岛和监管盲区。通过基于 WebGIS 的地理信息平台网格地理信息和遥感影像，按照从省、市、县（市、区）、街道（乡镇）、社区（村）、责任片区的区划模式，实现由大网格到中网格再到小网格的逐级精细化网格划分，明确网格负责人的监管责任，建立精细化网格排查整治模式；通过研发智能化隐患排查整治模块，实现消防安全检查记录、火灾隐患移交、消防宣传记录等信息的智能分类上传；通过设置消防信息发布模块，采用信息评级筛选机制，实现信息的分级、分类智能推送；通过智能探测技术、定位技术、应急地理信息系统技术实现灾情的实时定位、智能模拟以及应急预案的生成；通过云计算、数据挖掘技术实现对各单位的火灾风险分析评价，进而实施对应的火灾隐患排查整治、消防宣传教育等活动；通过云计算、云存储技术实现一体化的信息管理平台，将信息的传输、处理、储存、资源管理和搜索等功能模块集成化、一体化。

（四）云存储、云计算技术

从建设智慧决策系统的角度而言，云存储、云计算技术是其中最为关键的技术。智慧决策系统分为智慧指挥决策云平台和用户终端发布两部分。云平台通过感知层全面采集信息，并通过网络层与各类终端保持通信，实现分布式信息的云存储。为了有效地提供智慧决策的支撑，在云平台内部需要存储大量的数据。对于消防部门，可能需要存储的数据包括法律法规、消防人员和装备分布、装备参数、地理信息、市政信息、消防重点单位信息、历次事故案例等。为有效实施应急救援，可能还需要存储地质、水文、气象等诸多数据。为了能够有效利用这些数据，需要提供信息查询和数据挖掘的功能。云平台的实时信息来自感知系统，往往需要对这些数据进行深入处理，提取与消防有关的关键特征，作为支持决策的依据。

云平台的辅助决策功能主要包括被动响应和主动响应的方式。前者通过感知系统获得关键特征，与事先存储的特征参数库进行比较，确定适用场景，从相应预案库中提取相关方案；后者通过计算机仿真的方式，根据事先建立的计算机模型和初始条件，对于事故发展规律进行预测，如预测火灾蔓延情况及对建筑、人员影响，预测有毒气体泄漏区域及毒害等，并根据结果调用相应预案。辅助决策建议可以提供给现场指挥员，也可以提供给指挥中心。指挥中心在综合分析后，可利用远程智慧功能对现场进行指挥、指导。

智能指挥决策云平台分为私有云和公共云。消防部门需要维护私有云来保证应急智慧决策系统的服务质量和可用性，同样，交通、市政等信息也有赖于其他部门的私有云提供相关信息。而模拟仿真等需要较大的计算能力，利用率又较低，可以通过公共计算中心的公共云来提供相应的云计算服务。

用户终端与云平台保持通信，并用本地应用程序将指挥决策信息通过合适的方式进行可视化显示，并能够输入信息实现双向交互。针对指挥中心、消防业务部门、其他政府部门、现场指挥员等不同用户提供不同的应用程序，满足其功能。

及时的信息发布对促进人民群众理解消防动态、保障人民群众生命财产安全、维护社会稳定、构建和谐社会有着极为重要的意义。动态的信息发布意味着多渠道、多方位地发布有时效性、稳定性、针对性的信息。平时可以发布遇灾逃生、自救互救等科普宣教知识，本地消防安全信息，消防安全领域的大事件，从而促使群众了解消防、关注消防；而一旦发生危急情况时，则需要准确及时发布火险预警信息，火灾发展动态，政府应急事件处置、措施等信息，实现相关信息的透明化、公开化。

动态信息发布要求整合"云存储"技术，数据过滤与信息保护技术，多平台异构信息集成技术以及数据的"云发布"技术等。

（五）智能无线管网监测技术

无线消防管网监测器包括前端管网的水压测量，实现实时数据传输、管网传感器电路监测、电池电压监测、故障指示等，在消防管网的安全检测中起到了巨大的作用，也方便了消防管道的日常检查，对监测消防设备状态有重要的意义。

智能无线管网监测的电信方案的互联方式是通过 ZigBee 无线网络连接到现场控制器或手持终端。

无线管网监测的硬件结构由电池、电源模块、压力传感器、信号处理电路、嵌入式控制器、无线通信模块六部分构成。

无线管网监测的软件结构特点如下：低功耗设计，延长电池使用寿命。周期性启动无线通信接收电路，系统长时间处于睡眠低功耗状态，被动式接收现场控制器、手持终端指令，发送数据。降低无线通信漏码、误码率。采用随机延迟、多帧发射，设置合理的睡眠、工作周期，ZigBee 协议标准。安全加密是采用 AES-128 位加密方式。

（六）视频极早期火灾探测技术

视频火灾探测与传输系统由网络高清摄像头实时获取被监控场所视频图像，完成视频转换处理，通过烟雾和火焰特征的极早期探测，确定火灾区域，通过网络输出报警和状态信号，输出标明火灾区域的视频，并可与以太局域网连接的设备协同工作，实现远程管理与控制。

在消防监测中，早期火灾通常是阴燃阶段，所以对烟雾的探测在火灾的预防中显得格外重要。烟雾视觉特征包括烟雾图像的颜色、纹理、半透明、闪烁和轮廓等特征，目前应用较广泛的是对颜色特征的提取。但是在复杂场景实际应用中仅提取颜色特征不能很好地区分和烟雾颜色相近的物体，此时误判是不可避免的。

特征提取方法需要根据监控场景背景图像来选择。例如受限空间内，光线变化小，背景图像清晰，烟雾图像识别可以选择半透明特征，而这种体征提取方法在户外监控场所，则由于光线变化较复杂，不宜选用。可以通过提取多个特征来提高火灾图像判别的可靠性，采用颜色和光流法提取运动速度相结合，在实际的测试中得到了令人满意的效果。

特征识别是可视火灾探测中不可或缺的重要组成部分，提取到的特征值需要通过这一步骤来判断是烟雾特征值还是干扰源特征值，并做进一步的判断以给出报警信号。

（七）消防安全评估

综合体消防安全评估是指通过定性分析和定量计算，预测综合体火灾事故发生的可能性和严重程度，使综合体管理部门能够较为准确地认识其消防安全风险，进而有针对性地提出消防对策，降低火灾风险，保护人身和财产安全。

1. 评估目的

为了提升综合体的消防安全程度，可以采取建筑消防安全评估方法，更为精细地管理综合体消防安全问题。主要包括：查找、分析和预测综合体及其周围环境存在的各种火灾风险源，以及可能发生火灾事故的严重程度，并确定各风险因素的火灾风险等级；针对不同风险因素的风险等级，根据综合体自身的经济和运营等承受能力，提出合理可行的消防安全对策与措施。

2. 评估原则

综合体消防安全涉及许多因素，消防安全评估过程就是探索各影响因素之间动态变化的过程。在这些影响因素之间，既有有利因素，也有不利因素，消防安全评估的结果就是不利因素与有利因素动态博弈的结果。构建消防安全评估指标体系，就是最大限度地确定这些影响因素，以及综合考虑各种影响因素之间的相互作用。建立评估指标体系是综合体消防安全评估的核心问题，应遵循科学性、系统性、综合性、适用性原则。

3. 评估内容

分析综合体内可能存在的火灾危险源，合理划分评估单元，建立全面的评估指标体系。对评估单元进行定性及定量分级，并结合专家意见建立权重系统。对综合体的火灾风险做出客观公正的评估结论，提出针对性的消防安全对策及建议。

4. 评估流程

（1）信息采集

在明确消防安全评估的目的和内容的基础上，收集与综合体安全相关的各种资料，包括综合体的地理位置、使用功能、消防设施、演练与应急救援预案、消防安全规章制度等。

（2）风险识别

火灾风险识别就是要确定综合体可能面临的火灾风险主要来自哪些方面，这一查找风险来源的过程是开展消防安全评估所必需的基础环节，只有充分、全面地把握综合体所面临的火灾风险的来源，才能完整、准确地对各类火灾风险进行分析、评判，进而采取合理有效的火灾风险控制措施，确保将综合体的火灾风险控制在可接受的范围之内。火灾风险识别所需要分析的因素主要包括影响火灾发生的因素、影响火灾后果的因素和消防安全措施的有效性分析。

（3）评估指标体系建立在火灾风险识别的基础上

进一步分析影响因素及其相互关系，选择出主要因素，忽略次要因素，然后对各影响因素按照不同的层次进行分类，形成不同层次的评估指标体系。综合体消防安全评估一般分为两层或三层，每个层次的单元根据需要进一步划分为若干因素，再从火灾发生的可能性和火灾危害等方面分析各因素的火灾危险度，各个组成因素的危险度是进行系统危险分析的基础，在此基础上确定综合体的火灾风险等级。

（4）风险分析与计算

根据不同层次评估指标的特性，选择合理的评估方法，按照不同的风险因素确定风险概率，根据各风险因素对综合体的影响程度，进行定量或定性的分析和计算，确定各风险因素的风险等级。

（5）风险等级判断

在经过火灾风险因素识别、评估指标体系建立、消防安全措施有效性分析等几个步骤之后，对于被评估的综合体是否安全，其安全性处于哪个层次，需要得出一个评估结论。根据选用的评估方法的不同，评估结果有的是局部的，有的是整体的，这需要根据评估的具体要求选取适用的评估方法。

（6）风险控制措施

经过消防安全评估之后，综合体的总体评估结果可能会属于极高或高风险，也可能属于中风险及以下。通常情况下极高风险和高风险超出了可接受的风险水平，需要采取一定风险控制措施，将综合体的火灾风险控制于可接受的风险水平以下。常用的火灾风险控制措施包括风险消除、风险减少和风险转移。

①风险消除

指消除能够引起火灾的要素，也是控制风险的最有效的方法。由于空气无处不在，因此主要可行的措施是消除火源和可燃物。例如不在可燃物附近燃放烟花、电焊作业时清除附近的可燃物。

②风险减少

在综合体的使用过程中，经常会出现需要在有可燃物附近进行用火、电焊等存在引起火灾可能性的情况，这时候既不能消除火源，也不能清除可燃物。为了减少火灾风险，需要采取降低可燃物的存放数量或者安排适当的人员看管等措施。

③风险转移

指与他人共同分担可能面对的风险。对于综合体而言，火灾风险转移并不能消除或降低其面临的风险，但是对于综合体所有者或使用者而言，通过风险转移可以降低其面临的风险。风险转移主要通过保险来实现。

三、综合体消防管理数字化平台基本框架

（一）基本目标

通过研究"一个系统架构、一批关键技术、一个标准体系"，建立网格责任"可视化"、隐患排查"便捷化"、信息推送"实时化"、应急处置"效能化"、安全评价"智能化"、工作平台"集成化"和信息管理"一体化"的城市综合体消防数字网格化管理系统，实现传统消防监督管理从"Made-in"到"Made-for"、从提供数据到提供信息、从工程建设到运营服务的三个转变。具体目标如下：建立基于互联网、物联网、云计算和BIM技术的城市综合体消防安全数字网格管理平台，面向各级管理部门和大、中、小三级网格，提供网格管理、应急处理、安全评级、设施管理、隐患处置、消防培训与信息发布等平台端服务。建立基于无线通信技术和智能手持终端技术的城市综合体巡防员智能手持终端，实现隐患排查、信息智能推送、一键报警、现场拍照取证、消防检查表实时上传等功能，提供便捷化、集成化的网格管理服务。

（二）主要性能

1. 数据采集和管理

采集城市综合体消防网格数据，包括地理信息数据、网格员信息、人口和建筑信息、消防设施数据、网格日常检查数据等；自动采集接入系统平台的智能管网监测数据、消防设备运行数据、火灾应急数据等。建立基于云存储技术的管理模式，为相关的智能决策分析、云计算提供数据信息支持。

2. 网格管理

城市综合体网格管理功能主要包括网格空间划分、网格信息管理以及网格责任人管理。网格空间信息管理主要是指基于WebGIS技术的网格的空间划分进行数据管理及空

间可视化显示；网格信息管理是指对网格内消防设施信息、常住人口信息以及从业类型统计等网格基本信息的管理；网格责任人管理指对网格内消防安全的负责人信息进行管理，如大网格的责任人信息就包括城市综合体区域和派出所相关责任人，小网格责任人是指对应的巡防员信息，并建立不同层级网格责任人之间的隶属关系。

3. 隐患排查

大网格每季度、中网格每月、小网格每周自动生成检查任务，利用移动终端智能化执行与管理网格日常排查任务。日常消防检查可随时利用手机方便快捷地进行信息录入、拍摄现场图片以及语音备注，实时发送至管理系统，自动保存和实时上传检查日志。对发现的消防安全隐患进行智能化分类处理，自动生成整改建议和复查任务。

4. 应急处理

针对突发灾情，系统平台能够做出快速、必要的应急处理，生成应急管理方案。实现人工报警和智能探测系统报警相互结合的方式进行火灾报警。当系统接到报警，利用相关的定位技术能够迅速获得火情位置，并基于信息智能推送技术在中心服务平台和手机平台端进行地理位置标注。同时根据火情大小以及着火点位置，利用突发事件应急指挥与决策系统生成系统应急联动预案。

5. 消防设施管理

系统通过管理系统的智能感知技术，如全景视频监控系统、基于视频的火灾烟雾探测系统、无线火灾传感器节点、消防管网水压传感器节点等探测设备，实现消防设备状态的智能监测。可查看设备运行情况及老化趋势，可显示当前检测数据、平均数据以及在一天、一个月、一季度、一年内的变化曲线，可在设备即将出现故障时通过短信、电话等方式提醒消防相关部门进行维修处理，从而保证系统长期稳定运行。

6. 基于 WebGIS 的地图服务

系统设置基于 WebGIS 的地图可视化模块，为系统功能实现提供辅助地图服务。针对网格管理，能够实现大、中、小网格空间信息地图可视化显示；针对应急管理，实现报警点的位置可实时上传并在电子地图上定位显示；针对重点防火单位，能准确显示报警部件的安装楼层平面图和建筑立面图与重点部位；针对消防设施管理，显示消火栓、水源等消防设施分布情况及其他消防相关信息。

7. 消防宣传培训

模块用于管理大、中、小网格的消防宣传培训工作，主要包括生成宣传培训任务，规划消防宣传预案；配合大、中网格单位完成疏散培训，上传保存培训记录；进行虚拟灭火培训，如上线灭火训练小游戏；面向系统用户，发布政策文件、消防基础知识、消防小常识。

8. 消防信息发布

模块用于消防管理部门向下属大、中、小网格发布消防通知、新闻通告、消防事件，进行分栏显示，当针对某地区有重要通知发布时，在地图上进行亮点标注显示。

10. 用户管理

系统设置用户管理模块，对系统的用户授权、信息安全等进行管理。面向不同等级的用户，实现分级的系统授权，具体包括消防总队、消防支队、消防大队、大网格、中网格和小网格用户。设计用户日常管理界面，生成系统使用记录、事务处理记录、系统操作日志，并根据用户系统使用状况对用户进行分级评价，进行安全信用等级管理。

11. 信息查询

系统提供联网用户基本信息、网格基本信息、消防设备设施配备与运行状况信息、消防安全管理（队伍建设、制度建设、日常维修保养）信息、火灾应急疏散预案和灭火预案、火警信息和故障信息、联网监控终端设备管理信息等信息查询功能。

（三）系统构成

整个平台以有效发挥各级消防网格的主体功能为主旨，在保证整个系统能够高效运行的基础上，建立了由基础层（一张地图）、感知层（两种感知）、网络层（三条通道）、平台层（四个平台）、应用层（五大应用）的五个层级结构组成的信息管理系统。其中感知层、网络层主要是硬件平台，前者主要由动态人员感知和实时智能设备感知两部分组成，后者包括无线通信网络、互联网、公安消防专网三条通道。平台层和应用层由软件构成，前者包含网格化通信、信息存储、信息管理、信息发布四个平台，后者实现了设施管理、网格管理、隐患检改、应急处理、宣传培训与信息发布五大应用。

软件系统主要包括数据库、平台服务、业务系统和应用系统四个部分，每个部分则包含对应的功能支撑模块，综合提供网格责任"可视化"、隐患排查"便捷化"、信息推送"实时化"、应急处置"效能化"、安全评价"智能化"、工作平台"集成化"和信息管理"一体化"的消防安全数字网格化管理软件系统。

1. 基础层技术架构

消防安全数字网格化系统基础层基于 WebGIS 系统建立的 B/S 服务框架。基础层围绕网格信息数据库和系统运营数据库，并结合现有的基础地理信息数据库提供基本的数据库支持。采用空间数据引擎技术搭建 GIS 应用服务器和 www 服务器，进而提供基于浏览器客户端的 WebGIS 服务，综合为系统提供网格空间信息可视化、应急处理、消防设施地图标注和城市地图等服务支持。

2. 感知层技术架构

平台的感知层可以分为两个部分：动态随机人员感知和智能设备感知。其中全景视频监控系统、基于视频的火灾烟雾探测系统、无线火灾传感器节点、消防管网水压传感器节点等在线探测设备构成了智能设备感知的主要内容,可以直接接入物联网络,实时采集相关数据。而针对难以通过探测器直接进行状态监控的事项,系统采用人工巡视的方法,手持信息终端的巡查员定期对这些设施进行检查。通过接入物联网络的手持终端,巡查员可以及时上传消防设施的状态等图文资料。同样,巡查员也承担了火灾隐患的巡查工作,在发现隐患之后,通过手持终端及时上报,并上传现场图像。通过在线探测器和巡查员相互配合的方式,形成了因地制宜、全面覆盖的弹性互联互通消防网格化管理感知层。

3. 网络层技术架构

消防数字网格化管理系统网络层由中心专网、监控专网、共用无线网络、共用互联网络组成。感知层各类在线探测器和手持终端、办公节点、公共媒体资源同管理中心紧密连接,实现了实时互联互通和双向信息流通。

智慧探测设备、终端、节点、公共媒体通过外网接入。其中,有线智能设备通过监控专网接入通信中心;小网格手持设备、无线智慧设备通过移动互联网络接入通信中心;中网格办公节点、大网格办公节点、公共媒体资源通过有线的互联网际网络接入通信中心。为保证信息安全,在外网与通信中心的接口上设置有防火墙,相应的数据连接采用加密的方式避免窃取和篡改。

4. 平台层技术架构

消防数字网格化管理系统平台层由系统平台软件构成,在感知层、网络层和服务器计算资源的基础上,提供实现网格化管理系统基本功能的各项基础服务。

平台层由全局核心平台服务和数据存储平台组成。全局核心平台提供了网格化管理系统运行状况监控、系统运行安全保障、系统各资源管理、各项信息的目录搜索和查看、各项事物处理、消息传递、各个单元间通信、公共媒体消息发布、监控探测器和节点注册以及其他各项服务。

数据存储平台则保存网络拓扑、BIM模型信息、巡防员信息、智慧设备信息、警情事件、多媒体信息、指挥信息、发布信息等数据。在此基础上,通过数据的分析挖掘,可以进而形成消防管理数据、消防防控数据、应急联动数据、安全评估数据。数据存储平台通过数据服务接口同核心平台服务相连接,为主动信息显示和决策提供了支持。

5. 应用层技术架构

平台应用层在平台层的基础上,通过管理中心和各终端软件,实现网格化管理的各项功能目标,为消防各级相关单位系统服务。

应用层提供的功能主要可以分为设施管理、安全评价、隐患检查整改、应急处置、宣传培训五个方面。管理中心软件主要实现火灾隐患信息接收和处理、消防信息接收管理、紧急事态处置等功能。大网格、中网格、小网格软件分别实现每月日常排查、消防演练；火灾隐患评估及上报、每周日常排查、消防宣传培训；消防信息搜集上传、日常排查、紧急事态报警等功能。

通过上述功能，能够有效支撑各级机构行使其职责，包括管理中心履行区域内防火监督的全面工作职责，大网格的消防安全委员会设立消防办公室每月消防检查职责，中网格的指派两名专职或兼职人员每周排查火灾隐患履行消防宣传培训职责，以及小网格指派消防监督员进行消防隐患日常巡查和定期排查职责。

6.基于安卓系统的智能终端

消防安全数字网格化系统手机客户端的用户为小网格网格巡查员，网格巡查员可以通过手机客户端实现身份验证、一键报警、现场提交消防检查表、现场拍照取证、查看检查表、查看被检单位信息及修改密码等功能。

第八章 消防安全评估

第一节 火灾风险识别

一、相关概念及其辨析

（一）风险管理

1. 风险的概念

风险是指某一特定危险情况发生的可能性和后果的组合。风险具有客观性、偶然性、损害性、不确定性、相对性（或可变性）等特点。

2. 风险管理的概念

风险管理是为了达到一个组织的既定目标，而对组织所承担的各种风险进行管理的系统过程，其采取的方法应符合公众利益、人身安全、环境保护以及有关的法规的要求。风险管理包括策划、组织、领导、协调和控制等方面的工作。

3. 风险管理原则

风险管理的原则主要包括：①控制损失，创造价值；②融入组织管理过程；③支持决策过程；④应用系统的、结构化的方法；⑤以信息为基础；⑥环境依赖；⑦广泛参与、充分沟通；⑧持续改进。

（二）火灾风险评估

1. 相关概念

（1）火灾风险评估

对目标对象可能面临的火灾危险、被保护对象的脆弱性、控制措施的有效性、后果严重度以及上述各因素综合作用下的消防安全状况进行评估的过程。

（2）可接受风险

在当前技术、经济和社会发展条件下，人们所能接受的风险水平。

（3）火灾安全

在发生火灾时，可将对人们的生命、财产和环境等可能产生的损害控制在可接受风险以下的状态。

（4）火灾风险

潜在火灾发生的概率及事件所产生后果的综合度量。

（5）火灾隐患

由违反消防法律法规引起的、可能导致火灾发生或发生火灾后会造成人员伤亡、财产损失、环境损害或社会影响的不安全因素。

（6）火灾危险

潜在火灾发生的可能性，强调的是作为客体的火灾危险源引发火灾的状况。

（7）火灾危险性

物质发生火灾的可能性及火灾在不受外力影响下所产生后果的严重程度，强调的是物质固有的物理属性。

（8）火灾危险源

可能引起目标遭受火灾影响的所有根源。

（9）火灾风险源

能够对目标发生火灾的概率及其后果产生影响的所有来源。

2. 火灾隐患与火灾风险

（1）火灾隐患与火灾风险的概念

火灾隐患可以分为一般火灾隐患和重大火灾隐患。

火灾隐患：是指可能导致火灾发生或火灾危害增大的各类潜在不安全因素。

重大火灾隐患：是指违反消防法律、法规，可能导致火灾发生或火灾危害增大，并由此可能造成特大火灾事故后果和严重社会影响的各类潜在不安全因素。

（2）火灾危险源与火灾风险源

1）火灾危险源的分类

①第一类危险源是指产生能量的能量源或拥有能量的载体

它的存在是事故发生的前提，决定着事故后果的严重程度。第一类危险源包括可燃物、火灾烟气及燃烧产生的有毒、有害气体成分。

②第二类危险源是指导致约束、限制能量屏蔽措施失效或破坏的各种不安全因素

它是第一类危险源导致事故的必要条件，第二类危险源出现的难易决定事故发生可能性的大小。第二类危险源包括火灾自动报警、自动灭火系统、应急广播及疏散系统等消防措施。

2）危险源与风险源的关系

火灾危险源是引起火灾的一些因素。关于危险源和风险源的概念，来自不同的两个方向。危险源首先来自理论上的定义，而风险源则来自实践的需要，采用由实践向理论的提升，将会有更大的适用性。

二、火灾发展各阶段风险评估

（一）火灾发展过程与火灾风险评估

火灾的发展过程分为阴燃、增长、充分发展、衰退至熄灭四个阶段。火灾的各个发展阶段一般可用图 8-1 描述。

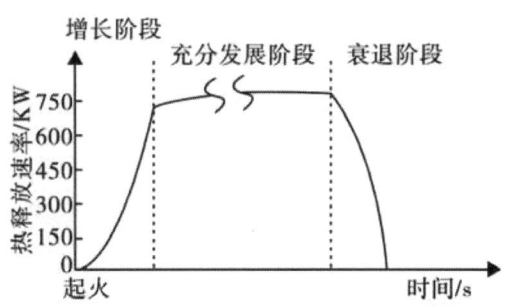

图 8-1 火灾的各个发展阶段示意图

1. 火灾发生（火灾危险源评估）

这一阶段重点评估着火因素，这些可能引起火灾的因素即为火灾危险源，该阶段的评估称之为火灾危险源评估。火灾危险源的评估不能完全采用定量化的方法进行，需要根据以往的经验和历史统计数据进行分析和判断。

2. 火灾发生初期（火灾危险性评估）

这一阶段考虑的是物质着火后，在纯自然状态下评估火灾可能引起的后果损失，这一阶段的评估称之为火灾危险性评估。由于物质的火灾荷载、可燃物之间的距离、通风

状况、建（构）筑物的耐火性能、人员数量等参数均存在可量化的数值，因此火灾危险性评估可采用量化的方法（包括现场实验、相似模拟实验和计算机模拟方法）进行。

3. 火灾发展中期（狭义火灾风险评估）

通常情况下，按照相应的建筑防火设计规范等相关消防标准规范，建（构）筑物内部会设有火灾自动报警、自动灭火系统、防排烟系统等消防设施。建（构）筑物内会安排消防值守人员，并且内部人员接受过初期火灾扑救、组织疏散的训练，有时还可能拥有自己的消防队伍，具有专业的灭火救援能力。

物质着火后，由于物质的燃烧受到上述因素的共同作用的影响，因此后果损失的严重程度与这些因素的作用效率密切相关，这一阶段的评估称为狭义火灾风险评估。

4. 火灾发展中后期（广义火灾风险评估）

物质着火后，虽然建筑消防设施和内部人员对物质的燃烧过程进行了干预，但是由于某项消防措施失效，或者人员灭火能力欠缺等种种原因导致依靠单位自身的能力无法扑灭火灾，这时就需要出动消防部队以及调动专职消防队、义务消防队赶赴现场灭火，这一阶段的评估称为广义火灾风险评估。

5. 防、灭火工作的主要环节

根据上述火灾发生发展的四个阶段，建筑防、灭火工作大体上也可以划分为四个主要环节，即火灾预防、火灾报警、人员疏散和灭火救援，其中预防火灾发生是消防工作的首要任务。

（二）影响火灾后果的三种情形

从上述火灾发展的动态特性分析可以看出，根据评估对象的范围和对评估结果要求的深度与广度不同，火灾风险表达式中的后果，在不同阶段会有不同的表现形式。通常可以分为以下几种情形：①在物质着火后，不考虑各种消防力量的干预作用，只根据物质的物理性质和周边环境条件等自然状态下的发生发展过程，来确定火灾产生的后果。②在物质着火后，考虑建筑物内部消防设施的功能，单位内部人员的消防意识、初期火灾扑救能力、组织疏散能力，以及单位内部可能拥有的消防队伍的灭火救援能力，根据这些因素的共同作用效率，来确定火灾产生的后果。③在物质着火后，除了上述建筑消防设施功能和单位相关人员能力之外，还考虑在初期火灾扑救失败之后，外部消防力量进行干预，投入灭火救援工作，根据这些因素共同作用的效率，来确定火灾产生的后果。

第二节 火灾风险评估方法

一、火灾风险评估的分类及流程

（一）分类

1. 按建筑所处阶段

（1）预先评估

在系统的开发、设计阶段所进行的风险评估，用于指导系统的开发和设计，使得在系统的基础阶段最大限度地降低系统的火灾风险。

（2）现状评估

是在系统建成以后的运转阶段进行的风险评估，用于了解系统的现实风险，为进一步采取降低风险的措施提供支持。

2. 按指标处理方式

（1）定性评估

定性分析方法对分析对象的火灾危险状况进行系统、细致的检查，根据检查结果对其火灾危险性做出大致的评价。特点是评价的结果只有两种，即安全措施满足和不满足可接受风险水平的要求。

（2）半定量评估

半定量方法则将对象的危险状况表示为某种形式的分度值，从而区分不同对象的火灾危险程度。特点是不像定量风险评估方法需要投入大量的资金和时间，快捷简便；能够进行风险等级划分，综合了定性法和定量法的一些优点，提高了风险评估的实用性和准确性。

（3）定量评估

以系统发生事故的概率为基础，进而求出风险，以风险大小衡量系统的火灾安全程度。特点是需要大量数据资料和数学模型；结果准确，为真实的风险值。

（二）基本流程

①前期准备。②火灾危险源的识别。③定性、定量评估。④消防安全管理水平评估。⑤确定对策、措施及建议。⑥确定评估结论。⑦编制火灾风险评估报告。

二、火灾风险评估定性分析

(一) 安全检查表法

1. 安全检查表的基本概念及形式

(1) 基本概念

安全检查表是依据相关的标准、规范,对工程、系统中已知的危险类别、设计缺陷以及与一般工艺设备、操作、管理有关的潜在危险性和有害性进行判别检查。

(2) 形式

1) 提问式

检查项目内容采用提问方式进行。

2) 对照式

检查项目内容后面附上合格标准,检查时对比合格标准作答。

2. 安全检查表的内容、要求以及作用

(1) 内容及要求

包括序号、检查内容和项目、检查依据、检查结果、发现问题、改进意见、备注、检查时间、检查者、后果直接责任人。内容纪要既要系统全面,又要简单明了、切实可行。

(2) 作用

使检查人员能够根据预定的目的去实施检查,避免遗漏和疏忽,以便发现和查明各种问题和隐患。根据不同的单位、对象和具体要求编制相应的安全检查表,可以实现安全检查的标准化和规范化。安全检查表是安全教育的一种手段。安全检查表能够带动广大干部职工认真遵守安全纪律,提高安全意识,掌握安全知识,形成全员管安全的局面。依据安全检查表检查,是监督各项安全规章制度的实施、制止"三违"的有效方法。检查表是主管安全部门和检查人员履行安全检查职责的凭证,有利于落实安全生产责任制,便于分清责任。

(二) 预先危险性分析法

1. 步骤分析和等级划分

预先危险性分析的分析步骤和等级如下:①调查、了解和收集过去的经验与相似区域火灾事故发生情况。②辨识、确定危险源,并分类制成表格。危险源的确定可通过经验判断、技术判断和实况调查或安全检查表等方法进行。③研究危险源转化为火灾事故的触发条件。④进行危险分级:危险分级的目的是确定危险程度,指出应重点控制的危险源。危险等级可分为以下四个级别:Ⅰ级:安全的(可忽视的);Ⅱ级:临界的;Ⅲ级:危险的;Ⅳ级:破坏性的(灾难性的)。

2. 危险性辨识

（1）直接火灾

当可燃物质和氧气共存时，遇到火源就有可能发生火灾，这是人们所熟知的，称作直接火灾。

（2）间接火灾

间接火灾系指受到外力破坏引起本身发生火灾的情况，如设备或其他容器遭受外来事故的波及，易燃物质外泄，遇火源发生事故。

（3）自动反应

有些化学物质本身带有含氧分子团，不需外部供氧就能发生氧化反应。

（4）人为因素

人的可靠性较低，往往由于生理和心理状态造成误操作而发生事故。

三、火灾风险评估半定量分析方法

（一）火灾安全评估系统（FSES）

该方法把风险和安全分开，通过运用卫生保健状况来处理风险。五个风险因素是：患者灵活性、患者密度、火灾区的位置、患者和服务员的比例、患者平均年龄，并因此派生了 13 种安全因素。通过德尔菲调查法，让火灾专家给每一个风险因素和安全因素赋予相对的权重值。总的安全水平以 13 个参数的数值计算得出，并与预先描述的风险水平做比较，从而得出该建筑的风险水平。

（二）SIA81 法

SIA81 法即现在大家熟知的 Gretener 法。此方法作为快速评估法，用于评价大型建筑物可选方案的火灾风险。因为此法考虑了保险率和执行规范，所以此方法是最重要的火灾风险等级法之一。

（三）火灾风险评估的实验方法

实验方法可以作为火灾风险评估的重要手段，一般可以考虑对评价目标的相关子系统的运行效果进行测试。实体实验模拟研究在火灾科学的烟气流动规律、燃烧特性、统计分析以及数值模型验证等研究领域具有重要意义。

第三节 建筑性能化防火设计评估

一、性能化防火设计相关概述

（一）性能化防火设计与传统的规范做法对比

1. 传统规范的特点

设计目标框架性强，没有进行细化。所使用的方法是确定的。不需要再对设计的结果进行评估确认。

2. 性能化防火设计规范的特点

有助于建筑消防设计实现科学化、合理化和成本效益最优化，有利于发挥设计人员的主观创造性，有利于新产品和新材料的开发研制以及新技术的推广。

（二）性能化防火设计的核心、主要内容及设计问题

1. 核心内容

整体评估；专业人员；程序控制。

2. 主要内容

确定设计火灾场景与设定火灾；不同类型建筑的火灾荷载密度确定；烟气运动的分析方法；人员安全疏散分析；主动消防设施对火灾风险的分析与评估；火灾危害和火灾风险的分析与评估；性能化设计与评估中所用方法的有效性分析。

二、火灾分析

（一）火灾场景确定方法

确定可能火灾场景可采用下述方法：故障类型和影响分析；故障分析；相关统计数据；工程核查表；危害指数；危害和操作性研究；初步危害分析；故障树分析；事件树分析；原因后果分析；可靠性分析。

（二）设定火灾

1. 在进行建筑物内可燃物的分析时，应着重分析以下因素

①潜在的引火源；②可燃物的分布情况；③可燃物的火灾荷载密度；④可燃物的种

类及其燃烧性能。

2. 在分析建筑的结构和平面布置时，应着重分析以下因素

①起火房间的外形尺寸和内部空间情况；②房间的围护结构构件和材料的燃烧性能、力学性能、隔热性能、毒性性能及发烟性能；③起火房间的通风口形状及分布、开启状态；④房间与相邻房间、相邻楼层及疏散通道的相互关系。

3. 在分析和确定建筑物的自救能力与外部救援力量时，应分析以下因素

①建筑物的消防供水情况和建筑物室内外的消火栓灭火系统；②烟气控制系统的设置情况；③火灾报警系统的类型与设置场所；④建筑内部的自动喷水灭火系统和其他自动灭火系统（包括各种气体灭火系统、干粉灭火系统等）的类型与设置场所；⑤消防队的技术装备、到达火场的时间和灭火控火能力。

4. 在确定火灾发展模型时，应至少分析下列因素

①多个可燃物同时燃烧时热释放速率的叠加关系；②初始可燃物对相邻可燃物的引燃特征值和蔓延过程；③火灾的发展时间和火灾达到轰燃所需时间；④火灾发展对建筑构件的热作用；⑤灭火系统和消防队对火灾发展的控制能力；⑥烟气控制系统对火灾发展蔓延的影响；⑦通风情况对火灾发展的影响。

5. 对于建筑物内的初期火灾增长，可根据建筑物内的空间特征和可燃物特性采用下述方法之一确定

①实验火灾模型；②火灾模型；③ MRFC 火灾模型；④按叠加原理确定火灾增长的模型。

火灾的最大热释放速率可根据火灾发展模型结合灭火系统的灭火效果来计算确定。灭火系统的灭火效果可以考虑以下三种情况：①在灭火系统的作用下，火灾最终熄灭。②火灾未受限制。这代表了灭火系统失效的情况。③火灾被控制到恒稳状态，在灭火系统的作用下，热释放速率不再增长，而是以一个恒定热释放速率燃烧。

灭火系统的有效控火时间可按下述方式考虑：①对于自动喷水灭火系统，可采用顶棚射流的方法确定喷头的动作时间，再考虑一定安全系数后确定该系统的有效作用时间。②对于消防队控火，可计算从火灾发生到消防队有效地控制火势的时间，一般按 15 min 考虑。对于智能控制水炮和自动定位灭火系统，水系统的有效作用时间可按火灾探测时间、水系统定位和动作时间之和乘以一定安全系数计算。

三、烟气流动的计算方法及模型选用原则

（一）概述

运用数学模型模拟计算防火的发展过程，是认识火灾特点和开展有关消防安全水平

评估的重要手段，对建筑物的性能和设计来说尤为重要。火灾过程是可燃物在热作用下发生的复杂物理化学过程，与周围的环境有着密切的相互作用。建筑火灾的计算机模型有随机性模型和确定性模型两类。

（二）经验模型相关概念

经验模型是指以实验测定的数据和经验为基础，通过将实验研究的一些经验性模型或是将一些经过简化处理的半经验模型加上重要的热物性数据编制成的数学模型。

（三）区域模型一般假设

区域模型一般有如下的假设：受限空间内部压力均匀分布。各个控制体内的气体被认为是理想气体，并且气体的相对分子质量与比热视为常数。能量传递除部分由质量交换造成外，还包括辐射与导热。忽略壁面对流体运动的摩擦阻碍作用。受限空间内部物质的质量与热容相对墙壁、顶棚与地板可以忽略。不同控制体之间的质量交换主要由羽流传递作用与出口处卷吸作用造成。忽略烟气运动的时间，认为一切运动过程在瞬间完成。

（四）场区混合模型研究

基于试验研究的结果和计算机客观条件等限制，我们采用场模拟的方法来研究着火房间或强流动区域，对其他非着火和非强流动区间采用区域模拟的方法。这种混合模拟方法，兼顾场模拟和区域模拟两者的优点，并能更为准确地反映火灾过程的特征，这种方法简称为场区模拟方法。

四、人员疏散分析

（一）影响人员安全疏散的因素

1. 人员内在因素

人员内在影响因素有：①人员心理因素；②人员生理因素；③人员现场状态因素；④人员社会关系因素。

2. 外在环境因素

外在环境因素主要是指建筑物的空间几何形状、建筑功能布局以及建筑内具备的防火条件等因素。建筑物的耐火等级，建筑内安全出口设计是否足够合理，疏散通道是否保持畅通，消防设备是否处于良好运行状态，是否存在重大火灾隐患等因素。

3. 救援和应急组织因素

火灾时自救和外部救援与组织能力也会对安全疏散产生影响。通过建立完善的安全责任制，制定切实可行的疏散应急预案并认真落实消防应急演练，能够有效提高人的疏散能力；否则，容易引起人员拥挤和混乱。

（二）人员安全疏散分析的目的及性能判定标准

1. 目的

通过计算机，利用疏散时间（ASET）和必需疏散时间（RSET）判定人员在建筑物内疏散过程中的安全性，是人员疏散分析的重要目的。

2. 性能判定标准

人员安全疏散分析的性能判定标准为：可用疏散时间（ASET）必须大于必需疏散时间（RSET）。

在计算 RSET 时，可按以下三种情况考虑：①如果能够将火灾和烟气控制在着火房间内，则可只计算着火房间内人员的 RSET。②如果火灾及其产生的烟气可能在垂直方向蔓延至其他楼层（例如，建筑内存在连通上下层的中庭），则需要计算整个建筑内人员的 RSET。当建筑存在坍塌的危险时，也需要计算整个建筑内人员的 RSET。③如果火灾及其产生的烟气只在着火楼层蔓延，则可只计算着火楼层内人员的 RSET。

（三）人员疏散分析模型

人员安全疏散模型的研究和分析主要包含两个方面：①人员疏散模型结构的研究；②火灾中的人员行为及其量化研究。

人员疏散模型可以有多种分类方法，其中基于疏散模型对建筑空间的表示方法，可以把模型分为离散化模型和连续性模型两类。

1.EVACNET 软件

EVACNET 软件是一种模拟建筑火灾中人员逃生的计算机程序。它是一种网络模型，包含一组由节点和弧线组成的网络，其节点表示房间、楼梯等，弧线表示连接房间的通道。

2.EGRESS 软件

EGRESS 软件是一个通用疏散软件。该软件利用建筑平面图建立模拟人员个体移动的模型。

3.EXIT89 软件

EXIT89 是一个用于大量人员从高层建筑疏散而设计的疏散模型。该软件可用于模拟高密度人员的建筑的疏散，还可以处理一些疏散场景中的相关因素。

第九章 建筑消防设施的维护管理

消防设施维护管理是确保消防设施完好有效，以实现及早探测火灾，及时控制和扑救初期火灾、有效引导人员安全疏散等安全目标的重要保障，是一项关乎人员生命财产安全，避免重大火灾损失的基础性工作。《中华人民共和国消防法》赋予社会单位按照国家标准、行业标准配置消防设施、器材，定期组织检验、维修，确保完好有效的法定职责。《建筑消防设施的维护管理》规定了消防设施维护管理的内容、方法和要求，引导和规范社会单位的消防设施维护管理工作。

第一节　消防设施维护管理

消防设施维护管理由建筑物的产权单位或者受其委托的建筑物业管理单位（以下简称建筑使用管理单位）依法自行管理或者委托具有相应资质的消防技术服务机构实施管理。消防设施维护管理包括值班、巡查、检测、维修、保养、建档等工作。

一、消防设施维护管理的要求

为确保建筑消防设施的正常运行，建筑使用管理单位在对其消防设施进行维护管理时，应明确归口管理部门、管理人员及其工作职责，建立消防设施值班、巡查、检测、维修、保养、建档等管理制度。对维护管理人员、管理装备及管理工作做出严格要求。

（一）维护管理人员从业资格要求

消防设施操作管理以及值班、巡查、检测、维修、保养的从业人员，需要具备下列规定的从业资格：消防设施检测、维护保养等消防技术服务机构的项目经理、技术人员，经注册消防工程师考试合格，持有一级或者二级注册消防工程师的执业资格证书。消防设施操作、值班、巡查的人员，经消防行业特有工种职业技能鉴定合格，持有初级技能（含初级，以下同）以上等级的职业资格证书，能够熟练操作消防设施。消防设施检测、保养人员，经消防行业特有工种职业技能鉴定合格，持有高级技能以上等级职业资格证书。消防设施维修人员，经消防行业特有工种职业技能鉴定合格，持有技师以上等级职业资格证书。

（二）维护管理装备要求

用于消防设施的巡查、检测、维修、保养的测量用仪器、仪表、量具及泄压阀、安全阀等，依法需要计量检定的，建筑使用管理单位应按照有关规定进行定期校验，并具有有效证明文件。

（三）维护管理工作要求

建筑使用管理单位按照下列要求组织实施消防设施维护管理：

1. 明确并落实管理职责

建筑使用管理单位自身具备维修保养能力的，明确维修、保养的职能部门和人员；不具备维修保养能力的，与消防设备生产厂家、消防设施施工安装单位等有维修、保养能力的单位签订消防设施维修、保养合同。

同一建筑物有两个及两个以上产权、使用单位的，明确消防设施的维护管理责任，实行统一管理，以合同方式约定各自的权利与义务；委托物业管理单位、消防技术服务机构等实施统一管理的，物业管理单位、消防技术服务机构等严格按照合同约定，履行消防设施维护管理职责，确保管理区域内的消防设施正常运行。

2. 制定消防设施维护管理制度和维修管理技术规程

建筑消防设施投入使用后，建筑使用管理单位应制定并落实消防设施巡查、检测、报修、保养等各项维护管理制度和技术规程，及时发现问题，适时维修保养，确保消防设施处于正常工作状态，并且完好有效。

3. 实施消防设施标志化管理

消防设施的电源控制柜、水源及灭火剂等控制阀门，处于正常运行位置，具有明显的开（闭）状态标志；需要保持常开或者常闭的阀门，采取铅封、标志等限位措施，保证其处于正常位置；具有信号反馈功能的阀门，其状态信号能够按照预定程序及时反馈到消防控制室；消防设施及其相关设备的电气控制设备具有控制方式转换装置的，除现场具有控制方式及其转换标志外，其控制信号能够反馈至消防控制室。

4. 故障消除及报修

值班、巡查、检测时发现消防设施故障的，按照单位规定程序，及时组织修复；单位没有维修保养能力的，按照合同约定报修；消防设施因故障维修等原因需要暂时停用的，经单位消防安全责任人批准，报公安机关消防机构备案，采取消防安全措施后，方可停用检修。

5. 档案管理

建立健全建筑消防设施维护管理档案。定期整理消防设施维护管理技术资料，按照规定期限和程序保存、销毁相关文件档案。

6. 远程监控管理

城市消防远程监控系统联网用户，按照规定协议向城市监控中心发送建筑消防设施运行状态、消防安全管理等信息。

二、建筑消防设施维护管理环节及工作要求

消防设施维护管理各个环节的工作均关系到消防设施完好有效、正常发挥作用，建筑使用管理单位要根据各个环节的工作特点，组织实施维护管理。

（一）值班

建筑使用管理单位应根据建筑或者单位的工作、生产、经营特点，建立值班制度。在消防控制室、具有消防配电功能的配电室、消防水泵房、防排烟机房等重要设备用房，合理安排符合从业资格条件的专业人员对消防设施实施值守、监控，负责消防设施操作控制，确保火灾情况下能够及时、准确地按照操作技术规程对建筑消防设施进行操作。

单位应制定灭火和应急疏散预案，并定期组织预案演练，在进行预案演练时，要将消防设施操作内容纳入其中，及时发现并解决操作过程中存在的问题。

（二）巡查

巡查是指建筑使用管理单位对建筑消防设施直观属性的检查。根据《建筑消防设施的维护管理》的规定，消防设施巡查内容主要包括消防设施设置场所（防护区域）的环境状况、消防设施及其组件、材料等外观以及消防设施运行状态、消防水源状况及固定灭火设施灭火剂储存量等。

1. 巡查要求

建筑管理使用单位应按照下列要求组织巡查：明确各类消防设施的巡查频次、内容和部位。巡查时，准确填写《建筑消防设施巡查记录表》。巡查时发现故障或者存在问题，应按照规定程序进行故障处置，及时解决存在的问题。

2. 巡查频次

建筑使用管理单位按照下列频次组织巡查：公共娱乐场所营业期间，每 2 h 组织一次综合巡查。其间将部分或者全部消防设施巡查纳入综合巡查内容，并保证每日至少对全

部建筑消防设施巡查一遍。消防安全重点单位每日至少对消防设施巡查一次。其他社会单位每周至少对消防设施巡查一次。举办具有火灾危险性的大型群众性活动的，承办单位根据活动现场的实际需要确定巡查频次。

（三）检测

根据《建筑消防设施的维护管理》的规定，消防设施检测主要是对国家标准规定的各类消防设施的功能性要求进行的检查、测试。

1. 检测频次

消防设施每年至少检测一次。遇重大节日或者重大活动，根据活动要求安排消防设施检测。设有自动消防设施的宾馆饭店、商场市场、公共娱乐场所等人员密集场所、易燃易爆单位及其他一类高层公共建筑等消防安全重点单位，自消防设施投入运行后的每年年底，将年度检测记录报当地公安机关消防机构备案。

2. 检测对象

检测对象包括全部消防设施系统设备、组件等。消防设施检测按照竣工验收技术检测方法和要求组织实施，并符合《建筑消防设施检测技术规程》的要求。检测过程中，如实填写《建筑消防设施检测记录表》的相关内容。

（四）维修

对于在值班、巡查、检测、灭火演练中发现消防设施存在的问题和故障，相关人员按照规定填写《建筑消防设施故障维修记录表》，向建筑使用管理单位消防安全管理人报告；消防安全管理人对相关人员上报的消防设施存在的问题和故障，要立即通知维修人员或者委托具有资质的消防设施维保单位进行维修。

维修期间，建筑使用管理单位要采取确保消防安全的有效措施；故障排除后，消防安全管理人组织相关人员进行相应功能试验，检查确认，并将检查确认合格的消防设施恢复至正常工作状态，并在《建筑消防设施故障维修记录表》中全面、准确记录。

（五）保养

建筑使用管理单位根据建筑规模、消防设施使用周期等，制订消防设施保养计划，载明消防设施的名称、保养内容和周期；储备一定数量的消防设施易损件或者与有关消防产品厂家、供应商签订相关供货合同，以保证维修保养供应。消防设施在维护保养时，维护保养单位相关技术人员应填写《建筑消防设施维护保养记录表》，并进行相应功能试验。

(六)档案建立与管理

消防设施档案是建筑消防设施施工质量、维护管理的历史记录,具有延续性和可追溯性,是消防设施施工调试、操作使用、维护管理等工作情况的真实记录。

1. 档案内容

建筑消防设施档案至少包含下列内容:

(1)消防设施基本情况

主要包括消防设施的验收意见和产品、系统使用说明书、系统调试记录、消防设施平面布置图、系统图等原始技术资料。

(2)消防设施动态管理情况

主要包括消防设施的值班记录、巡查记录、检测记录、故障维修记录以及维护保养计划表、维护保养记录、消防控制室值班人员基本情况及培训记录等。

2. 保存期限

消防设施施工安装、竣工验收及验收技术检测等原始技术资料长期保存;《消防控制室值班记录表》和《建筑消防设施巡查记录表》的存档时间不少于一年;《建筑消防设施检测记录表》《建筑消防设施故障维修记录表》《建筑消防设施维护保养计划表》《建筑消防设施维护保养记录表》的存档时间不少于五年。

第二节 消防控制室管理

消防控制室设有火灾自动报警系统控制设备和消防联动控制设备,用于接收、显示、处理火灾报警信号,控制相关消防设施,是指挥火灾扑救,引导人员安全疏散的信息、指挥中心,是消防安全管理的核心场所。

一、消防控制室的设备配置

为确保消防控制室实现接收火灾报警、处置火灾信息、指挥火灾扑救、引导人员安全疏散等消防安全目标,消防控制室配备的监控设备要能够准确、规范地实施消防监控与管理等各项功能。

消防控制室至少需要设置火灾报警控制器、消防联动控制器、消防控制室图形显示装置、消防电话总机、消防应急广播控制装置、消防应急照明和疏散指示系统控制装置、消防电源监控器等设备,或者设置具有相应功能的组合设备。

二、消防控制设备的监控要求

消防控制室配备的消防设备需要具备以下几项监控功能：消防控制室设置的消防设备能够监控并显示消防设施运行状态信息，并能够向城市消防远程监控中心（以下简称"监控中心"）传输相应信息。根据建筑（单位）规模及其火灾危险性特点，消防控制室内需要保存必要的文字、电子资料，存储相关的消防安全管理信息，并能够及时向监控中心传输消防安全管理信息。大型建筑群要根据其不同建筑功能需求、火灾危险性特点和消防安全监控需要，设置两个及两个以上的消防控制室，并确定主消防控制室、分消防控制室，以实现分散与集中相结合的消防安全监控模式。主消防控制室的消防设备能够对系统内共用消防设备进行控制，显示其状态信息，并能够显示各个分消防控制室内消防设备的状态信息，具备对分消防控制室内消防设备及其所控制的消防系统、设备的控制功能。各个分消防控制室的消防设备之间，可以互相传输、显示状态信息，不能互相控制消防设备。

三、消防控制室台账档案的建立

消防控制室是建筑使用管理单位消防安全管理与消防设施监控的核心场所，需要保存能够反映建筑特征及其消防设施施工质量及其运行情况的纸质台账档案和电子资料，消防控制室内至少保存有下列纸质台账档案和电子资料：建（构）筑物竣工后的总平面布局图、消防设施平面布置图和系统图以及安全出口布置图、重点部位位置图等。消防安全管理规章制度、灭火与应急疏散预案等。消防安全组织结构图，包括消防安全责任人、管理人、专职、义务消防人员等内容。消防安全培训记录、灭火和应急疏散预案的演练记录。值班情况、消防安全检查情况及巡查情况等记录。消防设施一览表，包括消防设施的类型、数量、状态等内容。消防联动系统控制逻辑关系说明、设备使用说明书、系统操作规程、系统及设备的技术规程等。设备运行状况、接报警记录、火灾处理情况记录等。系统及设备的维护保养制度、检修检测报告等资料。

上述台账、资料应定期归档保存。

四、消防控制室的管理要求

规范、统一的消防控制室管理和消防设施操作监控，是建筑火灾发生时能够及时发现火灾、确认火灾，准确报警并启动应急预案，有效组织初期火灾扑救，引导人员安全疏散的根本保证。

（一）消防控制室值班要求

建筑使用管理单位应按照下列要求，安排适当数量的、符合从业资格条件的人员负责消防控制室管理与值班：

实行每日 24 h 专人值班制度，每班不少于两人，值班人员持有规定的消防专业技能鉴定证书。消防设施日常维护管理符合国家标准《建筑消防设施的维护管理》的相关规定。确保火灾自动报警系统、固定灭火系统和其他联动控制设备处于正常工作状态，不得将应处于自动控制状态的设备设置在手动控制状态。确保高位消防水箱、消防水池、气压水罐等消防储水设施水量充足，确保消防泵出水管阀门、自动喷水灭火系统管道上的阀门常开；确保消防水泵、防排烟风机、防火卷帘等消防用电设备的配电柜控制装置处于自动控制位置（或者通电状态）。

（二）消防控制室设备的控制、显示要求

消防控制室内的图形显示装置、火灾报警控制器、消防联动控制设备，其功能既相互独立，又互相关联，准确把控其功能是充分发挥消防控制室监控与管理作用的关键。

1. 消防控制室图形显示装置

采用中文标注和中文界面的消防控制室图形显示装置，其界面对角线长度不得小于 430 mm。消防控制室图形显示装置按照下列要求显示相关信息：能够显示前述电子资料内容及符合规定的消防安全管理信息。能够用同一界面显示建（构）筑物周边消防车通道、消防登高车操作场地、消防水源位置，以及相邻建筑的防火间距、建筑面积、建筑高度、使用性质等情况。能够显示消防系统及设备的名称、位置和消防控制器、消防联动控制设备（含消防电话、消防应急广播、消防应急照明和疏散指示系统、消防电源等控制装置）的动态信息。有火灾报警信号、监管报警信号、反馈信号、屏蔽信号、故障信号输入时，具有相应状态的专用总指示，在总平面布局图中应显示输入信号所在的建（构）筑物的位置，在建筑平面图上应显示输入信号所在的位置和名称，并记录时间、信号类别和部位等信息。10 s 内能够显示输入的火灾报警信号和反馈信号的状态信息，100 s 内能够显示其他输入信号的状态信息。能够显示可燃气体探测报警系统、电气火灾监控系统的报警信息、故障信息和相关联动反馈信息。

2. 火灾报警控制器

火灾报警控制器能够显示火灾探测器、火灾显示盘、手动火灾报警按钮的正常工作状态、火灾报警状态、屏蔽状态及故障状态等相关信息，能够控制火灾声光警报器启动和停止。

3. 消防联动控制设备

消防联动控制设备能够将各类消防设施及其设备的状态信息传输到图形显示装置；能够控制和显示各类消防设施的电源工作状态、各类设备及其组件的启 / 停等运行状态和故障状态，显示具有控制功能、信号反馈功能的阀门、监控装置的正常工作状态和动作状态，能够控制具有自动控制、远程控制功能的消防设备的启 / 停，并接收其反馈信号。

(三)消防控制室应急处置程序

火灾发生时,消防控制室的值班人员按照下列应急程序处置火灾:接到火灾警报后,值班人员立即以最快方式确认火灾。火灾确认后,值班人员立即确认火灾报警联动控制开关处于自动控制状态,同时拨打"119"报警电话准确报警;报警时需要说明着火单位地点、起火部位、着火物种类、火势大小、报警人姓名和联系电话等。值班人员立即启动单位应急疏散和初期火灾扑救灭火预案,同时报告单位消防安全负责人。

第三节 灭火设施与系统的维护管理

消防灭火设施与系统主要是指消防给水系统、灭火器、消火栓系统、自动喷水灭火系统、气体灭火系统、干粉灭火系统、泡沫灭火系统等。做好消防灭火设施与系统的维护管理,是确保系统正常完好、有效使用、减少火灾人员伤亡和财产损失的重要措施。

一、消防给水系统维护管理

消防给水系统主要由消防水源(市政管网、水池、水箱)、供水设施设备(消防水泵、消防稳压设施、水泵接合器)和给水管网(阀门)等组成。维护管理人员经过消防专业培训后应熟悉消防给水系统的相关原理、性能和操作维护方法。

(一)消防水源的维护管理

消防水源的维护管理应符合下列规定:每季度监测市政给水管网的压力和供水能力。每年对天然河、湖等地表水消防水源的常水位、枯水位、洪水位,以及枯水位流量或蓄水量等进行一次检测。每年对水井等地下水消防水源的常水位、最低水位、最高水位和出水量等进行一次测定。每月对消防水池、高位消防水池、高位消防水箱等消防水源设施的水位等进行一次检测;消防水池(箱)玻璃水位计两端的角阀在不进行水位观察时应关闭。在冬季每天要对消防储水设施进行室内温度和水温检测,当结冰或室内温度低于5℃时,要采取适当的措施,确保消防储水设施不结冰和室温不低于5℃。每年应检查消防水池、消防水箱等蓄水设施的结构材料是否完好,发现问题时及时处理。永久性地表水、天然水源消防取水口有防止水生生物繁殖的管理技术措施。

（二）供水设施设备的维护管理

1. 供水设施的维护管理规定

每月应手动启动消防水泵运转一次，并检查供电电源的情况。每周应模拟消防水泵自动控制的条件，自动启动消防水泵运转一次，且记录自动巡检情况，每月应检测记录。每日对稳压泵的停泵启泵压力和启泵次数等进行检查并记录运行情况。每日对柴油机消防水泵的启动电池的电量进行检测，每周检查储油箱的储油量，每月应手动启动柴油机消防水泵运行一次。每季度应对消防水泵的出流量和压力进行一次试验。每月对气压水罐的压力和有效容积等进行一次检测。

2. 水泵接合器的维护管理规定

查看水泵接合器周围有无放置构成操作障碍的物品。查看水泵接合器有无破损、变形、锈蚀及操作障碍，确保接口完好、无渗漏、闷盖齐全。查看闸阀是否处于开启状态。查看水泵接合器是否有明显的标志。

（三）给水管网的维护管理

系统上所有的控制阀门均应采用铅封或锁链固定在开启或规定的状态，每月应对铅封、锁链进行一次检查，当有破坏或损坏时应及时修理更换。每月对电动阀和电磁阀的供电和启闭性能进行检测。每季度对室外阀门井中进水管上的控制阀门进行一次检查，并应核实其处于全开启状态。每天对水源控制阀进行外观检查，并应保证系统处于无故障状态。每季度对系统所有的末端试水阀和报警阀的放水试验阀进行一次放水试验，并应检查系统启动、报警功能以及出水情况是否正常。在市政供水阀门处于完全开启状态时，每月对倒流防止器的压差进行检测，且应符合《减压型倒流防止器》和《双止回阀倒流防止器》等的有关规定。

二、消火栓系统的维护管理

消火栓系统是扑救、控制建筑物初期火灾的最为有效的灭火设施，是应用最为广泛、用量最大的灭火系统。该系统的维护管理是确保系统正常完好、有效使用的基本保障。维护管理人员经过消防专业培训后应熟悉消火栓系统的相关原理、性能和维护操作方法。

（一）室外消火栓系统的维护管理

室外消火栓系统是设置在建筑外的供水设施，主要供消防车取水，经增压后向建筑内的供水管网供水或实施灭火，也可以直接连接水带、水枪出水灭火。按安装形式不同，室外消火栓可分为地上式和地下式两种类型，应分别按照以下要求进行维护管理：

1. 地下式消火栓的维护管理

地下消火栓应每季度进行一次检查保养,其内容主要包括:用专用扳手转动消火栓启闭杆,观察其灵活性,必要时加注润滑油。检查橡胶垫圈等密封件有无损坏、老化或丢失等情况。检查栓体外表油漆有无脱落,有无锈蚀,如有应及时修补。入冬前检查消火栓的防冻设施是否完好。重点部位消火栓,每年应逐一进行一次出水试验,出水应满足压力要求。在检查中可使用压力表测试管网压力,或者连接水带做射水试验,检查管网压力是否正常。随时消除消火栓井周围及井内积存的杂物。地下消火栓应有明显标志,要保持室外消火栓配套器材和标志的完整有效。

2. 地上式消火栓的维护管理

用专用扳手转动消火栓启动杆,检查其灵活性,必要时加注润滑油。检查出水口闷盖是否密封,有无缺损。检查栓体外表油漆有无剥落,有无锈蚀,如有应及时修补。每年开春后入冬前对地上消火栓逐一进行出水试验,出水应满足压力要求。在检查中可使用压力表测试管网压力,或者连接水带做射水试验,检查管网压力是否正常。定期检查消火栓前端阀门井。保持配套器材的完备有效,无遮挡。

室外消火栓系统的检查除上述内容外,还应包括与有关单位联合进行的室外消火栓给水消防水泵、消防水池的一般性检查,如经常检查消防水泵各种闸阀是否处于正常状态,消防水池水位是否符合要求。

(二)室内消火栓系统的维护管理

1. **室内消火栓的维护管理**

室内消火栓系统是扑救建筑内火灾的主要设施,是使用最普遍的消防设施之一,应对其做好维护保养工作。室内消火栓箱内应经常保持清洁、干燥,防止锈蚀、碰伤或其他损坏。每半年至少进行一次全面的检查维修,主要内容有:检查消火栓和消防卷盘供水闸阀是否渗漏水,若渗漏水应及时更换密封圈。对消防水枪、水带、消防卷盘及其他配件进行检查,全部附件应齐全完好,卷盘转动灵活。检查消火栓启动按钮、指示灯及控制线路,应功能正常、无故障。检查消火栓箱及箱内装配的部件外观有无破损,涂层有无脱落,箱门玻璃是否完好无缺。对消火栓、供水阀门及消防卷盘等所有转动部位应定期加注润滑油。

2. **供水管路的维护管理**

室外阀门井中,进水管上的控制阀门应每个季度检查一次,核实其处于全开启状态。系统上所有的控制阀门均应采用铅封或锁链固定在开启或规定的状态。每月应对铅封、锁链进行一次检查,当有破坏或损坏时应及时修理更换。

对管路进行外观检查,若有腐蚀、机械损伤等应及时修复。检查阀门是否漏水并及时修复。室内消火栓设备管路上的阀门为常开阀,平时不得关闭,应检查其开启状态。

检查管路的固定是否牢固，若有松动应及时加固。

三、自动喷水灭火系统的维护管理

自动喷水灭火系统是扑救、控制建筑物初期火灾最为有效的自救灭火设施之一，是应用最为广泛、用量最大的消防灭火系统。对其进行良好的维护管理是系统正常运行、有效使用的基本保障。从事维护管理人员要经过消防专业培训，具备相应的从业资格证书，熟悉自动喷水灭火系统的原理、性能和操作维护规程。

（一）系统巡查

自动喷水灭火系统巡查主要是针对系统组件外观、现场运行状态、系统检测装置工作状态、安装部位环境条件等实施的日常巡查。

1. 巡查内容

自动喷水灭火系统巡查内容主要包括：喷头外观及其周边障碍物、保护面积等。报警阀组外观、报警阀组检测装置状态、排水设施状况等。充气设备、排气装置及其控制装置、火灾探测传动、液（气）动传动及其控制装置、现场手动控制装置等外观、运行状况。系统末端试水装置、楼层试水阀及其现场环境状态，压力监测情况等。系统用电设备的电源及其供电情况。

水源以及消防水泵、供（给）水管网及其附件等维护管理如前所述。

2. 巡查方法及要求

采用目测观察的方法，检查系统及其组件外观、阀门启闭状态、用电设备及其控制装置工作状态和压力监测装置（压力表、压力开关）工作情况。

（1）喷头巡查。

建筑使用管理单位按照下列要求对喷头进行巡查：观察喷头与保护区域环境是否匹配，判定保护区域使用功能、危险性级别是否发生变化。检查喷头外观有无明显磕碰伤痕或者损坏，有无喷头漏水或者被拆除等情况。检查保护区域内是否有影响喷头正常使用的吊顶装修，或者新增装饰物、隔断、高大家具以及其他障碍物。若有上述情况，采用目测、尺量等方法，检查喷头保护面积、与障碍物间距等是否发生变化。

（2）报警阀组巡查。

建筑使用管理单位按照下列要求对报警阀组进行巡查：检查报警阀组的标志牌是否完好、清晰，阀体上水流指示永久性标志是否易于观察，与水流方向是否一致。检查报警阀组组件是否齐全，表面有无裂纹、损伤等现象。检查报警阀组是否处于伺应状态，观察其组件有无漏水等情况。检查报警阀组设置场所的排水设施有无排水不畅或者积水等情况。检查干式报警阀组、预作用装置的充气设备、排气装置及其控制装置的外观标志有无磨损、模糊等情况,相关设备及其通用阀门是否处于工作状态;控制装置外观有无歪斜翘曲、磨损划痕等情况,其监控信息显示是否准确。检查预作用装置、雨淋报警阀组的火灾探测传动、液(气)动传动及其控制装置、现场手动控制装置的外观标志有无磨损、模糊等情况,控制装置外观有无歪斜翘曲、磨损划痕等情况,其显示信息是否准确。

(3)末端试水装置和试水阀巡查。

建筑使用管理单位按照下列要求对末端试水装置、楼层试水阀进行巡查:检查系统(区域)末端试水装置、楼层试水阀的设置位置是否便于操作和观察,有无排水设施。检查末端试水装置设置是否正确。检查末端试水装置压力表,能否准确监测系统、保护区域最不利点静压值。

(4)系统供电巡查。

建筑使用管理单位按照下列要求对系统供电情况进行巡查:检查自动喷水灭火系统的消防水泵、稳压泵等用电设备配电控制柜,观察其电压、电流监测是否正常,水泵启动控制和主、备泵切换控制是否设置在"自动"位置。检查系统监控设备供电是否正常,系统中的电磁阀、模块等用电元器(件)是否通电。

3. 巡查周期

建筑管理使用单位至少每日组织一次系统全面巡查。

(二)系统周期性检查维护

系统周期性检查是指建筑使用管理单位按照国家工程建设消防技术标准的要求,对已经投入使用的自动喷水灭火系统的组件、零部件等,按照规定检查周期进行的检查、测试。经检查,自动喷水灭火系统发生故障,需要停水检修的,向主管值班人员报告,取得单位消防安全管理人的同意后,派人临场监督,设置相应的防范措施后,方能停水动工。根据当地环境、气候条件对消防水池、消防水箱、消防气压给水设备内的水进行不定期更换。寒冷季节,消防储水设备的任何部位均不得结冰。一般情况下,系统周期性检查分为以下几种:

1. 月检查

(1)检查项目

下列项目至少每月进行一次检查与维护:电动、内燃机驱动的消防水泵(增压泵)启动运行测试。喷头完好状况、备用量及异物清除等检查。系统所有阀门状态及其铅封、锁链完好状况检查。消防气压给水设备的气压、水位测试;消防水池、消防水箱的水位及消防用水不被挪用的技术措施检查。电磁阀启动测试。水流指示器动作、信息反馈实验。水泵接合器完好性检查。

（2）检查与维护要求

以上检查项目中的第一和第四项采用手动启动或者模拟启动试验进行检查，发现异常问题的，检查消防水泵、电磁阀使用性能以及系统控制设备的控制模式、控制模块状态等。属于控制方式不符合规定要求的，调整控制方式；属于设备、部件损坏、失常的，及时更换；属于供电、燃料供给不正常的，对电源、热源及其管路进行报修；泵体、管道存在局部锈蚀的，进行除锈处理；水泵、电动机的旋转轴承等部位，及时清理污渍、除锈、更换润滑油。

喷头外观及备用数量检查。发现有影响正常使用的情况（如溅水盘损坏、溅水盘上存在影响使用的异物等）的，及时更换喷头，清除喷头上的异物；更换或者安装喷头使用专用扳手。对于备用喷头数不足的，及时按照单位程序采购补充。

系统各个控制阀门铅封损坏，或者锁链未固定在规定状态的，及时更换铅封，调整锁链至规定的固定状态；发现阀门有漏水、锈蚀等情形的，更换阀门密封垫，修理或者更换阀门，对锈蚀部位进行除锈处理。

检查消防水池、消防水箱以及消防气压给水设备，发现水位不足、气体压力不足的，查明原因，及时补足消防用水和消防气压给水设备水量、气压。并分别按下述方法处理：属于操作管理制度不落实的，报单位消防安全管理人按照制度给予处理。属于系统存在严重漏水的，找准渗漏点，按照程序报修。属于水位监控装置不能正常工作的，及时修理或者更换；钢板消防水箱和消防气压给水设备的玻璃水位计，其两端的角阀在不进行水位观察时恢复至关闭状态。属于消防用水挪作他用的，检查消防用水不挪为他用的技术措施存在哪些问题，并及时解决这些问题。消防气压给水设备压力表读数低于设定压力值的，首先检查压力表的完好性和控制阀开启情况，属于压力表控制阀为开启或者开启不完全的，完全开启压力表控制阀；属于压力表损坏的，及时更换压力表。确定压力表正常后，对消防气压给水设备补压，并检查有无气体泄漏点。

利用末端试水装置、楼层试水阀对水流指示器进场动作、报警检查试验时，首先检查消防联动控制设备和末端试水装置、楼层试水阀的完好性，符合试验条件的，开启末端试水装置或者试水阀，发现水流指示器在规定时间内不报警的，首先检查水流指示器的控制线路，存在断路、接线不实等情况的，重新接线至正常。之后，检查水流指示器，发现有异物、杂质等卡阻桨片的，及时清除异物、杂质；发现调整螺母与触头未到位的，重新调试到位。

查看消防水泵接合器的接口及其附件，发现闷盖、接口等部件有缺失的，及时采购安装；发现有渗漏的，检查相应部件的密封垫完好性，查找管道、管件因锈蚀、损伤等出现的渗漏。属于密封垫密封不严的，调整密封垫位置或者更换密封垫；属于管件锈蚀、损伤的，更换管件，进行防锈、除锈处理。

2. 季度检查

（1）检查项目

下列项目至少每季度进行一次检查与维护：报警阀组的试水阀放水及其启动性能测试。室外阀门井中的控制阀门开启状况及其使用性能测试。

（2）检查与维护要求

分别利用系统末端试水装置、楼层试水阀和报警阀组旁的放水试验阀等测试装置进行放水试验，检查系统启动、报警功能以及出水情况。检查室外阀门井情况，发现阀门井积水、有垃圾或者有杂物的，及时排除积水，清除垃圾、杂物；发现管网中的控制阀门未完全开启或者关闭的，完全开启到位；发现阀门有漏水情况的，按照前述室内阀门的要求查漏、修复、更换、除锈。

3. 年度检查

（1）检查项目

下列项目至少每年进行一次检查与维护：水源供水能力测试。水泵接合器通水加压测试。储水设备结构材料检查。过滤器排渣、完好状态检查。系统联动测试。

（2）检查与维护要求

组织实施水源供水能力测试和水泵接合器通水加压试验，严格按照测试、实验步骤和要求组织实施。检查消防储水设备结构、材料，对于缺损、锈蚀等情况及时进行修补和重新油漆。检查系统过滤器的使用性能，对滤网进行拆洗，并重新安装到位。系统联动试验按照验收、检测要求组织实施，可结合年度检测一并组织实施。

（三）系统年度检测

年度检测是建筑使用管理单位按照相关法律法规和国家消防技术标准，每年度开展的定期功能性检查和测试；建筑使用管理单位可以委托具有资质的消防技术服务单位组织实施年度检测。

1. 喷头检测

重点检查喷头选型与保护区域的使用功能、危险性等级等匹配情况，核查闭式喷头玻璃泡色标高于保护区域环境最高温度30℃的要求，以及喷头有无变形、附着物、悬挂物等影响使用的情况。

2. 报警阀组检测

检测前，查看自动喷水灭火系统的控制方式、状态，确认系统处于工作状态，消防控制设备以及消防水泵控制装置处于自动控制状态。湿式报警阀组、干式报警阀组、预作用装置、雨淋报警阀组等按照其组件检测和功能测试两项内容进行检测。

（1）报警阀组件共性要求检测

①检测内容及要求

检查报警阀组外观标志，标志清晰、内容翔实，符合产品生产技术标准要求，并注明系统名称和保护区域，压力表显示符合设定值。系统控制阀及报警管路控制阀全部开启，并用锁具固定手轮，具有明显的启闭标志；采用信号阀的，反馈信号正确；测试管路放水阀关闭；报警阀组处于伺应状态。报警阀组的相关组件灵敏可靠；消防控制设备准确接收压力开关动作的反馈信号。

②检测操作步骤

查看外观标志和压力表状况，并记录、核对其压力值。检查系统控制阀，查看锁具或者信号阀及其反馈信号；检查报警阀组报警管路、测试管路，查看其控制阀门、放水阀等启闭状态。打开报警阀组测试管路放水阀，查看压力开关、水力警铃等动作、反馈信号情况。

（2）湿式报警阀组检测

①检测内容及要求

湿式报警阀组功能按照下列要求进行检测：开启末端试水装置，出水压力不低于0.05 MPa，水流指示器、湿式报警阀、压力开关动作。开启末端试水装置5 min内，消防水泵自动启动。消防控制设备准确接收并显示水流指示器、压力开关及消防水泵的反馈信号。

②检测操作步骤

开启系统（区域）末端试水装置前，查看并记录压力表读数；开启末端试水装置，待压力表指针晃动平稳后，查看并记录压力表变化情况。查看消防控制设备显示的水流指示器、压力开关和消防水泵的动作情况及信号反馈情况。从末端试水装置开启时计时，测量消防水泵投入运行的时间。在距离水力警铃3 m处，采用声级计测量水力警铃声强值。关闭末端试水装置，系统复位，恢复到工作状态。

（3）干式报警阀组检测

①检测内容及要求

检查空气压缩机和气压控制装置状态，保持其正常，压力表显示符合设定值。干式报警阀组功能按照下列要求进行检测：开启末端试水装置，报警阀组、压力开关动作，联动启动排气阀入口电动阀和消防水泵，水流指示器报警。水力警铃报警，水力警铃声强值不得低于70 dB。消防控制设备准确显示水流指示器、压力开关、电动阀及消防水泵的反馈信号。

②检测操作步骤

缓慢开启气压控制装置试验阀，小流量排气；空气压缩机启动后，关闭试验阀，查看空气压缩机运行情况，核对其启、停压力。开启末端试水装置控制阀，查看并记录压力表变化情况。查看消防控制设备、排气阀等，检查水流指示器、压力开关、消防水泵、排气阀入口的电动阀等动作及其信号反馈情况，以及排气阀的排气情况。从末端试水装置开启时计时，测量末端试水装置水压力达到 0.05 MPa 的时间。按照湿式报警阀组的要求测量水力警铃声强值。关闭末端试水装置，系统复位，恢复到工作状态。

（4）预作用装置检测

①检测内容及要求

按照干式报警阀组的要求检查预作用装置的空气压缩机和气压控制装置，其电磁阀的启闭要灵敏可靠，反馈信号要准确。预作用装置的功能性检测按照下列要求进行：模拟火灾探测报警，火灾报警控制器确认火灾后，自动启动预作用装置（雨淋报警阀）、排气阀入口电动阀及消防水泵；水流指示器、压力开关动作。报警阀组动作后，测试水力警铃声强，不得低于 70 dB。开启末端试水装置，火灾报警控制器确认火灾 2 min 后，其出水压力不低于 0.05 MPa。消防控制设备准确显示电磁阀、电动阀、水流指示器及消防水泵动作信号，反馈信号准确。

②检测操作步骤

按照干式报警阀组的检测操作步骤，测试预作用装置的空气压缩机和气压控制装置工作情况。关闭预作用装置入口的控制阀，消防控制设备输出电磁阀控制信号，查看电磁阀动作情况，核查反馈信号的准确性。按照设计联动逻辑，在同一防护区内模拟两类不同的火灾探测报警信号，查看火灾报警控制器火灾报警、确认及联动指令发出情况，逐一检查预作用装置（雨淋报警阀）、电磁阀、电动阀、水流指示器、压力开关和消防水泵的动作情况，以及排气阀的排气情况。按照湿式报警阀组的要求测量水力警铃声强值。检查火灾报警控制器，对应现场各个组件启动情况，核对其反馈信号以及联动控制逻辑关系。关闭末端试水装置，系统复位，恢复到工作状态。

（5）雨淋报警阀组检测

①检测内容及要求

传动管控制的雨淋报警阀组，检查其传动管压力表，其示值符合设定值；按照干式系统要求测试气压传动管的供气装置和气压控制装置。雨淋报警阀组功能按照下列要求进行检测：检查雨淋报警阀组及其消防水泵的控制方式，具有自动、手动启动控制方式。传动管控制的雨淋报警阀组，传动管泄压后，查看消防水泵、报警阀联动启动情况，动作准确及时。报警信号发出后，检查压力开关动作情况，测量水力警铃声强值，不得低于 70 dB。报警阀组动作后，检查消防控制设备，电磁阀、消防水泵与压力开关反馈信号准确。并联设置多台雨淋报警阀组的，报警信号发出后，检查其报警阀组及其组件联动情况，联动控制逻辑关系符合消防设计要求。手动操作控制的水幕系统，测试其控制阀，启闭灵活可靠。

②检测操作步骤

对于传动管控制的雨淋报警阀组，查看并读取其传动管压力表数值，核对传动管压力设定值；对于气压传动管，按照干式系统的检测操作步骤对其供气装置和气压控制装置进行检测。分别对现场控制设备和消防控制室的消防控制设备进行检查，查看雨淋报警阀组的控制方式。对于传动管控制的雨淋报警阀组，试验前关闭报警阀系统侧的控制阀，对传动管进行泄压操作，逐一查看报警阀、电磁阀、压力开关和消防水泵等动作情况。对于火灾探测器控制的雨淋报警阀组，试验前关闭报警阀系统侧的控制阀，在同一防护区内模拟两类不同的火灾探测报警信号，查看火灾报警控制器火灾报警、确认及联动指令发出情况，逐一检查报警阀、电磁阀、压力开关和消防水泵等动作情况。并联设置多台雨淋报警阀时，在不同防护区域进行测试，观察各个防护区域对应的雨淋报警阀组及其组件的动作情况。查看火灾报警控制器，核查现场对应各个组件的启动情况，核对其反馈信号以及联动控制逻辑关系。手动操作控制的水幕系统，关闭水源控制阀，反复操作现场手动启、闭其系统控制阀。系统复位，恢复到工作状态。

3. 水流指示器检测

（1）检测内容及要求

检查水流指示器外观，有明显标志；信号阀完全开启，准确反馈启闭信号；水流指示器的启动与复位灵敏、可靠，反馈信号准确。

（2）检测操作步骤

现场检查水流指示器外观。开启末端试水装置、楼层试水阀，查看消防控制设备显示的水流指示器动作信号。关闭末端试水装置、楼层试水阀，查看消防控制设备显示的水流指示器复位信号。

4. 末端试水装置检测

（1）检测内容及要求

检查末端试水装置的阀门、试水接头、压力表和排水管，设置齐全，无损伤；压力表显示正常，符合规定要求。

（2）检测操作步骤

现场查看末端试水装置的阀门、压力表、试水接头及排水管等外观。关闭末端试水装置，读取并记录其压力表数值。开启末端试水装置的控制阀，待压力表指针晃动平稳后，读取并记录压力表数值。水泵自动启动 5 min 后，读取并记录压力表数值，观察其变化情况。关闭末端试水装置，系统复位，恢复到工作状态。

（四）系统常见故障分析

系统周期性检查、年度检测时，对于检查发现的系统故障，要及时分析故障原因，消除故障，确保系统完好有效。系统相关组件的故障主要常见于报警阀组及其相关组件。

1. 湿式报警阀组常见故障分析、处理

（1）报警阀组漏水

①故障原因分析

排水阀门未完全关闭。阀瓣密封垫老化或者损坏。系统侧管道接口渗漏。报警管路测试控制阀渗漏。阀瓣组件与阀座之间因变形或者污垢、杂物阻挡出现不密封状态。

②故障处理

关紧排水阀门。检查系统侧管道接口渗漏点，密封垫老化、损坏的，更换密封垫；密封垫错位的，重新调整密封垫位置；管道接口锈蚀、磨损严重的，更换管道接口相关部件。更换报警管路测试控制阀。先放水冲洗阀体、阀座，存在污垢、杂物的，经冲洗后，渗漏减少或者停止；否则，关闭进水口侧和系统侧控制阀，卸下阀板，仔细清洁阀板上的杂质；拆卸报警阀阀体，检查阀瓣组件、阀座，存在明显变形、损伤、凹痕的，更换相关部件。

（2）报警阀启动后报警管路不排水

①故障原因分析

报警管路控制阀关闭。限流装置过滤网被堵塞。

②故障处理

开启报警管路控制阀。卸下限流装置，冲洗干净后重新安装回原位。

（3）报警阀报警管路误报警

①故障原因分析

未按照安装图样安装或者未按照调试要求进行调试。报警阀组渗漏通过报警管路流出。延迟器下部孔板溢出水孔堵塞，发生报警或者缩短延迟时间。

②故障处理

按照安装图样核对报警阀组组件安装情况；重新对报警阀组伺应状态进行调试。按照报警阀组漏水的故障原因分析查找渗漏原因，进行相应处理。延迟器下部孔板溢出水孔堵塞，卸下筒体，拆下孔板进行清洗。

（4）水力警铃工作不正常（不响、响度不够、不能持续报警）

①故障原因分析

产品质量问题或者安装调试不符合要求。控制口阻塞或者铃锤机构被卡住。

②故障处理

属于产品质量问题的，更换水力警铃；安装缺少组件或者未按照图样安装的，重新进行安装调试。拆下喷嘴、叶轮，进行冲洗，重新装合使叶轮转动灵活。

（5）开启测试阀，消防水泵不能正常启动

①故障原因分析

压力开关设定值不正确。消防联动控制设备中的控制模块损坏。水泵控制柜、联动控制设备的控制模式未设定在"自动"状态。

②故障处理

将压力开关内的调压螺母调整到规定值。逐一检查控制模块，采用其他方式启动消防水泵，核定问题模块，并予以更换。将控制模式设定为"自动"状态。

2. 预作用装置常见故障分析、处理

（1）报警阀漏水

①故障原因分析

排水控制阀门未关紧。阀瓣密封垫老化或者损坏。复位杆未复位或者损坏。

②故障处理

关紧排水控制阀门。更换阀瓣密封垫。重新复位，或者更换复位装置。

（2）压力表读数不在正常范围

①故障原因分析

预作用装置前的供水控制阀未打开。压力表管路堵塞。预作用装置的报警阀体漏水。压力表管路控制阀未打开或者开启不完全。

②故障处理

完全开启报警阀前的供水控制阀。拆卸压力表及其管路，疏通压力表管路。按照湿式报警阀组渗漏的原因进行检查、分析，查找预作用装置的报警阀体的漏水部位，进行修复或者组件更换。完全开启压力表管路控制阀。

（3）系统管道内有积水

①故障原因分析

复位或者试验后，未将管道内的积水排完。

②故障处理

开启排水控制阀，完全排除系统内的积水。

（4）传动管喷头被堵塞

①故障原因分析

消防用水水质存在问题，如有杂物等。管道过滤器不能正常工作。

②故障处理

对水质进行检测，清理不干净、影响系统正常使用的消防用水。检查管道过滤器，清除滤网上的杂质或者更换过滤器。

3. 雨淋报警阀组常见故障分析、处理

（1）自动滴水阀漏水

①故障原因分析

产品存在质量问题。安装调试或者平时定期试验、实施灭火后，没有将系统侧管内的余水排尽。雨淋报警阀隔膜球面中线密封处因施工遗留的杂物、不干净消防用水中的杂质等导致球状密封面不能完全密封。

②故障处理

更换存在问题的产品或者部件。开启放水控制阀，排除系统侧管道内的余水。启动雨淋报警阀，采用洁净水流冲洗遗留在密封面处的杂质。

（2）复位装置不能复位

①故障原因分析

水质过脏，有细小杂质进入复位装置密封面。

②故障处理

拆下复位装置，用清水冲洗干净后重新安装，调试到位。

（3）长期无故报警

①故障原因分析

未按照安装图样进行安装调试。误将试验管路控制阀打开。

②故障处理

检查各组件安装情况，按照安装图样重新进行安装调试。关闭试验管路控制阀。

（4）系统测试不报警

①故障原因分析

消防用水中的杂质堵塞了报警管道上过滤器的滤网。水力警铃进水口处喷嘴被堵塞、未配置铃锤或者铃锤卡死。

②故障处理

拆下过滤器，用清水将滤网冲洗干净后，重新安装到位。检查水力警铃的配件，配齐组件；有杂物卡阻、堵塞的部件进行冲洗后重新装配到位。

（5）雨淋报警阀不能进入伺应状态

①故障原因分析

复位装置存在问题。未按照安装调试说明书将报警阀组调试到伺应状态（隔膜室控制阀、复位球阀未关闭）。消防用水水质存在问题，杂质堵塞了隔膜室管道上的过滤器。

②故障处理

修复或者更换复位装置。按照安装调试说明书将报警阀组调试到伺应状态（开启隔膜室控制阀、复位球阀）。将供水控制阀关闭，拆下过滤器的滤网，用清水冲洗干净后，重新安装到位。

4. 水流指示器常见故障分析、处理

水流指示器故障表现为打开末端试水装置，达到规定流量时水流指示器不动作，或者关闭末端试水装置后，水力指示器反馈信号仍然显示为动作信号。

（1）故障原因分析

桨片被管腔内杂物卡阻。调整螺母与触头未调试到位。电路接线脱落。

（2）故障处理

清除水流指示器管腔内的杂物。将调整螺母与触头调试到位。检查并重新将脱落电路接通。

四、水喷雾灭火系统维护管理

水喷雾灭火系统主要以水为灭火介质，采用水雾喷头在压力作用下喷洒水雾进行灭火或控火，是一种灭火性能较高，适用范围较广的灭火系统。建设单位需要对水喷雾灭火系统进行定期检查、测试和维护，以确保系统的完好工作状态。选择具有水喷雾灭火系统设计安装经验的单位对系统进行维护维修。加强系统的运行管理，制定管理、测试和维护规程，明确管理者职责。

制定水喷雾灭火系统的管理、检测、维护规程，并应保证系统处于准工作状态。维护管理工作应按相关要求进行。水喷雾灭火系统的维护管理人员应经过消防专业培训，熟悉水喷雾灭火系统的原理、性能和操作维护规程。每天应对水源控制阀、报警阀组进行外观检查，并应保证系统处于无故障状态，发现故障应及时进行处理。消防水池、消防水箱应每月检查一次，消防水泵应每月启动运转一次。当消防水泵为自动控制启动时，应每月模拟自动控制的条件启动运转一次。电磁阀应每月检查并做启动试验，动作失常时应及时更换。每个季度应对系统所有的试水阀和报警阀旁的放水试验阀进行一次放水试验，检查系统启动、报警功能及出水情况是否正常。每年应对水源的供水能力进行一次测定，应保证消防用水不作他用。系统上所有的控制阀门均应采用铅封或锁链固定在开启或规定的状态。每月应对铅封、锁链进行一次检查，当有破坏或损坏时应及时修理更换。水喷雾灭火系统发生故障，须停水进行修理前，应向主管值班人员报告，取得维护负责人的同意，并临场监督，加强防范措施后方能动工。寒冷季节，消防储水设备的任何部位均不得结冰。每天应检查设置储水设备的房间，保持室温不低于5℃。钢板消防水箱和消防气压给水设备的玻璃水位计，两端的角阀在不进行水位观察时应关闭。消防水泵接合器及附件的维护保养如前所述。

五、气体灭火系统维护管理

气体灭火系统是以气体作为灭火介质，通过气体在整个防护区或保护对象的局部区域建立起灭火浓度实现灭火的灭火系统。适用于扑救电气火灾、固体表面火灾、液体火灾、灭火前能切断气源的火灾。

气体灭火系统应由经过专门培训，并经考试合格的专职人员负责定期检查和维护，应按检查类别规定对气体灭火系统进行检查，并做好检查记录，检查中发现问题应及时处理。

（一）系统巡查

系统巡查是对建筑消防设施直观属性的检查。气体灭火系统巡查主要是针对系统组件外观、现场运行状态、系统检测装置工作状态、安装部位环境条件等的日常巡查。

1. 巡查内容及要求

气体灭火控制器工作状态正常，盘面紧急启动按钮保护措施有效，检查主电是否正常，指示灯、显示屏、按钮、标签是否正常，钥匙、开关等是否在平时正常位置，系统是否在通常设定的安全工作状态（自动或手动，手动是否允许等）。每日应对低压二氧化碳储存装置的运行情况、储存装置间的设备状态进行检查并记录。选择阀、驱动装置上标明其工作防护区的永久性标志应明显可见，且妥善固定。防护区外专用的空气呼吸器或氧气呼吸器是否完好。防护区入口处灭火系统防护标志是否设置、完好。预制灭火系统、柜式气体灭火装置喷嘴前 2.0 m 内不得有阻碍气体释放的障碍物。灭火系统的手动控制与应急操作处有防止误操作的警示显示与措施。

2. 巡查方法

采用目测观察的方法，检查系统及其组件外观、阀门启闭状态、用电设备及其控制装置的工作状态和压力监测装置（压力表、压力开关）的工作情况。

3. 巡查周期

建筑管理（使用单位）至少每日组织一次巡查。

（二）系统周期性检查维护

系统周期性检查是指建筑使用、管理单位按照国家工程建设消防技术标准的要求，对已经投入使用的气体灭火系统的组件、零部件等按照规定检查周期进行的检查、测试。

1. 月检查

（1）检查项目

下列项目至少每月进行一次维护检查：对灭火剂储存容器、选择阀、液流单向阀、高压软管、集流管、启动装置、管网与喷嘴、压力信号器、安全泄压阀及检漏报警装置等系统全部组成部件进行外观检查。系统的所有组件应无碰撞变形及其他机械损伤，表面应无锈蚀，保护层应完好，铭牌应清晰，手动操作装置的防护罩、铅封和安全标志应完整。气体灭火系统组件的安装位置不得有其他物件阻挡或妨碍其正常工作。驱动控制盘面板上的指示灯应正常，各开关位置应正确，各连线应无松动现象。火灾探测器表面应保持清洁，应无任何会干扰或影响火灾探测器探测性能的擦伤、油渍及油漆。气体灭火系统储存容器内的压力、气动型驱动装置的气动源的压力均不得小于设计压力的 90%。

（2）检查维护要求

对低压二氧化碳灭火系统储存装置的液位计进行检查，灭火剂损失 10% 时应及时补充。高压二氧化碳灭火系统、七氟丙烷管网灭火系统及 IG541 灭火系统等的检查内容及要求应符合下列规定：灭火剂储存容器及容器阀、单向阀、连接管、集流管、安全泄放装置、选择阀、阀驱动装置、喷嘴、信号反馈装置、检漏装置、减压装置等全部系统组件应无碰撞变形及其他机械性损伤，表面应无锈蚀，保护涂层应完好，铭牌和保护对象标志应清晰，手动操作装置的防护罩、铅封和安全标志应完整。灭火剂和驱动气体储存容器内的压力，不得小于设计储存压力的 90%。预制灭火系统的设备状态和运行状况应正常。

2. 季度检查

可燃物的种类、分布情况，防护区的开口情况，应符合设计规定。储存装置间的设备、灭火剂输送管道和支架、吊架的固定，应无松动。连接管应无变形、裂纹及老化。必要时，送法定质量检验机构进行检测或更换。对高压二氧化碳储存容器逐个进行称重检查，灭火剂净重不得小于设计储存量的 90%。灭火剂输送管道有损伤与堵塞现象时，应按相关规范规定的管道强度试验和气密性试验方法进行严密性试验和吹扫。

3. 年度检查要求

撤下一个区启动装置的启动线，进行电控部分的联动试验，应启动正常。对每个防护区进行一次模拟自动喷气试验。通过报警联动，检验气体灭火控制盘功能，并进行自动启动方式模拟喷气试验，检查比例为 20%（最少一个分区）。对高压二氧化碳、三氟甲烷储存容器逐个进行称重检查，灭火剂净重不得小于设计储存量的 90%。进行预制气溶胶灭火装置、自动干粉灭火装置的有效期限检查。进行泄漏报警装置报警定量功能试验，检查钢瓶的比例为 100%。进行主用量灭火剂储存容器切换为备用量灭火剂储存容器的模拟切换操作试验，检查比例为 20%（最少一个分区）。在灭火剂输送管道有损伤与堵塞现象时，应按有关规范的规定进行严密性试验与吹扫。

4. 五年后的维护保养工作（由专业维修人员进行）

五年后，每三年应对金属软管（连接管）进行水压强度试验和气密性试验，性能合格方能继续使用，如发现老化现象，应进行更换。五年后，对释放过灭火剂的储瓶、相关阀门等部件进行一次水压强度和气体密封性试验，试验合格方可继续使用。

5. 其他

低压二氧化碳灭火剂储存容器的维护管理应按国家现行《压力容器安全技术监察规程》的规定执行。钢瓶的维护管理应按国家现行《气瓶安全监察规程》的规定执行。灭火剂输送管道耐压试验周期应按《压力管道安全管理与监察规定》的规定执行。

（三）系统年度检测

年度检测是建筑使用、管理单位按照法律法规和国家消防技术标准，每年度开展的定期功能性检查和测试，建筑使用、管理单位的年度检测可以委托具有资质的消防技术服务单位实施。

六、泡沫灭火系统维护管理

泡沫灭火系统是石油化工行业应用最为广泛的灭火系统，主要用于扑救可燃液体火灾，也可用于扑救固体物质火灾。泡沫灭火系统在火灾时能否按设计要求投入使用，主要由平时的维护保养情况来决定，需要对系统进行定期检查、试验和检修来保证，以确保整个系统在任何时间内都处于良好的工作状态。

（一）系统巡查

泡沫灭火系统的使用或管理单位应选派由经过专门培训的人员负责系统的管理操作和维护，维护管理人员需要熟悉泡沫灭火系统的原理、性能和操作维护规程。维护管理人员需要每天对系统进行外观检查，并认真填写检查记录。系统巡查包括以下内容：查看消防泵及控制柜的工作状态，稳压泵、增压泵、气压水罐的工作状态，泵房的工作环境；查看消防水池水位及消防用水不被他用的设施；查看补水设施；查看防冻设施。查看泡沫喷头外观、泡沫消火栓外观、泡沫炮外观、泡沫产生器外观、泡沫液储罐间环境、泡沫液储罐外观、比例混合器外观、泡沫泵工作状态。查看水泵控制柜仪表、指示灯、控制按钮和标志；模拟主泵故障，查看自动切换启动备用泵情况，同时查看仪表及指示灯显示。查看泡沫液储罐罐体、铭牌及配件。查看相关阀门启闭性能、压力表状态。查看泡沫产生器吸气孔、发泡网及暴露的泡沫喷射口是否有堵塞。

（二）系统检查与维护

泡沫灭火系统检查是指建筑使用、管理单位按照国家工程消防技术标准的要求，对已经投入使用的系统的组件、零部件等按照规定检查周期进行的检查、测试。

1. 消防泵和备用动力启动试验

每周需要对消防泵和备用动力以手动或自动控制的方式进行一次启动试验，看其是否运转正常，试验时泵可以打回流，也可空转，但空转时运转时间不大于 5s，试验后必须将泵和备用动力及有关设备恢复原状。

2. 系统月检要求

系统月检的主要内容和要求如下：对低、中、高倍数泡沫产生器，泡沫喷头，固定式泡沫炮，泡沫比例混合器（装置），泡沫液储罐进行外观检查，各部件要完好无损。

对固定式泡沫炮的回转机构、仰俯机构或电动操作机构进行检查，性能要达到标准的要求。泡沫消火栓和阀门要能自由开启与关闭，不能有锈蚀。压力表、管道过滤器、金属软管、管道及管件不能有损伤。对遥控功能或自动控制设施及操纵机构进行检查，性能要符合设计要求。对储罐上的低、中倍数泡沫混合液立管要清除锈渣。动力源和电气设备工作状况要良好。水源及水位指示装置要正常。

3. 系统年检要求

（1）每半年检查要求

除储罐上泡沫混合液立管和液下喷射防火堤内泡沫管道，及高倍数泡沫产生器进口端控制阀后的管道外，每半年应对其余管道进行全部冲洗，清除锈渣。对于储罐上泡沫混合液立管冲洗时，容易损坏密封玻璃，甚至把水打入罐内，影响介质的质量，若拆卸，较困难，易损坏附件，可不冲洗，但要清除锈渣；对液下喷射防火堤内泡沫管道冲洗时，必然会把水打入罐内，影响介质的质量，若拆卸止回阀或密封膜也较困难，因此可不冲洗，也可不清除锈渣，因为泡沫喷射管的截面积比泡沫混合液管道的截面积大，不易堵塞。对高倍数泡沫产生器进口端控制阀后的管道不用冲洗和清除锈渣，因为这段管道设计时材料一般都是不锈钢的。

（2）每两年检查要求

对于低倍数泡沫灭火系统中的液上、液下及半液下喷射、泡沫喷淋、固定式泡沫炮和中倍数泡沫灭火系统进行喷泡沫试验，并对系统所有组件、设施、管道及管件进行全面检查。对于高倍数泡沫灭火系统，可在防护区内进行喷泡沫试验，并对系统所有组件、设施、管道及管件进行全面检查。系统检查和试验完毕，要对泡沫液泵或泡沫混合液泵、泡沫液管道、泡沫混合液管道、泡沫管道、泡沫比例混合器（装置）、泡沫消火栓、管道过滤器和喷过泡沫的泡沫产生装置等用清水冲洗后放空，复原系统。

（三）系统常见故障分析及处理

泡沫灭火系统相关组件的故障常见于泡沫产生器及泡沫比例混合器（装置）。

1. 泡沫产生器无法发泡或发泡不正常

（1）主要原因

泡沫产生器吸气口被异物堵塞；泡沫混合液不满足要求，如泡沫液失效，混合比不满足要求。

（2）解决方法

加强对泡沫产生器的巡检，发现异物及时清理；加强对泡沫比例混合器（装置）和泡沫液的维护与检测。

2. 比例混合器锈死

（1）主要原因

由于使用后，未及时用清水冲洗，泡沫液长期腐蚀混合器致使锈死。

（2）解决方法

加强检查，定期拆下保养，系统平时试验完毕后，一定要用清水冲洗干净。

3. 无囊式压力比例混合装置的泡沫液储罐进水

（1）主要原因

储罐进水的控制阀门选型不当或不合格，导致平时出现渗漏。

（2）解决方法

严格阀门选型，采用合格产品，加强巡检，发现问题及时处理。

4. 囊式压力比例混合装置中因胶囊破裂而使系统瘫痪

（1）主要原因

比例混合装置中的胶囊因老化，承压降低，导致系统运行时发生破裂；因胶囊受力设计不合理，灌装泡沫液方法不当而导致胶囊破裂。

（2）解决方法

对胶囊加强维护管理，定期更换；采用合格产品，按正确的方法进行灌装。

5. 平衡式比例混合装置的平衡阀无法工作

（1）主要原因

平衡阀的橡胶膜片由于承压过大被损坏。

（2）解决方法

选用耐压强度高的膜片；平时应加强维护管理。

七、干粉灭火系统维护管理

干粉灭火系统广泛适用于港口、列车栈桥输油管线、甲类可燃液体生产线、石化生产线、天然气储罐、储油罐、汽轮机组及大型变压器等场所。干粉灭火系统的维护管理是系统正常完好、有效使用的基本保障。维护管理人员经过消防专业培训，熟悉干粉灭火系统的原理、性能和操作维护规程。

（一）系统巡查

巡查是指对建筑消防设施直观属性的检查。干粉灭火系统的巡查主要是针对系统组件外观、现场运行状态、系统监测装置工作状态、安装部位环境条件等的日常巡查。

1. 巡查内容

喷头外观及其周边障碍物等。驱动气体储瓶、灭火剂储存装置、干粉输送管道、选择阀、阀驱动装置外观。灭火控制器工作状态。紧急启/停按钮、释放指示灯外观。

2. 巡查方法及要求

（1）巡查方法

采用目测观察的方法，检查系统及其组件外观、阀门启闭状态、用电设备及其控制装置工作状态和压力监测装置（压力表）的工作情况。

（2）要求

①喷头

喷头外观无机械损伤，内外表面无污物。喷头的安装位置和喷孔方向与设计要求一致。

②干粉储存容器

无碰撞变形及其他机械性损伤，表面保护涂层完好。

③管道

管道及管道附件的外观平整光滑，不能有碰撞、腐蚀。

④阀驱动装置

电磁驱动装置的电气连接线沿固定灭火剂储存容器的支架、框架或墙面固定。电磁铁芯动作灵活，无卡阻现象。

⑤选择阀

选择阀操作手柄安装在操作面一侧且便于操作，高度不超过 1.7 m。选择阀上设置标明防护区名称或编号的永久性标志牌，并将标志牌固定在操作手柄附近。

⑥集流管

是否固定在支、框架上。支架、框架是否固定牢靠。装有泄压装置的集流管，泄压装置的泄压方向是否朝向操作面。

（二）系统周期性检查维护

系统周期性检查是指建筑使用、管理单位按照国家工程消防技术标准的要求，对已经投入使用的干粉灭火系统的组件、零部件等按照规定检查周期进行的检查、测试。

1. 日检查内容

（1）检查项目

下列项目至少每日检查一次。

干粉储存装置外观。灭火控制器运行情况。启动气体储瓶和驱动气体储瓶压力。

（2）检查内容

干粉储存装置是否固定牢固，标志牌是否清晰等。启动气体储瓶和驱动气体储瓶压力是否符合设计要求。

2. 月检查内容

（1）检查项目

下列项目至少每月检查一次。

干粉储存装置部件。驱动气体储瓶充装量。

（2）检查内容

检查干粉储存装置部件是否有碰撞或机械性损伤，防护涂层是否完好；铭牌、标志、铅封应完好。对惰性气体驱动气体储瓶逐个进行称重检查。

3. 年度检查内容

（1）检查项目

下列项目每年检查一次。

防护区及干粉储存装置间。管网、支架及喷放组件。模拟启动检查。

（2）检查内容

防护区的疏散通道、疏散指示标志和应急照明装置、防护区内和入口处的声光报警装置、入口处的安全标志及干粉灭火剂喷放指示门灯、无窗或固定窗扇的地上防护区和地下防护区的排气装置和门窗设有密封条的防护区的泄压装置。储存装置间的位置、通道、耐火等级、应急照明装置及地下储存装置间机械排风装置。管网、支架及喷放组件。

（三）系统年度检测

年度检测是建筑使用、管理单位按照相关法律法规和国家消防技术标准，每年度开展的定期功能性检查和测试。建筑使用、管理单位的年度检测可以委托具有资质的消防技术服务单位实施。

1. 喷头检测

（1）检测内容及要求

喷头数量、型号、规格、安装位置和方向符合设计文件要求，组件无碰撞变形或其他机械性损伤，有型号、规格的永久性标志。

（2）检测步骤

对照设计文件查看喷头外观。

2. 储存装置检测

（1）检测内容及要求

干粉储存容器的数量、型号和规格，位置与固定方式，油漆和标志符合设计要求。驱动气瓶压力和干粉充装量符合设计要求。

（2）检测步骤

对照设计文件查看干粉储存容器外观。查看驱动气瓶压力表状况，并记录其压力值。

3. 功能检测

（1）检测内容及要求

模拟干粉喷放功能检测。模拟自动启动功能检测。模拟手动启动／紧急停止功能检测。备用瓶组切换功能检测。

（2）检测步骤

选择试验所需的干粉储存容器，并与驱动装置完全连接。拆除驱动装置的动作机构，接以启动电压相同、电流相同的负载。模拟火警，使防护区内一只探测器动作，观察相关设备的动作是否正常（如声、光警报装置）；模拟火警，使防护区内另一只探测器动作，观察复合火警信号输出后相关设备的动作是否正常（如声、光警报装置，非消防电源切断，停止排风，关闭通风空调、防火阀，关闭防护区内除泄压口以外的开口等）。拆除驱动装置的动作机构，接以启动电压相同、电流相同的负载，按下手动启动按钮，观察有关设备动作是否正常（如声、光警报装置，非消防电源切断，停止排风，关闭通风空调、防火阀，关闭防护区内除泄压口以外的开口等）；人工使压力信号器动作，观察放气指示灯是否点亮。

重复自动模拟启动试验，在启动喷射延时阶段按下手动紧急停止按钮，观察自动灭火启动信号是否被中止。按说明书的操作方法，将系统使用状态从主用量灭火剂储存容器切换至备用量灭火剂储存容器的使用状态。

八、建筑灭火器维护管理

灭火器具有轻便灵活、容易操作等特点，是控制初期火灾最有效的工具。建筑灭火器的维护管理包括日常管理、维修、保养、报废等工作。灭火器日常巡查、检查、保养、建档工作由建筑（场所）使用管理单位的消防安全管理人员负责，灭火器维修与报废由具有资质的专业单位组织实施。建筑灭火器购置或者安装时，建筑使用管理单位或者安装单位要对生产企业提供的质量保证文件进行查验，生产企业对于每具灭火器均需提供一份使用说明书；对于每类灭火器，生产企业需要提供一本维修手册。

（一）灭火器日常管理

建筑（场所）使用管理单位确定专门人员，对灭火器进行日常检查，并根据生产企业提供的灭火器使用说明书，对员工进行灭火器操作使用培训。

建筑灭火器日常检查分为巡查和检查（测）两种情形。巡查是在规定周期内对灭火器直观属性的检查，检查（测）是在规定期限内根据消防技术标准对灭火器配置和外观进行的全面检查。

1. 巡查

（1）巡查内容

巡查内容包括灭火器配置点状况、灭火器数量、外观、维修标示以及灭火器压力指示器等。

（2）巡查周期

重点单位每天至少巡查一次，其他单位每周至少巡查一次。

（3）巡查要求

灭火器配置点符合安装配置图表要求，配置点及其灭火器箱上有符合规定要求的发光指示标志。灭火器数量符合配置安装要求，灭火器压力指示器指向绿区。灭火器外观无明显损伤和缺陷，保险装置的铅封（塑料带、线封）完好无损。经维修的灭火器，维修标志符合规定。

2. 检查（测）

（1）检查（测）内容与要求

①灭火器配置检查项目与要求

a. 灭火器配置方式及其附件性能

配置方式符合要求。手提式灭火器的挂钩、托架能够承受规定静载荷，无松动、脱落、断裂和明显变形；灭火器箱未上锁，箱内干燥、清洁；推车式灭火器未出现自行滑动。

b. 灭火器基本配置

灭火器类型、规格、灭火级别和数量符合配置要求；灭火器放置，铭牌朝外，器头向上。

c. 灭火器配置场所

配置场所的使用性质（可燃物种类、物态等）未发生变化；发生变化的，其灭火器进行了相应调整；特殊场所及室外配置的灭火器，设有防雨、防晒、防潮、防腐蚀等相应防护措施，且完好有效。

d. 灭火器配置点环境状况

配置点周围无障碍物、遮挡、拴系等影响灭火器使用的状况。

e. 灭火器维修与报废

符合规定维修条件、期限的已送修，维修标志符合规定；符合报废条件、报废期限的，已采用符合规定的灭火器等效替代。

②灭火器外观检查项目与要求

a. 铭牌标志

灭火器铭牌清晰明了，无残缺；其灭火剂、驱动气体的种类、充装压力、总质量、灭火级别、制造厂名和生产日期或维修日期等标志及操作说明齐全、清晰。

b. 保险装置

保险装置的铅封、销闩等完好有效、未遗失。

c. 灭火器筒体外观

无明显的损伤（磕伤、划伤）、缺陷、锈蚀（特别是筒底和焊缝）、泄漏。

d. 灭火器喷射软管

完好，无明显龟裂，喷嘴不堵塞。

e. 灭火器压力指示装置

灭火器压力指示器与灭火器类型匹配，指针指向绿区范围内；二氧化碳灭火器和储气瓶式灭火器称重符合要求。

f. 其他零部件

其他零部件齐全，无松动、脱落或者损伤。

g. 灭火器使用状态

未开启、未喷射使用。

（2）检查周期

灭火器的配置、外观等全面检查每月进行一次，候车（机、船）室、歌舞娱乐放映游艺等人员密集的公共场所以及堆场、罐区、石油化工装置区、加油站、锅炉房、地下室等场所配置的灭火器每半月检查一次。

（3）检查（测）要求

灭火器检查时应进行详细记录，并存档。检查或者维修后的灭火器按照原配置点位置和配置要求放置。巡检、检查中发现灭火器被挪动、缺少零部件、有明显缺陷或者损伤、灭火器配置场所的使用性质发生变化等情况的，及时按照单位规定程序进行处置；符合维修条件的，及时送修；达到报废条件和年限的，及时报废，不得使用，并采用符合要求的灭火器进行等效更换。

（二）灭火器维修与报废

灭火器使用一定年限后，建筑使用管理单位要对照灭火器生产企业随灭火器提供的维修手册，对照检查灭火器使用情况，符合报修条件和维修年限的，向具有法定资质的灭火器维修企业送修；符合报废条件、报废年限的，采购符合要求的灭火器进行等效更换。

1. 灭火器维修

灭火器维修是指为确保灭火器安全使用和有效灭火而对灭火器进行的检查、再充装和必要的部件更换等工作。灭火器产品出厂时，生产企业附送的灭火器维修手册，用于指导社会单位、维修企业的灭火器报修、维修工作。

（1）报修条件及维修年限

日常检查中，发现存在机械损伤、明显锈蚀、灭火剂泄漏、被开启使用过，达到灭火器维修年限，或者符合其他报修条件的灭火器，建筑使用管理单位及时按照规定程序报修。使用达到下列规定年限的灭火器，建筑使用管理单位需要分批次向灭火器维修企业送修。

手提式、推车式水基型灭火器出厂期满三年，首次维修以后每满一年。手提式、推车式干粉灭火器、洁净气体灭火器、二氧化碳灭火器出厂期满五年；首次维修以后每满二年。

送修灭火器时，一次送修数量不得超过计算单元配置灭火器总数量的1/4。超出时，需要选择相同类型、相同操作方法的灭火器替代，且其灭火级别不得小于原配置灭火器的灭火级别。

（2）维修标志和维修记录

经维修合格的灭火器及其储气瓶上需要粘贴维修标志，并由维修单位进行维修记录。建筑使用管理单位根据维修合格证信息对灭火器进行日常检查、定期送修和报废更换。

①维修标志

每具灭火器维修后，经维修出厂检验合格，维修人员在灭火器筒体上粘贴维修合格证，其内容、格式和尺寸如图9-1所示。

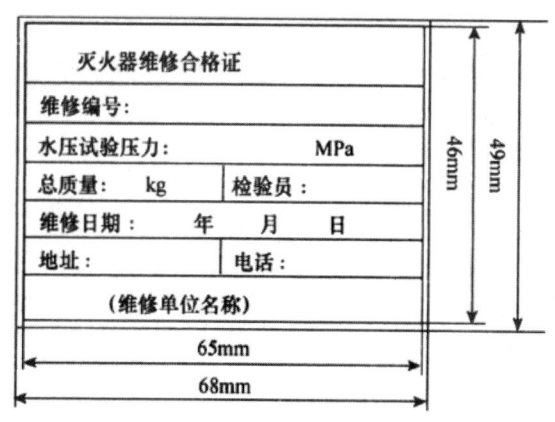

图9-1 灭火器维修标志

维修合格证外围边框为红色实线，宽0.6 mm，内框线为黑色实线，宽0.2 mm；"灭火器维修合格证""维修单位名称"，其字样高为5 mm，其余文字字样高为4 mm，文字均为黑色黑体字。

维修合格证采用不加热的方法固定在灭火器的筒体上，不得覆盖生产厂铭牌。当将其从灭火器的筒体拆除时，标志能够自行破损。

储气瓶维修后粘有独立的维修标志，且不得采用钢字打造的永久性标志。其标志标明储气瓶的总重量和驱动气体充装量，以及维修单位名称、充气时间。

②维修记录

维修单位需要在维修记录中对维修和再充装的灭火器进行逐具编号，按照编号记录维修和再充装信息，确保维修和再充装灭火器的可追溯性。维修记录主要包括使用单位、制造商名称、出厂时间、型号规格、维修编号、检验项目及检验数据、配件更换情况、维修后总质量、钢瓶序列号、维修人员、检验人员等内容。

2. 灭火器维修步骤及技术要求

灭火器维修由具有灭火器维修能力（从业资质）的企业，按照各类灭火器产品生产技术标准进行维修，首先进行灭火器外观检查，再按照拆卸、报废处理、水压试验、清洗干燥、更换零部件、再充装及气密性试验、维修出厂检验、建立维修档案等程序逐次实施维修。

灭火器维修前，维修人员逐具检查灭火器，确定并记录灭火器的型号规格、生产厂家、出厂日期、基本参数等信息；储气式灭火器维修前，完全释放驱动气体，经确认后再逐具检查维修。灭火器维修过程中，严格按照操作规程和维修程序，采取正确的操作方法组织实施，并设置或者配备与各维修环节（特别是拆卸、水压试验、灌装驱动气体、报废等环节）相适应的、必要的安全防护措施，以确保维修人员安全。

（1）拆卸

灭火器拆卸过程中，维修人员要严格按照操作规程，采用安全的拆卸方法，采取必要的安全防护措施拆卸灭火器，在确认灭火器内部无压力时，拆卸器头或者阀门。灭火剂分别倒入相应的废品储罐内另行处理；清理灭火器内残剩灭火剂时，要防止不同灭火剂混杂污染。

（2）水压试验

灭火器维修和再充装前，维修单位必须逐个对灭火器组件（筒体、储气瓶、器头、推车式灭火器的喷射软管等）进行水压试验。二氧化碳灭火器钢瓶要逐个进行残余变形率测定。

①试验压力

灭火器筒体和驱动气体储气瓶按照生产企业规定的试验压力进行水压试验。

②试验要求

水压试验时不得有泄漏、破裂以及反映结构强度缺陷的可见性变形；二氧化碳灭火器钢瓶的残余变形率不得大于3%。

（3）筒体清洗和干燥

经水压试验合格的灭火器筒体，首先对其内部清洗干净。清洗时，不得使用有机溶剂洗涤灭火器的零部件。尔后，对所有非水基型灭火器筒体进行内部干燥，以确保空灭火器内部洁净干燥。

（4）零部件更换

经对灭火器零部件检查，更换密封件和损坏的零部件，但不得更换灭火器筒体和器头主体。所有需要更换的零部件采用原生产企业提供、推荐的相同型号规格的产品，并按照下列要求更换、修补零部件。

①筒体补漆

水压试验合格的筒体，铭牌完整，有局部漆皮脱落的，进行补漆，补漆后确保漆膜光滑、平整、色泽一致，无气泡、流痕、皱纹等缺陷，涂漆不得覆盖铭牌。

②更换塑料件及密封零件

更换变形、变色、老化或者断裂的橡胶、塑料件；更换密封片、密封垫等密封零件，确保符合密封要求。

③更换压力指示器

更换具有外表面变形、损伤等缺陷，压力值显示不正常，示值误差不符合规定的压力指示器，并确保更换后的压力指示器与原压力指示器的类型、20℃时工作压力、三色区示值范围一致。

④更换喷嘴和喷射软管

更换具有变形、开裂、损伤等缺陷的喷嘴和喷射软管，并确保防尘盖在灭火剂喷出时能够自行脱落或者击碎。

（5）再充装

根据灭火器产品生产技术标准和铭牌信息，按照生产企业规定的操作要求，实施灭火剂、驱动气体再充装。再充装后，逐具进行气密性试验；灭火器再充装时，不得改变原灭火剂种类和灭火器类型，送修灭火器中剩余的灭火剂不得回收再次使用。灭火器再充装按照下列要求实施：

再充装所使用的灭火剂采用原生产企业提供、推荐的相同型号规格的灭火剂产品。二氧化碳灭火器再充装时，不得采用加热法，也不得以压力水为驱动力将二氧化碳灭火剂从储存气瓶中充装到灭火器内。ABC干粉、BC干粉充装设备分别独立设置，充装场地完全分隔开。不同种类干粉不得混合，不得相互污染。洁净气体灭火器只能按照铭牌上规定的灭火剂和剂量再充装。可再充装型储压式灭火器按照其灭火器铭牌上所规定的充装压力要求进行再充装。充压时，不得用灭火器压力指示器作为计量器具，并根据环境温度变化调整充装压力。储压式干粉灭火器和洁净气体灭火器可选用露点低于 $-55℃$ 的工业用氮气、纯度99.5%以上的二氧化碳、不含水分的压缩空气等作为驱动气体，但要与灭火器铭牌、储气瓶上标志的种类一致。

3. 灭火器报废

灭火器报废分为四种情形：一是列入国家颁布的淘汰目录的灭火器；二是达到报废年限的灭火器；三是使用中出现严重损伤或者重大缺陷的灭火器；四是维修时发现存在严重损伤、缺陷的灭火器。灭火器报废后，建筑使用管理单位按照等效替代的原则对灭火器进行更换。

（1）列入国家颁布的淘汰目录的灭火器

下列类型的灭火器，有的因灭火剂具有强腐蚀性、毒性，有的因操作需要倒置，使用时对操作人员具有一定的危险性，已列入国家颁布的淘汰目录，一经发现均予以报废处理。

酸碱型灭火器。化学泡沫型灭火器。倒置使用型灭火器。氯溴甲烷、四氯化碳灭火器。1211灭火器、1301灭火器。国家政策明令淘汰的其他类型灭火器。不符合消防产品市场准入制度的灭火器，经检查发现予以报废。

（2）灭火器报废年限

手提式、推车式灭火器出厂时间达到或者超过下列规定期限的，均予以报废处理。

水基型灭火器出厂期满6年。干粉灭火器、洁净气体灭火器出厂期满10年。二氧化碳灭火器出厂期满12年。

（3）灭火器报废规定

存在严重损伤、缺陷的灭火器须按时报废更新。灭火器存在下列情形之一的，予以报废处理：

筒体严重锈蚀（漆皮大面积脱落，锈蚀面积大于筒体总面积的1/3，表面产生凹坑者）或者连接部位、筒底严重锈蚀的。筒体明显变形，机械损伤严重的。器头存在裂纹、无泄压机构等缺陷的。筒体存在平底等不合理结构的。手提式灭火器没有间歇喷射机构的。没有生产厂名称和出厂年月的（包括铭牌脱落，或者铭牌上的生产厂名称模糊不清，或者出厂年月钢印无法识别的）。筒体、器头有锡焊、铜焊或者补缀等修补痕迹的。被火烧过的。

符合报废规定的灭火器，在确认灭火器内部无压力后，对灭火器筒体、储气瓶进行打孔、压扁、锯切等报废处理，并逐具记录其报废情形。

第四节 防排烟系统的维护管理

防烟排烟系统的维护管理是系统正常完好、有效使用的基本保障。维护管理人员经过消防专业培训，熟悉防排烟系统的原理、性能和操作维护规程。建筑防排烟系统的维护管理包括检测、维修、保养、建档等工作。单位设有经过消防专业培训，熟悉系统原理、性能，具有系统操作维护能力的维护管理人员，定期自行或委托具有维护保养资格的企业对系统进行检测、维护，确保机械防烟排烟系统的正常运行。

一、系统日常巡查

防烟排烟系统巡查是指系统使用过程中对系统直观属性的检查，主要是针对系统组件外观、现场状态，安装部位环境条件等的日常巡查。

（一）系统组（部）件状态要求

防排烟系统能否正常使用与系统各组件、配件的日常监控时的现场状态密切相关，机械防烟、排烟系统应始终保持正常运行，不得随意断电或中断。正常工作状态下，正压送风机、排烟风机、通风空调风机电控柜等受控设备应处于自动控制状态，严禁将受控的正压送风机、排烟风机、通风空调风机等电控柜设置在手动位置。消防控制室应能显示系统的手动、自动工作状态及系统内的防烟排烟风机、防火阀、排烟防火阀的动作状态。应能控制系统的启、停及系统内的防烟风机、排烟风机、防火阀、排烟防火阀、常闭送风口、排烟口、电控挡烟垂壁的开、关，并显示其反馈信号。应能停止相关部位正常通风的空调，并接收和显示通风系统内防火阀的反馈信号。

（二）系统日常巡查要求

查看机械加压送风系统、机械排烟系统控制柜的标志、仪表、指示灯、开关和控制按钮；用按钮启、停每台风机，查看仪表及指示灯显示。查看机械加压送风系统、机械排烟系统风机的外观和标志牌；在控制室远程手动启、停风机，查看运行及信号反馈情况。查看送风阀、排烟阀、排烟防火阀、电动排烟窗的外观，手动、电动开启，手动复位，动作和信号反馈情况。

二、系统周期性检查维护

系统周期性检查是指建筑使用、管理单位按照国家工程消防技术标准的要求，对已经投入使用的防烟排烟系统的组件、零部件等按照规定检查周期进行的检查、测试。

（一）每月检查内容及要求

1. 防烟排烟风机

手动或自动启动试运转，检查有无锈蚀、螺钉松动。

2. 挡烟垂壁

手动或自动启动、复位试验，检查有无升降障碍。

3. 排烟窗

手动或自动启动、复位试验，检查有无开关障碍，每月检查供电线路有无老化，双回路自动切换电源功能等。

（二）半年检查内容及要求

1. 防火阀

手动或自动启动、复位试验，检查有无变形、锈蚀，并检查弹簧性能，确认性能可靠。

2. 排烟防火阀

手动或自动启动、复位试验，检查有无变形、锈蚀，并检查弹簧性能，确认性能可靠。

3. 送风阀（口）

手动或自动启动、复位试验，检查有无变形、锈蚀，并检查弹簧性能，确认性能可靠。

4. 排烟阀（口）

手动或自动启动、复位试验，检查有无变形、锈蚀，并检查弹簧性能，确认性能可靠。

（三）每年检查要求

1. 检查内容及要求

每年对所安装全部防烟排烟系统进行一次联动试验和性能检测，其联动功能和性能参数应符合原设计要求。

2. 联动试验要求

（1）机械加压送风系统的联动调试

当任何一个常闭送风口开启时，送风机均能联动启动。与火灾自动报警系统联动调试。当火灾报警后，应启动有关部位的送风口、送风机，启动的送风口、送风机应与设计和规范要求一致，其状态信号能反馈到消防控制室。测试情况应及时记录。

（2）机械排烟系统的联动调试

当任何一个常闭排烟阀（口）开启时，排烟风机均能联动启动。与火灾自动报警系统联动调试。当火灾报警后，机械排烟系统应启动有关部位的排烟阀（口）、排烟风机；启动的排烟阀（口）、排烟风机应与设计和规范要求一致，其状态信号应反馈到消防控制室。有补风要求的机械排烟场所，当火灾报警后，补风系统应启动。排烟系统与通风、空调系统合用，当火灾报警后，由通风、空调系统转换排烟系统的时间应符合国家标准《通风与空调工程施工质量验收规范》的规定。

（3）自动排烟窗的联动调试

在火灾报警后联动开启到符合要求的位置，其状态信号应反馈到消防控制室。

（4）活动挡烟垂壁的调试

在火灾报警后联动下降到设计高度，其状态信号应反馈到消防控制室。

第五节 应急照明系统维护管理

消防应急照明和疏散指示系统的主要功能是在火灾事故发生时,为人员的安全疏散、逃生提供疏散路线和必要的照明,同时为灭火救援工作的持续进行提供应急照明。消防应急照明和疏散指示系统竣工后,建设单位应负责组织相关单位进行工程检测。检测不合格的工程不得投入使用。

一、系统检测

系统检测前应对照图样检查工程中各设备的名称、规格、型号、数量是否符合设计要求;系统中的消防应急标志灯具、照明灯具、应急照明集中电源、应急照明控制器及相关设备的接线、安装位置、施工质量是否符合要求。

系统现场检测包括消防应急标志灯具、消防应急照明灯具、应急照明集中电源、应急照明控制器、标志牌等组件的检测,系统功能测试及系统供配电检查,系统检测前要确保系统处于正常工作状态。

(一)消防应急标志灯具检测项目

标志灯具的颜色、标志信息应符合国家标准《消防应急照明和疏散指示系统》的要求,指示方向应与设计方向一致。使用的电池应与国家有关市场准入制度中的有效证明文件相符。状态指示灯指示应正常。连续三次操作试验机构,观察标志灯具自动应急转换情况。应急工作时间应不小于其本身标称的应急工作时间。

(二)消防应急照明灯具检测项目

照明灯具的光源及隔热情况应符合要求。使用的电池应与有效证明文件相符。状态指示灯应正常。连续3次按试验按钮,标志灯具应能完成自动转换。应急工作时间应不小于其本身标称的应急工作时间。安装区域的最低照度值应符合设计要求。光源与电源分开设置的照明灯具安装时,灯具安装位置应有清晰可见的消防应急灯具标志,电源的试验按钮和状态指示灯应可方便操作和观察。

(三)应急照明集中电源检测项目

检查安装场所应符合要求。供电应符合设计要求。应急工作时间应不小于其本身标称的应急工作时间。输出线路、分配电装置、输出电源负载应与设计相符,且不应连接与应急照明和疏散指示无关的负载或插座。应急照明集中电源应设主电和应急电源状态指示灯,主电状态用绿色,应急状态用红色。应急照明集中电源应设模拟主电源供电故障的自复式试验按钮（或开关），不应设影响应急功能的开关。应急照明集中电源应显示主电电压、电池电压、输出电压和输出电流，并应设主电、充电、故障和应急状态指示灯，主电状态用绿色，故障状态用黄色，充电状态和应急状态用红色。应急照明集中电源应能以手动、自动两种方式转入应急状态，且应设只有专业人员可操作的强制应急启动按钮。应急照明集中电源每个输出支路均应单独保护，且任一支路故障不应影响其他支路的正常工作。

（四）应急照明控制器检测项目

应急照明控制器应安装在消防控制室或值班室内。应急照明控制器应能控制并显示与其相连的所有消防应急灯具的工作状态，并显示应急启动时间。应急照明控制器应能防止非专业人员操作。应急照明控制器在与其相连的消防应急灯具之间的连接线开路、短路（短路时消防应急灯具转入应急状态除外）时，应发出声、光故障信号，并指示故障部位。声故障信号应能手动消除，当有新的故障信号时，声故障信号应能再启动。光故障信号在故障排除前应保持。应急照明控制器应有主、备用电源的工作状态指示，并能实现主、备用电源的自动转换，且备用电源应能保证应急照明控制器正常工作 2 h。当应急照明控制器控制应急照明集中电源时，应急照明控制器应能控制并显示应急照明集中电源的工作状态（主电、充电、故障状态，电池电压、输出电压和输出电流），且在与应急照明集中电源之间连接线开路或短路时，发出声、光故障信号。

应急照明控制器应能对本机及面板上的所有指示灯、显示器、音响器件进行功能检查。应急照明控制器应能以手动、自动两种方式使与其相连的所有消防应急灯具转入应急状态，且应设强制使所有消防应急灯具转入应急状态的按钮。当某一支路的消防应急灯具与应急照明控制器连接线开路、短路或接地时，不应影响其他支路的消防应急灯具和应急电源的工作。

（五）疏散指示标志牌检测项目

疏散指示标志牌安装在疏散走道和主要疏散路线的地面时，其指示的疏散方向应与标志灯具指示方向相同，安装间距不应大于 1.5 m。疏散指示标志牌固定应牢固，无破损。疏散指示标志牌安装在地面上时，只能采用镶嵌式工艺，其安装后应平整、牢固。

（六）系统功能检测项目

1. 非集中控制型系统的应急控制

未设置火灾自动报警系统的场所，系统应在正常照明中断后转入应急工作状态。设置火灾自动报警系统的场所，自带电源非集中控制型系统应由火灾自动报警系统联动各应急照明配电箱实现工作状态的转换；集中电源非集中控制型系统应由火灾自动报警系统联动各应急照明集中电源和应急照明分配电装置实现工作状态的转换。

2. 集中控制型系统的应急控制

应急照明控制器应能接收火灾自动报警系统的火灾报警信号或联动控制信号，并控制相应的消防应急灯具转入应急工作状态。自带电源集中控制型系统，应由应急照明控制器控制系统内的应急照明配电箱和相应的消防应急灯具及其他附件实现工作状态转换。集中电源集中控制型系统，由应急照明控制器控制系统内应急照明集中电源、应急照明分配电装置和相应的消防应急灯具及其他附件实现工作状态转换。当系统需要根据火灾报警信号联动熄灭安全出口指示标志灯具时，应仅在接收到安全出口处设置的感温火灾探测器的火灾报警信号时，系统才能联动熄灭指示该出口和指向该出口的消防应急标志灯具。应急照明控制器的主电源应由消防电源供电；应急照明控制器的备用电源应至少使控制器在主电源中断后工作 3 h。

（七）系统供配电检查

1. 平面疏散区域供电

平面疏散区域供电应由应急照明总配电柜的主电以树干式或放射式供电，并按防火分区设置应急照明配电箱、应急照明集中电源或应急照明分配电装置；非人员密集场所可在多个防火分区设置一个共用应急照明配电箱，但每个防火分区宜采用单独的应急照明供电回路。应急照明配电箱的主电源宜取自于本防火分区的备用照明配电箱；多个防火分区共用一个应急照明配电箱的主电源应取自应急电源干线或备用照明配电箱的供电侧。大于 2000 m² 的防火分区应单独设置应急照明配电箱或应急照明分配电装置；小于 2000 m² 的防火分区可采用专用应急照明回路。应急照明回路沿电缆管井垂直敷设时，公共建筑应急照明配电箱供电范围不宜超过 8 层，住宅建筑不宜超过 16 层。一个应急照明配电箱或应急照明分配电装置所带灯具覆盖的防火分区总面积不宜超过 4000 m²，地铁隧道内不应超过一个区段的 1/2，道路交通隧道内不宜超过 500 m。

检查应急照明集中电源、应急照明分配电装置的设置是否符合下列要求：两者在同一平面层时，应急照明电源应采用放射式供电方式。两者不在同一平面层，且配电分支干线沿同一电缆管井敷设时，应急照明集中电源可采用放射式或树干式供电方式。

商住楼的商业部分与居住部分应分开，并单独设置应急照明配电箱或应急照明集中电源。

2. 垂直疏散区域及其扩展区域的供电

每个垂直疏散通道及其扩展区可按一个独立的防火分区考虑，并应采用垂直配灯方式。建筑高度超过 50 m 的每个垂直疏散通道及扩展区，宜单独设置应急照明配电箱或应急照明分配电装置。

3. 消防工作区域及其疏散走道的供电

消防控制室、高低压配电房、发电机房及蓄电池类自备电源室、消防水泵房、防烟及排烟机房、消防电梯机房、BAS 控制中心机房、电话机房、通信机房、大型计算机房、安全防范控制中心机房等在发生火灾时有人值班的场所，应同时设置备用照明和疏散照明；楼层配电间（室）及其他火灾时无人值班的场所可不设备用照明和疏散照明。备用照明可采用普通灯具，并由双电源供电。

5. 灯具配电回路

AC220 V 或 DC216 V 灯具的供电回路工作电流不宜大于 10 A；安全电压灯具的供电回路工作电流不宜大于 5 A。每个应急供电回路所配接的灯具数量不宜超过 64 个。应急照明集中电源应经应急照明分配电装置配接消防应急灯具。应急照明集中电源、应急照明分配电装置及应急照明配电箱的输入及输出配电回路中不应装设剩余电流动作脱扣保护装置。

6. 应急照明配电箱及应急照明分配电装置的输出

输出回路不应超过 8 路。采用安全电压时的每个回路输出电流不应大于 5 A。采用非安全电压时的每个回路输出电流不应大于 16 A。

二、系统维护管理

系统在日常管理过程中应保持系统连续正常运行，不得随意中断；定期使系统进行自放电，更换应急放电时间小于 30 min（超高层小于 60 min）的产品或更换其电池；系统内的产品寿命应符合国家有关标准要求，达到寿命极限的产品应及时更换；当消防应急标志灯具的表面亮度小于 15 cd/m^2 时，应马上进行更换。

（一）应急照明系统功能的月检查

每月检查消防应急灯具，如果发出故障信号或不能转入应急工作状态，应及时检查电池电压。如果电池电压过低，应及时更换电池；如果光源无法点亮或有其他故障，应及时通知产品制造商的维护人员进行维修或者更换。每月检查应急照明集中电源和应急照明控制器的状态。如果发现故障，声光信号应及时通知产品制造商的维护人员进行维修或者更换。

（二）应急照明系统功能的季度检查

每季度应检查和试验系统的下列功能：检查消防应急灯具、应急照明集中电源和应急照明控制器的指示状态。检查应急工作时间。检查转入应急工作状态的控制功能。

值班人员一旦发现故障，应及时进行维护、更换。除常见的灯具故障外，设备的维修应由专业维修人员负责。常见的故障及其检查方法有以下几种：

1. 主电源故障

检查输入电源是否完好，熔丝有无烧断，接触是否不良等。

2. 备用电源故障

检查充电装置，电池有否损坏，连线有无断裂。

3. 灯具故障

检测灯具控制器、光源、电池是否完好，如有损坏，应对此灯具故障部分及时更换。

4. 回路通信故障

检查该回路从主机至灯具的接线是否完好，灯具控制器有无损坏。

5. 其他故障

对于一时排除不了的故障，应立即通知有关专业维修单位，以便尽快修复，恢复正常工作。

（三）应急照明系统功能的年检查

每年检查和试验系统的下列功能：除季度检查内容外，还应对电池做容量检测试验。试验应急功能。试验自动和手动应急功能，进行与火灾自动报警系统的联动试验。

参考文献

[1] 刘新. 现代消防管理的设计与实现 [M]. 北京：九州出版社，2017.

[2] 路长. 消防安全技术与管理 [M]. 北京：地质出版社，2017.

[3] 易兵，蔡升，陈明章. 社会消防安全教育系列培训教材消防安全责任人及管理人员培训教材 [M]. 北京：航空工业出版社，2017.

[4] 刘学武. 消防部队基层管理 [M]. 徐州：中国矿业大学出版社，2017.

[5] 代双全，徐笠，梅艳强. 消防安全管理研究 [M]. 北京：九州出版社，2017.

[6] 韩善玉. 消防装备管理和应用 [M]. 长春：吉林科学技术出版社，2017.

[7] 闫宁. 消防安全管理实务 [M]. 北京：中国劳动社会保障出版社，2017.

[8] 曹吉春，胡睿麟. 消防安全与管理 200 问 [M]. 北京：中国电力出版社，2017.

[9] 张家忠. 公安消防监督管理实务 [M]. 昆明：云南科技出版社，2017.

[10] 韩海云. 公安派出所消防监督管理 [M]. 北京：中国人民公安大学出版社，2017.

[11] 李松涛. 社会单位消防安全管理实务 [M]. 哈尔滨：黑龙江教育出版社，2017.

[12] 李晓川，李玉涛，李艳杰. 消防设备管理与新技术应用 [M]. 长春：吉林科学技术出版社，2017.

[13] 宁丽丽. 公众聚集场所消防安全管理 [M]. 哈尔滨：黑龙江教育出版社，2017.

[14] 滕波. 我国特大城市公共消防安全管理机制研究 [M]. 南京：河海大学出版社，2017.

[15] 陈同刚. 地铁消防安全管理 [M]. 天津：天津科学技术出版社，2018.

[16] 王炳强. 消防装备管理 [M]. 北京：机械工业出版社，2018.

[17] 崔洪伟. 消防安全管理手册 [M]. 哈尔滨：黑龙江美术出版社，2018.

[18] 戴明月. 消防安全管理 300 问 [M]. 北京：化学工业出版社，2018.

[19] 李斌，崔勇. 高层建筑消防安全管理指南 [M]. 合肥：安徽科学技术出版社，2018.

[20] 薛婷婷. 消防电气施工质量管理实务 [M]. 北京：中国人民公安大学出版社，2018.

[21] 魏星. 火灾自动报警及消防联动控制系统运行与管理 [M]. 北京：机械工业出版社，2018.

[22] 方正. 高等学校消防安全管理 [M]. 武汉：武汉大学出版社，2019.

[23] 戴明月. 消防安全管理手册 [M]. 北京：化学工业出版社，2019.

[24] 陈景峰. 消防安全管理实用模式 [M]. 山西人民出版社，2019.

[25] 晓筑教育. 消防设施及管理综合能力考点精讲 [M]. 上海：上海科学普及出版社，

2019.

[26] 王勇. 新形势下消防监督管理方法 [J]. 今日消防，2019，4（7）.

[27] 殷召成. 新形势下消防监督管理工作的思考 [J]. 中国高新区，2019，（19）.

[28] 李颖. 新形势下消防监督管理工作面临的问题及对策 [J]. 安防科技，2020，（26）.

[29] 王奎占. 新形势下消防监督管理工作的思考 [J]. 法制博览，2020，（2）.

[30] 于佳峰. 加强新形势下消防监督管理工作的研究 [J]. 消防界（电子版），2020，6（24）.

[31] 赵吉祥. 应急与消防安全管理 [M]. 长春：吉林教育出版社，2020.

[32] 薛红. 电网企业消防安全管理培训教材 [M]. 北京：中国电力出版社，2020.

[33] 陈远栋，刘玮玮，李乃幸. 物业安全与消防设施设备管理研究 [M]. 文化发展出版社，2020.

[34] 杨顺清. 企业安全健康与应急管理丛书企业消防安全与应急全案实战精华版 [M]. 北京：化学工业出版社，2020.